HR 테크 혁명: 생성형 AI편
AI를 활용한 똑똑한 인사 실전 전략

2025년 5월 26일 초판 1쇄 발행

지 은 이 | 김영애·전치홍·김광태·김정순·진현
펴 낸 곳 | 삼성글로벌리서치
펴 낸 이 | 김원준
출판등록 | 제1991-000067호
등록일자 | 1991년 10월 12일
주   소 | 서울특별시 서초구 서초대로74길 4(서초동) 삼성생명서초타워 28층
전   화 | 02-3780-8213(기획), 02-3780-8074(마케팅)
이 메 일 | sgrbooks@samsung.com

ⓒ 김영애·전치홍·김광태·김정순·진현 2025
ISBN | 978-89-7633-140-3 03320

- 이 책은 저작권법에 따라 보호받는 저작물이므로 무단전재와 무단복제를 금지하며, 이 책 내용의 전부 또는 일부를 이용하려면 반드시 저작권자와 삼성글로벌리서치의 서면동의를 받아야 합니다.
- 가격은 뒤표지에 있습니다.
- 잘못된 책은 바꾸어 드립니다.

AI를 활용한 똑똑한 인사 실전 전략

HR 테크 혁명
생성형 AI편

김영애·전치홍·김광태·
김정순·진현 지음
배노조 감수

HR TECH REVOLUTION

삼성글로벌리서치

추천사

생성형 AI는 이미 우리 곁에 동료라는 이름으로 다가와 조직의 일원이 되고 있다. 하지만 과연 우리는 AI를 단순한 도구가 아닌 진정한 동료로 받아들일 준비가 되어 있는가? 이 질문 앞에서 자신 있게 "Yes"를 외칠 수 있는 사람은 많지 않을 것 같다. 이 책은 새로운 길을 가야 하는 우리에게 든든한 안내자가 되어줄 것이다.

_ 이중학 가천대학교 경영학과 교수

이 책은 인사관리가 직관과 경험 중심에서 데이터 기반으로 근본적으로 변화하는 흐름을 명확히 보여준다. 특히 채용부터 직원 성장, 성과관리와 조직문화 구축에 이르기까지 생성형 AI가 인사 전 영역에서 어떻게 활용될 수 있는지를 생생하고 구체적인 사례를 통해 설명하고 있다. 인사관리의 본질을 해치지 않으면서도 효율성과 객관성을 높이는 AI의 가능성과 한계를 동시에 제시하고 있어, 미래 인사 전략을 고민하는 모든 경영자와 인사 전문가에게 신뢰할 수 있는 실용적 지침서가 될 것이다.

_ 김덕중 퍼브AI연구소 소장, 숙명여자대학교 겸임교수

AI가 기업 전략의 핵심 축으로 자리 잡아가고 있고 우리의 일상에서도 친숙한 단어가 되었지만, AI와 더불어 일하는 방법에 대해서는 아직 모르는 게 너무나 많다. 이 책은 AI를 활용하여 어떻게 직원들을 동기부여하고 조직을 체계적으로 관리할 것인지 고민하는 수많은 HR 담당자에게 명쾌한 솔루션이 되어줄 것이다.

_ 장은미 연세대학교 경영대학 교수

생성형 AI를 제대로 활용해본 사람들은 과거로 돌아가는 것을 상상하기 어렵다고 말한다. 그동안 HR 분야에서 생성형 AI 도입의 필요성은 공감하지만, 이를 실제로 어떻게 활용할지에 대한 고민이 크다고 들었다. 이 책은 이론과 실무의 균형을 잘 유지하며 HR 분야의 혁신을 구체적이며 체계적으로 안내한다. 이 책을 통해 HR 분야의 핵심 업무에 생성형 AI를 접목해본 독자들은 아마 그 누구보다도 AI가 없던 시절로는 돌아가기가 어렵다고 이야기할 것 같다. HR 관련 실무자와 경영자, 관심 있는 모든 분들에게 꼭 추천한다.

_ 조대곤 연세대학교 경영대학 교수

책을 내며

데이터 기반의 인사혁신 현장과 그 다양한 솔루션을 소개한 책 《HR 테크 혁명》이 2022년에 발간되었으니 벌써 3년 전이다. 짧지 않은 시간이 흐르는 동안 HR 테크 분야에서도 커다란 진전이 있었다. 그중 가장 주목할 만한 것은 누가 뭐래도 '생성형 AI'의 등장과 확산일 것이다.

이미 생성형 AI는 우리 일상 업무 속으로 깊숙이 들어와 있다. 생성형 AI 활용에 능숙하고 적극적인 연구원들은 벌써 몇 명의 명석하고 손 빠른 연구조교를 활용하는 수준의 도움을 받고 있다고 이야기한다. 향후 AI의 기능이 지속적으로 고도화될 것을 가정한다면 AI를 활용하는 인력과 그렇지 못한 인력, 나아가 AI를 효과적으로 사용하는 조직과 그렇지 않은 조직 간의 역량과 성과 차이가 상상 이상으로 확대될 것이다.

어느새 생성형 AI는 그간 인간 고유의 능력으로 여겨지던 '창의의 영역'까지 진입했으며, 나아가 인간과의 원활한 상호작용을 통해 AI를 삶의 동반자로 인식하게 만들었다. AI가 사람의 일자리를 상당 부분 대체할 것이라는 주장이 있는 한편, '대체'보다는 '증강'

및 '생산성 제고'에 그칠 것이라는 의견도 있다. 하지만 그 영향이 긍정적이든 부정적이든 우리의 라이프스타일이나 회사생활 전반에 생성형 AI가 큰 영향을 미칠 것은 분명하다. 특히 조직 내 다양한 직무를 관리하고 필요한 자원을 충원하며 직원의 역량을 관리하는 인사 부서에 미치는 영향력은 그 어떤 직무보다 지대할 것으로 예상할 수 있다.

《HR 테크 혁명》이 '감에 의한 인사'에서 '데이터 기반의 과학적 인사관리'로의 큰 변화의 흐름을 알리며 인사의 각 분야에서 변화 방향과 세부 사례를 소개한 책이었다면, 이번에 새로 펴내는 《HR 테크 혁명: 생성형 AI편》은 생성형 AI의 도입 현황, 생성형 AI가 던지는 다채로운 도전과 기회를 이야기하면서 인재 확보, 직원 성장, 성과 창출, 조직 몰입 등 인사의 기능별로 실제 활용 사례를 꼼꼼히 담아내고자 했다. 특히, 구체적 상황을 상정한 40개가 넘는 프롬프트와 챗GPT의 답변 예시를 그대로 구현함으로써 업무 현장에서 생성형 AI를 효과적으로 활용할 수 있는 노하우를 제공한다.

먼저 제1부 "HR은 왜 생성형 AI에 주목해야 할까?"에서는 생성형 AI 도입이 이루어지고 있는 현 상황을 전반적으로 살펴본다. 이어 제2부 "생성형 AI는 HR을 어떻게 바꾸어놓을까?"에서는 생성형 AI의 구체적 활용 방법 및 사례를 4개의 장으로 나누어 소개한다. 먼저 3장에서는 인사 부문에서 AI 활용이 가장 앞서 있다고 평가받는 채용 분야의 AI 활용을 소개한다. 우수 인재 확보 프로세스는 물론이고, 지원자의 프로필 작성부터 채용 담당자의 인재 검색, 그리고 선발과 입사 이후 온보딩 과정에서 활용 가능한 AI는 무엇인지, 그것이 어떤 역할을 해낼 수 있을지 기술한다. 채용 분야의 AI는 방대한 자료 및 데이터 처리의 번거로움 해소, 최적 인력 선발이라는 양과 질의 효과성을 제고해준다는 점에서 주목할 필요가 있다.

 4장에서는 최근 그 가치와 중요성에 집중하고 있는 직원 성장 분야에서 활용 가능한 생성형 AI의 기능을 소개한다. 과거 주입식 교육이 드러낸 한계를 극복하고 개개인의 특성과 희망 커리어에 따른 맞춤형 교육과정, 실시간으로 업데이트되는 최신화된 교육 콘텐츠를 제공하는 새로운 시도를 소개한다. 직원 성장 및 양성 차원에서 AI 활용은 데이터에 기반한 맞춤형 '개인화'와 적기 콘텐츠 제공을 통해 교육의 영원한 숙제인 비용 대비 효과성 증명이라는 문제해결에 가장 근접한 해답을 제시할 것으로 기대한다.

  5장에서는 임직원의 성과 창출을 이끄는 목표설정, 평가 과정에서 요구되는 성과 피드백, 인력의 내부 이동 및 배치 면담에서 생성형 AI가 어떤 활약을 펼칠 수 있는지를 소개한다. 인사 담당자와 리더들이 '악몽'이라고까지 표현하며 어려움을 느끼는 성과평가 분야에서도 생성형 AI의 역할은 분명한데, 나날이 복잡해져가는 평가항목과 짧아지는 평가 주기, 신세대들의 공정성 요구에 적극 대응할 수 있는 유용한 도구로서 큰 역할을 해줄 것으로 보인다. 인간이 빠질 수 있는 오류를 최소화하면서 공정한 관리까지 가능하게 해줄 수 있다는 점 때문이다.

  6장에서는 직원의 마음을 실시간으로 읽고 그들의 정서를 분석하며 최적의 맞춤 대안을 제시하는 생성형 AI, 나를 이해하고 지원해주는 비서 역할을 수행하는 AI를 소개한다. 조직 내 다양한 세대가 공존하며 그들의 욕구와 가치관 또한 다양해지는 요즘, 직원들의 정서를 세심하게 파악하는 도구의 고도화와 개인별 맞춤형 솔루션 제안 역시 생성형 AI의 지원을 통해 기대되는 항목이다.

마지막으로 제3부 "생성형 AI 시대, HR은 무엇을 준비해야 할까?"에서는 향후 AI의 확산에 대비한 인사 전반의 대응 방안을 이야기한다. 앞서 말한 바와 같이 생성형 AI에 대한 숙련도와 활용도는 이제 기업의 경쟁력을 좌우하는 주요 요인으로 작용할 것이기에 업스킬링을 통한 기술격차 해소와 리스킬링을 통한 적극적 직무 전환 추진은 생성형 AI 기술이 확산하는 현재의 흐름 속에서 인사 직무에 부여된 핵심 미션임에 틀림이 없다. 이런 맥락에서 회사에 최적화된 거대 언어모델(LLM) 도입과 AI 확산이 가져오는 다양한 리스크에도 선제적으로 대비해야 함을 강조하였다.

최근의 생성형 AI 진화 속도를 보면, 향후 이 기술이 과연 어떤 양상으로 변화할지, 회사생활을 넘어 내 삶의 모습까지 어떻게 바꿀지 감히 상상하기 어려울 정도로 빠르게 발전하고 있다. 이런 때일수록 기업자원 배분의 핵심인 인사의 다양한 변화 방향과 가이드를 제공하는 일은 꼭 필요하다. 이 책이 급변하는 AI 환경에서 인사의 역할을 다시 조망해보고 더 나은 미래를 열어가는 데 효과적인 가이드북이 될 것으로 확신한다.

 적지 않은 연구 부담과 일상적 연구 업무로 여력이 없음에도 불구하고 항상 자율적이며 선도적인 고민을 통해 새 책《HR 테크 혁명: 생성형 AI편》을 집필해준 후배 연구원들에게 깊은 감사와 큰 박수를 보낸다. 또 한 권의 근사한 책으로 만들어준 출판팀 동료들에게도 고마운 마음을 전한다.

2025년 5월

삼성글로벌리서치 인재경영연구실장

배노조

차례

추천사 004
책을 내며 006

제1부

HR은 왜 생성형 AI에 주목해야 할까?

1장 챗GPT가 쏘아 올린 생성형 AI의 습격

01 "챗GPT 발명은 '인쇄술 발명'에 버금가는 지적 혁명" 021

02 생성형 AI 도입, 더 이상 선택의 문제가 아니다 037

2장 생성형 AI가 불러올 HR 테크 혁명, 그 도전과 기회

01 생성형 AI의 진화, 일자리의 역습? 051

02 HR이 '생성형 AI'라는 동료를 만나면 어떤 일이 생길까? 062

제2부

생성형 AI는
HR을 어떻게 바꾸어놓을까?

3장 인재 확보를 지원하는 AI

01 생성형 AI가 채용 부문에 불러온 변화와 혁신 ················ 079
02 채용 과정에서 더 나은 사용자 경험을 선사하다 ················ 092
03 면접 준비도 AI와 함께 ················ 114
04 생성형 AI, 온보딩 프로세스를 혁신하다 ················ 126

4장 직원 성장을 돕는 AI

- **01** 전통적 기업교육의 한계를 넘어선 생성형 AI의 에듀테크   141
- **02** 생성형 AI로 직원의 질적 성장을 밀착 지원하다   145
- **03** 최신의 콘텐츠로 최적의 학습 경험을 제공하다   171
- **04** "헤이 코치, 미래의 리더십은 어떤 모습일까요?"   178

5장 성과 창출을 이끄는 AI

- **01** 성과관리 분야에서 생성형 AI 활용을 통해 얻게 될 이점   195
- **02** 성과 피드백, 이제 더는 두렵지 않다   209
- **03** 내부 인재시장 활성화를 지원하는 생성형 AI 플랫폼   220
- **04** AI로 부서 배치 면담에 날개 달기   233

6장 조직 몰입을 촉진하는 AI

- **01** 직원의 마음을 읽고 해석을 도와주는 생성형 AI   245
- **02** 생성형 AI와 함께 직원 맞춤형 웰빙 프로그램 구축하기   274
- **03** 인사 담당자를 24시간 도와주는 '나만의 AI 비서'   293

제3부

생성형 AI 시대, HR은 무엇을 준비해야 할까?

7장 HR의 최우선 과제, 직원교육

- 01 AI 기술 격차, 업스킬링으로 해소하기 … 321
- 02 리스킬링으로 미래를 위한 신기술을 장착하다 … 335

8장 우리 회사에 가장 맞는 생성형 AI 도입 전략은?

- 01 성공적인 LLM 활용을 위해 갖추어야 할 것들 … 347
- 02 올바른 사용을 위한 명확한 가이드 수립이 필요하다 … 357

참고문헌 … 368
집필진 소개 … 378

HR TECH REVOLUTION

제1부

HR은 왜 생성형 AI에 주목해야 할까?

1장

챗GPT가 쏘아 올린 생성형 AI의 습격

생성형 AI는 사용자의 요구사항에 따라 텍스트, 이미지, 오디오, 영상 등의 형태로 새로운 결과물을 창작해내는 것이 주목적이다. 생성형 AI는 "○○○을 만들어줘."라는 사용자의 요구사항이 주어지면 스스로 자료를 수집하여 독창적이고 창의적인 콘텐츠를 자유자재로 생성해낸다. 예를 들어, 직무기술서를 작성하거나(텍스트), 조직문화 캠페인 홍보용 이미지 또는 영상을 만들거나(이미지, 영상), 직원 서베이 데이터 분석을 위한 코드를 만들어준다. 즉, 전통적 AI가 기존 데이터를 학습해 분석하고 예측하는 것이 목적이라면 생성형 AI는 훈련 데이터와 유사한 새로운 창의적 데이터를 만들어낼 수 있다는 것이 가장 큰 차이점이다.

"챗GPT 발명은 '인쇄술 발명'에 버금가는 지적 혁명"

2005년에 미래학자이자 구글의 컴퓨터과학자였던 레이 커즈와일(Ray Kurzweil)은 저서 《특이점이 온다(The Singularity Is Near)》에서 2029년에는 AI가 인간의 지능을 뛰어넘을 것으로 예상했다.[1] 그뿐 아니라, 2029년에는 AI가 인간과 자연스러운 대화를 나눌 수 있으며, 그것이 컴퓨터와의 대화인지 인간과의 대화인지 구별할 수 없을 정도로 발전할 것으로 전망하기도 했다. 커즈와일의 대담한 전망은 당시 많은 학자에게 충격을 주었고, 과연 그가 예측한 미래가 올 것인가 의구심을 갖는 이들도 있었다. 그러나 2016년 구글 딥마인드가 개발한 바둑 인공지능 프로그램 '알파고'가 이세돌 九단을 4승 1패로 이기고, 2017년 세계 랭킹 1위 커제 九단을 3승 무패로 물리치자 AI의 무서운 발전 속도에 전 세계가 주목하지 않을 수 없었다. AI의 특이점을 예측했던 커즈와일 역시 알파고의 승리에 대해 "AI의 진보가 이뤄질 것이라고 예상했지만 현실이 되니 정말 놀라

웠다."라고 언급했다.[2]

   그럼에도 불구하고, 우리가 상상하는 AI는 여전히 저 멀리 있었다. 그때만 해도 AI란 바둑이나 체스같이 특수한 하나의 목적에 따라 대규모 데이터를 고도의 알고리즘을 활용해 오랜 시간 학습해야만 만들 수 있는 것이었다. 인간 지능을 뛰어넘는 AI를 가지고 여러 목적을 달성할 수 있도록 개발하는 데는 더 많은 시간이 필요하리라 여겨졌다. 또한 딥마인드 같은 업체가 탄생하려면 구글, 아마존, 마이크로소프트 등 자금력 있는 회사의 투자가 필요했다. 그리고 AI는 수십만 개의 변수를 고려해 복잡한 계산을 해내는 연산처리 기계일 뿐 새로운 것을 만들어내는 창작 분야에서는 그 기술이 아직 부족하다는 생각이 많았다. 어쩌면 그것은 창작이나 예술만큼은 인간 고유의 영역으로 남기를 바라는 소망의 반영이었는지도 모른다.

상상과 상식을 초월하는 '창의적 AI'가 등장하다

2022년 11월에 공개된 오픈AI의 생성형 AI, 챗GPT는 과연 창의성이 인간 고유의 영역으로 남을 수 있을 것인가 하는 의문을 품게 했다. 챗GPT는 번역을 하고 시를 쓰고 작사·작곡을 하며, 심지어 프로그램 코딩까지 할 수 있다. 특정 분야에 국한하지 않고 다양한 질문에 유창하게 대답할 수 있고, 결과물의 품질은 그것이 기계의 답변이라고는 믿기 어려운 수준이다. 특히, 동일한 질문에 대해서도 "초등학생이 이해할 수 있도록 설명해줘." 또는 "전문가에게 답변하듯이 설명해줘." 같은 다양한 요청에 대해 맞춤 답변이 가능하다.

기존 AI의 한계와 상식을 뛰어넘는 완성도 높은 AI가 사람들 사이에 가져온 충격은 엄청났다. 에릭 슈미트(Eric Schmidt) 전 구글 회장은 챗GPT 발명이 구텐베르크의 인쇄술 발명에 버금가는 지적 혁명을 일으킬 것이라고 언급했다.[3] 인쇄술 발명 덕분에 대량의 책으로 지식을 전파하고 사회에 변화를 가져올 수 있었듯이, 챗GPT는 방대한 양의 데이터를 학습해 다양한 정보를 빠르고 쉽게 이해하여 사용자들에게 제공해줄 뿐 아니라, 예술·문화·음악·과학 등의 여러 분야에서 창의성과 생산성을 획기적으로 향상시킬 것이라는 이야기다. 무엇보다도 이 놀라운 기술은 일반 대중 누구나 대화하듯 쉽게 이용할 수 있다는 점에서 그 가치가 크다고 보았다.

이렇게 챗GPT는 AI가 난해하고 범접하기 어려운 존재에서 벗어나 대중 속으로 들어오게 했다. 실제로 챗GPT가 공개되고 불과 두 달 만에 전 세계 사용자 수가 1억 명을 돌파했다. 그동안 이 분야 연구개발에서 무방비 상태로 있던 구글은 챗GPT가 기존의 검색 방식을 근본적으로 바꿀 잠재력이 있다는 판단에 따라 코드 레드(비상사태)를 발령하며 이러한 흐름에 대응했다.[4] 다양한 부서의 AI 전문가를 모아 챗GPT와 경쟁하기 위한 대규모 언어모델 개발을 최우선 과제로 선정해 실질적 개발 작업에 착수했고 온라인 챗봇 바드(Bard)*를 2023년 2월에 대중에 공개했다. 그러나 새로운

---

* 2024년 2월 제미나이(Gemini)로 브랜드명 변경.

AI 챗봇인 바드를 홍보하는 자리에서 정작 바드가 신뢰할 수 없는 답변을 내놓으면서 구글의 주가는 전날 대비 7% 이상 하락하기도 했다.⁵ 반면 마이크로소프트는 챗GPT를 개발한 오픈AI에 100억 달러를 추가로 투자하며 자사의 검색엔진 빙(Bing)에 GPT-3.5를 탑재해 구글이 주도하던 기존의 검색서비스 시장의 판도를 흔들고자 했다.⁶

생성형 AI, 이전의 AI와는 무엇이 다른가

챗GPT, 제미나이와 같은 생성형 AI를 사용해보지 않은 사람들, 정확히 말해 제대로 활용해보지 않은 사람들은 종종 이런 질문을 던진다. '생성형 AI에 왜 이토록 열광하는가?' 생성형 AI의 실체와 충격도를 파악하지 못하면 아마 그들에게 그것은 그저 그런 AI에 불과할 것이고, 만약 이를 제대로 파악하게 된다면 왜 챗GPT가 출시되고 나서 2년이 지난 지금까지 화제의 중심에 있는지를 알게 될 것이다.

혹자는 '대화하는 AI', '창조하는 AI'라고 부르지만 정확한 명칭은 생성형 AI(Generative AI)이며, 챗GPT는 생성형 AI 기술이 구현된 대표적 서비스이다. 요컨대 생성형 AI란 대규모 데이터를 학습해 고품질의 텍스트, 이미지, 영상, 프로그램 코드 등 다양한 콘텐츠를 생성할 수 있는 딥러닝(Deep Learning) 모델을 의미한다.⁷ 이를 통해 다양한 종류의 산출물을 고품질로 '창작'할 수 있게 됨에 따라, AI가 단순 반복 업무의 자동화를 넘어 인간의 일자리를 훨씬 더 광범위하게 대체할 수 있다는 위협에 직면하게 되었다. 상황이 이러하다면 사람과 조직을 관리하는 인사 측면에서도 생성형 AI의 발전 속도와 가능성에 대한 깊은 이해가 필요할 것이다. 과연 생성형 AI는 지금까지 우리가 알고 있던 AI와 무엇이 다를까?

① 창작도 하고 예술도 하는 AI

전통적 AI는 주어진 학습 데이터 내의 숨겨진 패턴과 규칙을 분석하고, 새로운 데이터가 들어왔을 때 그렇게 학습된 패턴과 규칙에 따라 분류하거나, 새로운 데이터가 어떤 패턴을 따를 것이라고 예측한다. 예를 들어, 퇴사자들의 행동 패턴을 학습해 직원들의 이직 가능성을 사전에 예측한다든지, 고성과자들의 학업·경력·역량 특성을 분석해 지원자들의 고성과 가능성을 예측하는 것이다.

반면 생성형 AI는 사용자의 요구사항에 따라 텍스트, 이미지, 오디오, 영상 등의 형태로 새로운 결과물을 창작해내는 것이 주목적이다. 생성형 AI는 "○○○을 만들어줘."라는 사용자의 요구사항이 주어지면 스스로 자료를 수집하여 독창적이고 창의적인 콘텐츠를 자유자재로 생성해낸다. 예를 들어, 직무기술서를 작성하거나(텍스트), 조직문화 캠페인 홍보용 이미지 또는 영상을 만들거나(이미지, 영상), 직원 서베이 데이터 분석을 위한 코드를 만들어준다. 즉, 전통적 AI가 기존 데이터를 학습해 분석하고 예측하는 것이 목적이라면 생성형 AI는 훈련 데이터와 유사한 새로운 창의적 데이터를 만들어낼 수 있다는 것이 가장 큰 차이점이다.

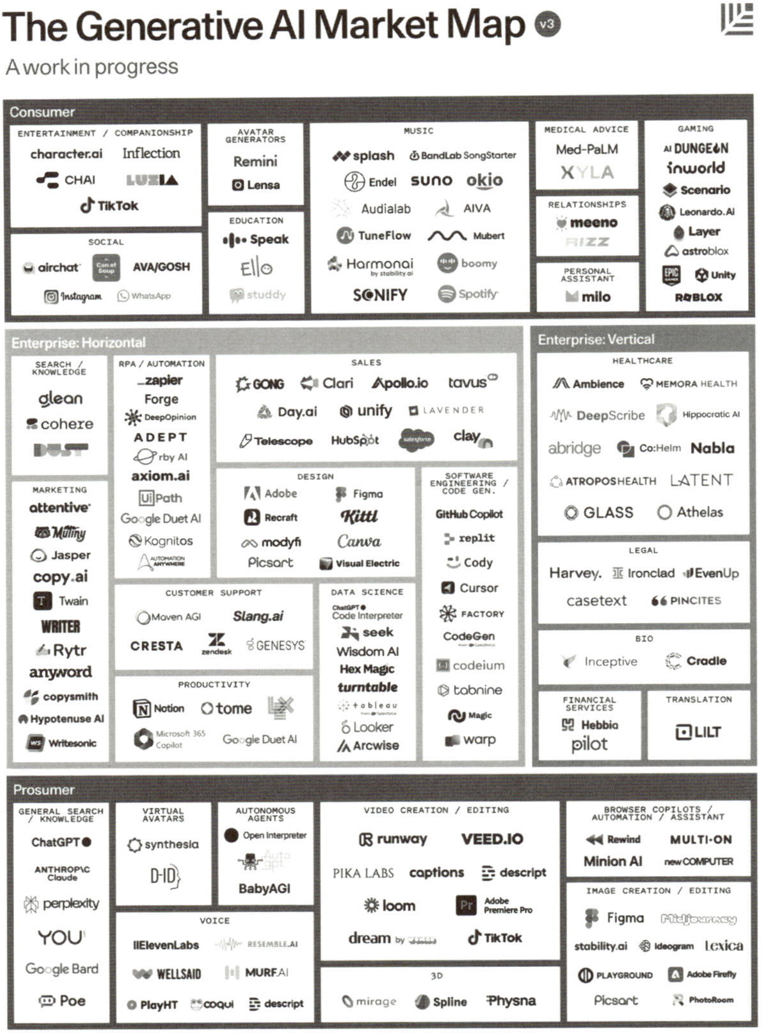

생성형 AI 애플리케이션(2024). 텍스트, 비디오, 이미지, 코드, 음성, 3D 등을 스스로 만들어낼 수 있는 생성형 AI 애플리케이션이 증가하고 있다.

자료: 〈https://www.sequoiacap.com/article/generative-ai-act-two/〉

② 누구나 사용할 수 있는 AI

스마트폰이 누구나 자기 손에 개인 컴퓨터 하나를 들고 다니는 진정한 개인 컴퓨팅 시대를 열었다면, 생성형 AI는 누구나 AI를 활용할 수 있고 자신만의 AI 비서를 만들 수 있는 개인 AI 시대를 열었다. 생성형 AI의 대표 서비스인 챗GPT, 이미지 생성 서비스인 미드저니(Midjourney), 달리(DALL-E), 코드 생성 서비스인 깃허브 코파일럿(GitHub Copilot) 등은 사용자에게 특별한 기술을 요구하지 않는다. 사람들이 서로 자연어로 대화하듯 AI에 요구사항을 제출하기만 하면 원하는 결과물을 쉽게 얻을 수 있다.

별도 학습도 필요 없다. 이전에는 AI 활용 모델을 만들려면 해당 회사나 산업, 직무의 특성에 맞춤화된 학습을 위한 데이터를 수집하여 그 패턴을 학습해야 했으며 모델의 타당성과 신뢰성까지 검증하는 긴 작업 단계를 거쳐야만 했다. 게다가 특정 문제를 해결하고자 할 때마다 AI 모델을 새로 만들어야 했다. 인사 분야에서 예를 들어보면 퇴사자 예측, 고성과자 예측, 리더 유형 분류, 직원 정서 고위험군 센싱 등 각각의 목적에 맞는 AI 모델이 각각 필요했던 것이다.*

그렇지만 생성형 AI는 전통적 AI에 비해 모든 질문에 범용적 답변이 가능하고, 때로는 부여된 과제를 해결하기 위해 스스로 인터

---

* 높은 정확성을 보여주는 '예측 모델'은 여전히 전통적 AI의 영역이다. 따라서 생성형 AI가 전통적 AI를 완전히 대체하는 것이 아니라 그 목적이 다른 것임을 명심해야 한다. 즉 전통적 AI를 활용해 퇴직 가능성이 높은 재직자를 정확히 예측하고 그 원인을 찾아낸 후 생성형 AI를 활용해 잠재 퇴직자를 위한 개인 맞춤형 리텐션 방안을 만들어볼 수 있는 것이다.

넷 검색, DB 검색 등을 통해 필요한 데이터를 찾아내 맥락에 맞는 답변을 내놓는다. 법률, 바이오, 의료, 연구개발 등 특정 산업군에 특화된 생성형 AI 서비스가 등장하고 있으나 범용적 목적으로 개발된 생성형 AI만으로도 미국 변호사시험, 로스쿨 입학시험, 일본 의사고시에 합격할 정도로 생성형 AI의 추론 능력은 뛰어나다.[8]

③ 과거를 기억하고 맥락을 이해하는 AI

생성형 AI의 뛰어난 자연어 이해 및 구사 능력은 생성형 AI 서비스가 일반 대중 속으로 빠르게 확산되는 데 큰 역할을 하고 있다. 생성형 AI는 사용자가 던지는 농담이나 유머에도 재치 있게 대답할 정도로 자연스러운 대화가 가능하다. 그뿐 아니라 사용자와 나눈 대화 내용을 기억하고 앞뒤 맥락을 이해하여 사용자가 던진 질문의 함의까지 추론하여 답변한다.

예를 들어, 챗GPT에게 인사팀의 역할을 정의해달라고 요청해보자. 그리고 그다음에는 초등학생에게 설명하듯 쉽고 간결하게 설명해달라고 다시 요청해보자. 두 번째 요청에서는 '인사팀의 역할'을 설명해달라는 지시를 부가적으로 명시하지 않아도 챗GPT는 앞선 대화를 통해 이미 자신이 설명해야 하는 대상을 기억하고 있기 때문에 사용자가 원하는 답변을 제공해준다.

인사팀의 역할 설명 요청하기

프롬프트 작성 예시1

회사에서 인사팀의 역할을 정의해주세요.

챗GPT 답변 예시

HR팀의 역할은 회사에서 직원들을 관리하고 회사의 인적자원을 최적화하는 것입니다. 구체적으로 채용, 교육, 성과관리, 직원 복지 및 관계 유지 등 다양한 업무를 담당합니다. HR팀은 회사의 문화를 형성하고, 직원들이 효과적으로 일할 수 있는 환경을 만드는 중요한 역할을 합니다.

프롬프트 작성 예시2

초등학생에게 설명하듯이 쉽고 간결하게 다시 설명해주세요.

챗GPT 답변 예시

HR팀은 학교의 선생님처럼 회사를 도와요. 새로운 사람들을 찾아서 일하게 하고, 일하는 사람들이 잘 지내고 잘할 수 있게 도와줘요. 또, 회사에서 사람들이 서로 잘 지내고 행복하게 일할 수 있게 돕는 일을 해요.

이렇듯 사용자와의 대화를 기억하여 그 맥락을 바탕으로 길게 대화가 가능한 생성형 AI의 자연스러운 대화 생성 기술 덕분에, 최근 들어 상담 챗봇 및 로봇 활용이 다시 활기를 띠고 있다. 2014년 공개되어 세계 최초의 감정 인식 로봇으로 화제를 모았던 페퍼(Pepper)

감정 인식 로봇 페퍼. 챗GPT와 연동되어 대화 능력이 향상되자 다시금 사람들의 주목을 받고 있다.
자료: 〈https://aldebaran.com/en/〉

는 장소 안내 등 미리 설정된 답변만 가능한 대화 수준으로 인해 한때 말을 거는 사람이 거의 없었다. 그러나 챗GPT와 연동시켜 대화 및 답변 능력이 향상됨에 따라 다시금 사람들의 주목을 받고 있다.[9]

HR에서도 지원자의 질의응답 대응, 사내직원들의 각종 민원 처리 및 복리후생 답변 지원을 위해 챗봇 도입을 고민해왔다. 그러나 챗봇 성능이 기대에 미치지 못하다 보니 확산에 한계가 있었는데, 생성형 AI는 영어는 물론 한국어까지 유창하게 구사하고, 주어진 질문에 대해 사내 데이터베이스(DB)에서 답변을 찾아내고 자연스러운 대화체 문장까지 만들어낸다. 그렇다면 이제 사내 다양한 서비스에 챗봇을 연계해 진정한 직원 맞춤형 서비스를 제공할 날도 멀지 않을 것으로 기대된다.

④ 더 좋은 정보를 제공받을수록 더 좋은 결과를 내는 AI

생성형 AI가 만들어낸 창작물의 품질은 사용자의 활용 능력에 따라 확연하게 달라진다. 어떤 사용자든 생성형 AI와 자연어로 대화하며 지시사항을 전달하고 원하는 결과물을 얻을 수 있지만, 생성형 AI에게 잘 지시하는 방법은 따로 있다. 이를 '프롬프트 엔지니어링(Prompt Engineering)'이라고 한다. 프롬프트(Prompt)란 생성형 AI에 입력하여 사용자가 원하는 결과물을 출력할 수 있게 만들어주는 자연어 명령어를 의미하고, 프롬프트 엔지니어링은 프롬프트를 효과적으로 구성하는 작업을 말한다. 사용자의 의도와 목적을 더 명확히 파악하도록 풍부한 정보를 제공하고, 사용자가 원하는 산출물의 포맷이 무엇인지, 어떤 내용을 포함해야 하는지 정확하게 표현할수록 생성형 AI가 내놓는 결과물의 질이 좋아진다.

생성형 AI 활용의 핵심은 '프롬프트 엔지니어링'

결국 챗GPT를 활용할 때 더 스마트한 결과물을 얻는 핵심은 프롬프트 엔지니어링이다. 그럼 프롬프트에 따라 결과가 어떻게 달라지는지를 구체적 사례로 확인해보자. 우선, 챗GPT에게 "직원용 프롬프트 엔지니어링을 위한 교육 프로그램을 기획해주세요."라고 요청해보았다. 그러자 교육 프로그램 기획 시 고려해야 할 전반적 사항을 알려준다. 이런 정도로는 프롬프트 엔지니어링 교육 프로그램 기획서가 될 수 없는데, 어째서 이런 결과가 나온 것일까? 이는 사용자가 프로그램 기획과 관련하여 좀 더 명확히 구체적으로 어떤 부분을 원하는지를 챗GPT에게 전달하지 않았기 때문이다.

PROMPT '프롬프트 엔지니어링 교육 프로그램' 기획안 요청하기1

프롬프트 작성 예시

직원용 프롬프트 엔지니어링을 위한 교육 프로그램을 기획해주세요.

챗GPT 답변 예시

프롬프트 엔지니어링 교육을 위한 교육 프로그램을 계획하려면 다음 단계를 고려해야 합니다.

교육 필요성 평가:

- 직원이 AI 시스템에 대한 프롬프트를 효과적으로 생성하고 관리하는 데 필요한 특정 기술과 지식을 식별합니다.
- 현재의 전문성 수준과 개선이 필요한 부분을 파악하기 위해 설문조사나 인터뷰를 실시합니다.

학습 목표 정의:

- 명확하고 측정 가능한 학습 목표를 설정합니다. 예를 들어 프롬프트 디자인의 원리를 이해하고, 특정 AI 작업에 대한 프롬프트를 최적화하는 방법을 배우고, 프롬프트 엔지니어링에 대한 윤리적 고려사항을 파악합니다.

커리큘럼 개발:

- 프로그램을 AI 및 언어모델의 기본 사항, 신속한 설계 전략, 신속한 최

적화를 위한 고급 기술, AI 상호작용의 윤리적 고려사항과 같은 주제를 다루는 모듈로 구성합니다.
- 직원들이 프롬프트를 생성, 테스트, 개선할 수 있는 실제 연습을 포함합니다.

그렇다면 이번에는 챗GPT에게 역할, 지시사항, 결과 포맷을 구체적으로 지정해 요청사항을 다시 제공해보자. 여기에는 채용, 인사관리, 교육, 평가 및 보상 업무를 하는 인사 담당자를 위한 5일짜리 강의 계획을 작성하라는 구체적 지시사항이 포함되어 있다. 이 두 번째 요청에 따른 결과물은 어떠한가? 프롬프트에 명시한 대로 1일차부터 5일차까지 인사 영역별 교육과정이 상세히 설계되어 있다.

 '프롬프트 엔지니어링 교육 프로그램' 기획안 요청하기2: 역할, 지시사항, 결과 포맷 지정하기

프롬프트 작성 예시

[역할]
당신은 교육기획 업무를 담당하고 있습니다.

[지시사항]
채용, 인사관리, 교육, 평가 및 보상 업무를 담당하는 인사팀의 직무별 프롬프트 엔지니어링에 대한 이해와 활용 방법에 대한 교육과정을 개설하고자 합니다. 5일짜리 강의 계획서를 작성해주세요.

[결과 포맷]

1일 차: 강의 구성 1, 2, 3, 4

2일 차: 강의 구성 1, 2, 3, 4

……

5일 차: 강의 구성 1, 2, 3, 4

챗GPT 답변 예시

1일 차: 프롬프트 엔지니어링 소개 및 채용 활용

- 강의1: HR 분야의 AI 소개–기본 이해
- 강의2: 프롬프트 엔지니어링의 기초
- 강의3: 채용을 위한 신속한 엔지니어링–직무 기술 및 후보자 심사 강화
- 강의4: 대화형 세션: 첫 번째 AI 프롬프트 초안 작성

2일 차: HR 인력운영을 위한 신속한 엔지니어링

- 강의1: 첨단 프롬프트 엔지니어링 기법
- 강의2: AI를 활용한 HR 정책 개발 및 실행
- 강의3: 사례 연구: 효과적인 AI 기반 HR 문제 해결
- 강의4: 워크숍: 직원 몰입도 설문조사를 위한 프롬프트 작성

3일 차: 교육 및 개발

- 강의1: AI를 교육 프로그램에 통합–새로운 접근 방식
- 강의2: AI 지원 교육 모듈 설계
- 강의3: 대화형: 맞춤형 학습경로에 대한 프롬프트 만들기
- 강의4: 그룹 활동: AI 기반 교육 세션 개발

4일 차: 평가 및 보상

- 강의1: 성과평가의 AI–기회와 과제

- 강의2: 보상 분석 및 시장 벤치마킹을 위한 프롬프트 작성
- 강의3: 역할극 세션: AI 지원 협상 시나리오
- 강의4: 토론: 평가 및 보상을 위한 AI의 윤리적 고려 사항

5일 차: 애플리케이션 및 통합
- 강의1: 모든 것을 하나로 통합-HR 기능 전반에 걸쳐 AI 통합
- 강의2: AI 기반 HR팀 구축-기술 및 역량
- 강의3: 그룹 프로젝트: HR 시나리오를 위한 포괄적 AI 전략 개발
- 강의4: 그룹 프로젝트 발표 및 피드백
- 강의5: 폐회사와 HR AI의 미래

전통적 AI는 일단 모델이 학습되고 나면, 개발자가 아닌 일반 사용자가 추가적 정보를 제공하거나 피드백을 하여 학습을 이어가도록 하는 것이 불가능하다. 알고리즘 학습은 개발자의 영역이었으며 이는 고도의 전문성과 프로그래밍 능력을 요구하는 작업이었다. 하지만 생성형 AI는 프롬프트, 즉 자연어 명령어의 정교화만으로도 사용자 데이터의 추가 학습을 가능하게 함으로써 높은 수준의 산출물을 낸다. 따라서 프롬프트 엔지니어링에 대한 기본적이고 명확한 이해를 바탕으로 그에 따라 생성형 AI를 활용한다면 생산성 향상에 큰 도움을 얻을 것이다.

프롬프트 엔지니어링 가이드라인[10]

[프롬프트 구성요소]

- 역할(Role): 모델이 응답을 생성할 때 모델이 가정해야 하는 페르소나, 정체성
- 상황(Context): 모델에 추가로 제공되어야 할 외부 정보 또는 맥락 정보
- 지시사항(Instruction): 모델이 수행하기를 원하는 작업 또는 지침
- 결과 포맷(Output data): 출력의 유형 또는 형식
- 예시1(Example1): 기대하는 결과물에 대한 예시1
- 예시2(Example2): 기대하는 결과물에 대한 예시2

※ 프롬프트의 구성요소가 모두 필요한 것은 아님

[프롬프트 작성 팁]

1. 쉽고 간결하게 질문하라.
2. 필요한 사항을 질문하듯 상세하게 요청하라.
3. 기대하는 결과물에 대한 형식과 예시를 들라.
4. 여러 번 대화하며 피드백을 제공하고 보완 설명을 요청하라.
5. 구체적 수행 조건과 제약 조건을 달라.
6. 요구사항의 맥락, 지시사항의 이유, 기대하는 바를 설명하라.

02 생성형 AI 도입, 더 이상 선택의 문제가 아니다

사용자가 직접 가르치고 훈련시킬수록 더 똑똑해지는 AI의 등장은 기업에 분명 기회이지만 한편으로는 위협이 되고 있기도 하다. 특히 기업 정보보안 담당자들은 직원들이 AI를 활용하는 과정에서 소스코드, 신규 사업기획 회의 내용, 내부직원 인사 데이터 및 고객 데이터 등 민감한 회사 자료가 새나가지 않을까 우려한다. 더욱이 챗GPT를 개발한 오픈AI에서 서비스 도입 초기에 사용자가 프롬프트로 제공한 데이터를 어떤 형태로 저장하고 어떤 방식으로 학습에 활용하는지에 대한 명확한 정보를 제공하지 않아, 기업의 지식재산권 침해 및 기밀정보 유출에 대한 불안이 더 커졌다. 정보 유출에 대한 이러한 우려를 불식시키고자 오픈AI는 오픈AI API(Application Programing Interface)*를 활

---

* 오픈AI에서 개발한 인공지능 모델을 외부 애플리케이션에서 유연하게 활용할 수 있도록 제공하는 프로그래밍 인터페이스.

용해 제공된 데이터는 모델 개선에 활용하지 않음을 고지하고 있다. 다만, 일반 사용자를 대상으로 한 챗GPT 또는 DALL-E 서비스를 통해 제공된 데이터는 여전히 30일간 보관되고 모델 학습에도 활용될 소지가 있다.[11]

기업의 생성형 AI 사용 제한, 가능할까?

2023년 2월 골드만삭스, 뱅크오브아메리카, JP모건체이스 등 개인정보에 민감한 금융권을 중심으로 생성형 AI의 안전한 사용이 가능할 때까지 직원들의 챗GPT 사용을 제한하는 회사들이 생겨나기 시작했다.[12] 2023년 5월에는 제품 및 소비자 데이터 보안에 엄격한 애플이 내부직원들의 챗GPT를 포함한 모든 종류의 생성형 AI 앱 사용을 제한했다. 애플은 개발자들의 소프트웨어 작성에 널리 활용되고 있는 깃허브의 코파일럿 도구 역시 금지했다.[13]

   이처럼 기업들은 생산성 향상으로 인한 이익보다 내부정보 유출에 따른 위험성을 더 크게 인식하고 있는 상황인데, 그렇다면 실제로 직원들은 생성형 AI 도구를 어떤 마음가짐으로 어떻게 사용하고 있을까? 과연 생성형 AI 도구의 내부 사용 제한은 가능할까? 2023년 4월 생성형 AI 도입 초기, 맥킨지의 글로벌 조사에 따르면, 응답자들의 79%가 업무 또는 업무 외적으로 생성형 AI를 사용한 경험이 있었고, 22%는 정기적으로 자신의 업무에 활용하고 있었다. 설문에 참여한 최고경영진도 그 25%는 회사에 생성형 AI 도구

를 공식 도입하지 않았을지라도 개인적으로는 업무에 활용하고 있다고 응답했다.[14]

세일즈포스가 글로벌 14개국을 대상으로 실시한 조사(2023년 10월)에 따르면, 근로자의 28%가 회사에서 생성형 AI 도구를 사용하고 있다고 응답했다. 더 놀라운 것은 사용자의 55%는 회사의 승인 없이 생성형 AI 도구를 활용하고 있고, 40%는 회사가 금지한 생성형 AI 도구를 활용한다는 점이었다. 심지어 사용자들의 64%는 AI가 작업한 결과물을 자기가 작성한 것처럼 보고했다.[15]

기업에서 생성형 AI 활용을 금지할수록 근로자들은 우회적 경로를 활용하는 방안까지 고민하는 것이 현실이다. 북미 최대의 온

생성형 AI 도입 초기 글로벌 활용 현황 조사(2023. 4)

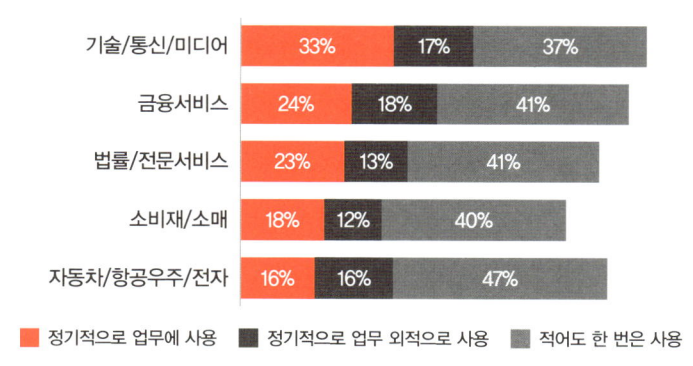

기술·통신·미디어 및 금융서비스 분야에서는 정기적으로 업무 및 업무 외적으로 생성형 AI를 활발하게 사용하고 있다.
자료: 〈https://www.mckinsey.com/capabilities/quantumblack/our-insights/the-state-of-ai-in-2023-generative-ais-breakout-year〉를 참고하여 재구성.

라인 커뮤니티 레딧(Reddit)에서는 챗GPT를 회사에서 허용한 공식 도구로 위장한 앱을 만들거나 생성형 AI 앱 앞에 개인정보 보호 화면을 추가하는 등 다양한 위장 기술에 관해 논의하는 커뮤니티가 생겼다.[16]

근로자들이 이런 방법까지 동원해가며 생성형 AI 도구를 활용하는 이유는 무엇일까? 생성형 AI 도구를 이용한 경험이 있는 사람들은 생성형 AI가 자신의 업무와 커리어에 긍정적 영향을 줄 것이라 믿기 때문이다. 앞서 언급한 세일즈포스의 설문조사에 따르면, 응답자의 71%는 생성형 AI 활용으로 생산성이 향상될 것이라고, 58%는 업무몰입도가 높아졌다고, 44%는 생성형 AI 기술을 마스터한다면 그러지 않았을 때보다 더 높은 급여를 받을 수 있을 것이라고 응답했다.

이런 추세에 따라, 비즈니스 리더들도 이제는 근로자들의 생성형 AI 도구 활용이 이미 기업의 통제에서 벗어나 업무환경 속으로 침투해 있는 상황인 것으로 받아들인다. 2023년 한국정보시스템감사통제협회(ISACA)의 조사에 따르면, 생성형 AI 사용을 공식적으로 허용한 조직은 28%에 불과하다. 그러나 보안전문솔루션 카스퍼스키(Kaspersky)가 영국 및 EU의 C-레벨 임원들을 대상으로 조사해보니 임원들의 95%는 이미 직원들이 생성형 AI를 정기적으로 사용하는 것으로 믿고 있었다.[17] 실제로 직원들이 생성형 AI 도구를 활용해 고품질의 작업 결과물을 만들어내고 업무시간을 단축하여 남는 시간에 새로운 것을 학습하는 경험을 이미 했다면 예전으로 되돌아가기는 어려울 것이다.

글로벌 금융기업들, 생성형 AI에 공격적으로 투자

정보 유출 및 거짓 정보 생성(할루시네이션*) 등에 대한 우려 속에 생성형 AI 도입을 금지하거나 보류했던 기업들의 움직임도 변화하고 있다. 이제 생성형 AI 금지는 답이 될 수 없으며, 이를 활용하지 않는 기업은 생산성 후퇴뿐 아니라 혁신의 발판을 마련할 기회를 상실하는 것으로 여겨진다. 이에 따라, 고객 데이터 보호를 최우선으로 삼는다는 명분 아래 챗GPT 사내 금지를 선언했던 금융권 기업들도 자체적 생성형 AI 도입 방안을 강구하기 시작했다.

그중 모건스탠리는 골드만삭스, 뱅크오브아메리카, JP모건체이스 등의 기업이 아직 생성형 AI 도입을 주저하던 2023년 3월부터 공격적 투자를 감행한 바 있다. 모건스탠리는 오픈AI와 협력하여 GPT-4를 기반으로 모건스탠리의 방대한 연구 자료(시장조사, 투자전략, 분석리포트 등) 및 금융 데이터를 학습시켜, '모건스탠리 AI 어시스턴트(AI@Morgan Stanley Assistant)'라는 자산상담 전문 도구를 개발했다. 이를 통해 1만 6,000명의 자산관리 전문가들은 고객과 상담할 때 약 10만 개의 연구 보고서와 데이터베이스에서 빠르게 정보를 검색하고 고액 자산가를 위한 맞춤형 자문 서비스를 추천받을 수 있게 되었다. 자산상담에 있어 가장 중요한 것은 정확성이기 때문에 모건스탠리는 할루시네이션을 피하기 위해 AI 챗봇 상담

---

* Hallucination: '환각'을 뜻하는 단어로, AI가 사실이 아닌 내용인데도 마치 정답인 것처럼 거짓 정보를 생성하는 현상을 말함.

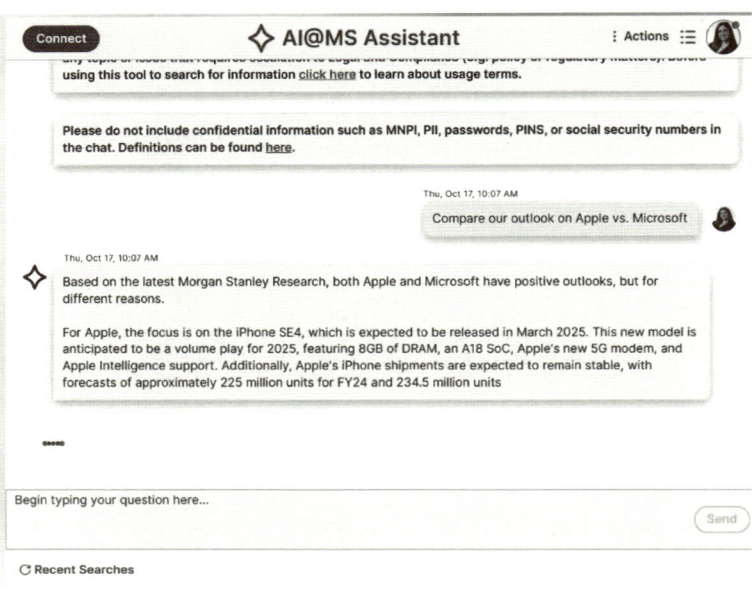

오픈AI와 모건스탠리가 협력하여 개발한 자산상담 전문 도구 화면 시안. 자산 전문가가 자연어로 대화하듯 질문하면 내부 데이터베이스에서 관련 정보들을 찾아 조합하여 정제된 답변과 정보를, 출처와 함께 제공한다.
자료: ⟨https://openai.com/customer-stories/morgan-stanley⟩

내용을 내부 데이터베이스에서만 추출하고 정제해서 양질의 대답만을 제공하도록 개발했다.[18]

생성형 AI 도입을 망설이던 골드만삭스와 JP모건체이스도 결국 내부직원의 업무의 질 향상을 위해 자체 프로젝트를 진행 중이다. JP모건체이스는 주요 기업들의 수익 정보를 요약하여 보고서를 생성하는 애플리케이션을 개발 중이고,[19] 골드만삭스는 코드 및 문서 자동 생성 외 12개의 개별적인 생성형 AI 과제를 진행 중이다. 골

드만삭스는 금융업의 엄격한 규제 특성상 고객과 직접 대면하는 AI 챗봇 개발에는 나서지 않고 있다.[20]

월마트, 직원과 고객 모두를 위한 생성형 AI 자체 개발

직원과 고객을 위해 생성형 AI의 활용 방안을 그 도입 초기부터 가장 적극적으로 고민하고 투자한 기업이 월마트이다. 월마트는 2023년 8월 타사의 언어모델과 월마트에서 자체 구축한 언어모델을 기반으로 미국 직원들을 위한 내부직원용 생성형 AI 서비스 '마이 어시스턴트(My Assistant)'를 도입했다. 그리고 2024년 1월에는 글로벌 11개국 7만 5,000명의 직원들이 각자의 모국어로 이를 이용할 수 있도록 서비스를 확대했다.[21] 대규모 언어모델을 활용해 고객, 상품, 직원 등 내부 데이터를 특화하여 학습할 수 있게 됨으로써 외부 모델을 활용할 때보다 더 정확하고 유용하면서도 보안 또한 강화할 수 있었다. '마이 어시스턴트'는 데스크톱과 모바일 앱 모두에서 접속할 수 있기 때문에 사무직 근로자뿐 아니라 매장 직원들도 언제 어디서나 편리하게 이용할 수 있다. 특히 매장 직원들로부터 호응이 높았는데, 왜냐하면 매장 근무를 할 때든 교대 근무로 이동할 때든 시간이나 장소에 구애받지 않고 상품 관련 정보를 손쉽게 얻을 수 있었기 때문이다.

  월마트의 최고인사책임자 도나 모리스(Donna Morris)는 마이 어시스턴트가 보고서 초안 작성, 대용량 문서 요약, 사내 데이터에서의 직원·상품·고객 정보 검색 등 단순 반복적 업무를 자동화함으로써 직원들의 생산성을 향상시킬 것이라고 언급했다. 이를 통해 직원들은 고객경험에 집중하는 시간을 늘려 보다 창의적이고 전략적인 업무에 투자하는 것이 더 가치 있다고 강조했다.

마이 어시스턴트는 월마트 직원 전용 통합 서비스 채널 Me@Campus 앱에도 하나의 기능으로 포함되어 있다. 월마트 직원들은 Me@Campus를 통해 근태 관리, 교육 신청 및 관리, 사내 복지 검색, 식당 및 회의실 예약, 직원 간 커뮤니케이션 등의 다양한 서비스를 이용하고 있다. Me@Campus에 생성형 AI 기능이 추가됨에 따라, 직원들이 이제는 더 손쉽게 자신에게 적합한 경력경로 및 복지 혜택을 검색할 수 있으며, 커피 주문과 회의실 예약도 가능하게 되었다.

월마트는 직원 전용 자체 생성형 AI 도구를 개발하면서 동시에 전체 직원들의 생성형 AI 활용 능력을 제고하기 위한 노력을 병행했다. 월마트는 2023년 3월 직원들이 데이터 유출 걱정 없이 안전하게 생성형 AI를 활용하고 검증해볼 수 있도록 '생성형 AI 놀이터(Walmart GenAI Playground)'를 오픈했다.[22] 이 생성형 AI 놀이터에서 월마트 직원들은 여러 생성형 AI 모델을 직접 테스트해볼 수 있고 동일한 프롬프트에서 결과가 어떻게 달라지는지도 실험해볼 수 있다. 이를 통해 생성형 AI의 작동원리를 이해하고 할루시네이션 현상을 줄이는 프롬프트 활용법도 자연스럽게 학습하게 된다. 생성형 AI를 개발하고 도입하는 것에 그치지 않고 직원들에게 올바른 생성형 AI 사용법을 놀이하듯 배울 기회를 제공했다는 점에서 참고

월마트의 직원용 생성형 AI 서비스인 '마이 어시스턴트' 앱. 월마트의 직원들은 데스크톱과 모바일 앱을 통해 언제 어디서나 마이 어시스턴트에 접속해 질문하고 필요한 자료를 검색할 수 있다.
자료: 〈https://www.linkedin.com/pulse/empowering-associates-creating-better-work-through-new-donna-morris/〉

할 만한 사례라 하겠다.

　이처럼 월마트는 생성형 AI를 활용해 리테일의 혁신을 이루려는 의지가 강하다. 2024년 전자제품 박람회 CES 기조연설에서 월마트는 고객이 챗봇과 상호작용하며 제품을 검색하고 맞춤형 상품 제안을 받을 수 있는 생성형 AI 기반의 쇼핑도우미를 선보였다.[23] 오픈AI의 GPT-4 기술과 자체 개발 언어모델을 결합하여 개발된 이 서비스는 소비자들의 제품 검색 방식을 한 단계 진일보시켰다. 예를 들어, 소비자가 이전처럼 과자, 음료, 90인치 TV 등의 상품을 일일이 검색창에 입력하는 것이 아니라, AI 챗봇에게 '축구 경기 관람 파티를 계획 중이야, 도와줘(help me plan a football watch party),'

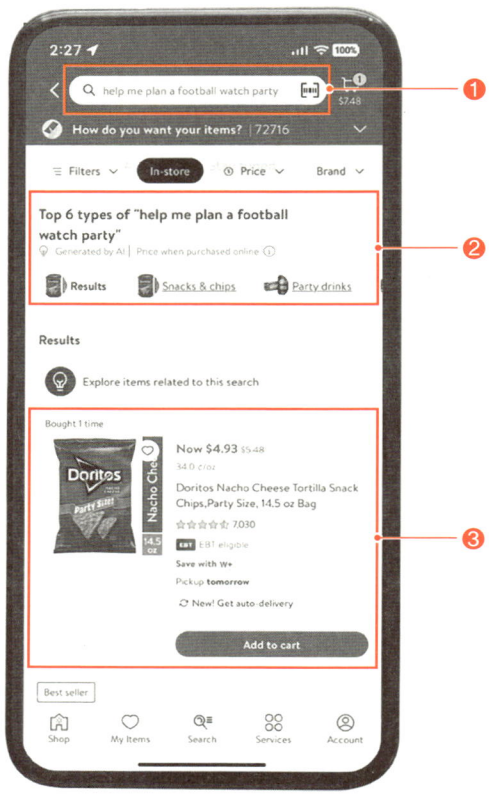

2024 CES에서 공개된 월마트의 쇼핑도우미 AI. ①"help me plan a football watch party"라고 AI 챗봇에게 질문하면, ②스낵과 칩, 파티 드링크 등 카테고리별 아이템을 추천해주고, 곧바로 ③추천받은 아이템을 주문할 수 있게 되어 있다.
자료: Walmart

라고 입력하면, AI 챗봇이 파티에 필요한 스낵과 음료수를 비롯해 파티용 물품(냅킨, 풍선)을 추천해주는 것이다.

생성형 AI 활용과 투자, 더 늦기 전에 시작해야 하는 이유

P&G는 오픈AI의 챗GPT API를 사용하여 약 35개 기능을 지원하는 직원 전용 생성형 AI 도구를 오픈했다. 외부에서 사용하는 챗GPT와 동일한 성능과 기능을 제공하지만 내부직원들의 프롬프트에 담긴 정보들이 오픈AI의 모델 학습에 활용되거나 외부에 공개되지 않도록 안전장치를 추가했다.[24] 이 외에 맥킨지, BCG, PwC, EY 등 컨설팅사도 내부직원과 고객을 지원하기 위한 생성형 AI 도구를 자체 개발하여 배포하고 있다.[25]

월마트를 필두로, 내부직원을 위한 사내직원 전용 생성형 AI를 개발하는 회사가 점차 늘어나고 있다. 지식재산 유출 걱정을 할 필요가 없고 자기 회사에 맞는 산업, 고객, 기술을 별도로 학습할 수 있기 때문이다. 무엇보다도 생성형 AI를 활용하고자 하는 직원들의 욕구를 더는 무시할 수 없는 상황에 이르렀다는 게 가장 큰 이유일 것이다. 회사 또는 상사의 허락 없이도 직원들은 생산성 향상을 위해 생성형 AI를 이미 활용하고 있다.

AI의 긍정적 영향력과 우리 사회에 미치는 파급력을 믿는 학자들은 AI가 인간을 지배하는 것이 아니라, AI를 활용하는 자가 그렇지 않은 자를 지배할 것이라 말하고 있다. 실제로 생성형 AI를 통해 직원생산성 향상, 반복 업무 자동화, 고객서비스 개선, 비즈니스 혁신을 시도하는 회사들이 속속 나오고 있다. 생성형 AI 도입이 과연 선택의 문제인지 깊이 고민하되, 결단력 있는 대응이 필요한 시점이다.

2장

생성형 AI가 불러올 HR 테크 혁명, 그 도전과 기회

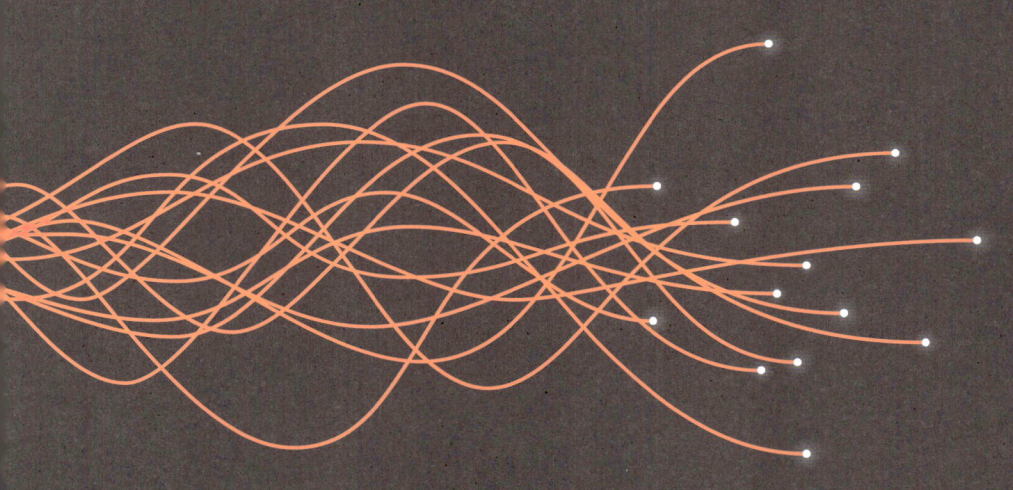

생성형 AI가 생산성 향상 및 경제성장에 미치는 영향을 분석한 보고서를 좀 더 깊이 들여다보면, 그것이 단지 AI가 인간을 대체해 해고가 증가할 것이라는 내용만을 담고 있는 것은 아님을 알 수 있다. 그보다는 생성형 AI를 통해 인간의 생산성 향상을 보완함으로써 일자리의 질이 더 좋아질 수 있다는 것, 즉 생성형 AI가 인간의 일자리에 미치는 긍정적 잠재력을 더 강조한다. 2차 산업혁명을 거치며 전통적인 농수산업 일자리가 감소하는 대신 철강제조, 화학생산, 전기통신 일자리가 대거 창출되었고, 3차 산업혁명을 거치며 제조업 일자리가 감소하고 정보통신, 전자상거래 관련 일자리가 창출되었듯이, 생성형 AI가 가져오는 일자리의 미래 또한 그런 혁명일 수 있다는 전망인 것이다.

생성형 AI의 진화, 일자리의 역습?

생성형 AI가 진화할수록 생산성 향상을 가져다주리라는 기대감과 함께, 한편에서는 그로 인해 자신의 일자리가 위협받지는 않을까 하는 막연한 두려움 또한 있다. 실제로 AI발 일자리 역습과 빅테크 기업들의 해고 칼바람에 관한 기사가 꾸준히 흘러나오고 있다.

가장 먼저 칼을 빼든 건 IBM이었다. 2023년 5월 IBM의 CEO 아르빈드 크리슈나(Arvind Krishna)는 AI가 인류의 일자리를 실질적으로 위협할 것이라고 전망했다. 그는 인사·총무 등 사무행정 업무와 같이 고객과 직접 대면하지 않는 IBM 직무의 30%, 즉 7,800여 개의 일자리를 향후 5년간 AI로 완전히 대체할 것이며, 해당 분야의 채용을 동결한다고 발표했다.[26] 가령 HR 업무 중에서 직원의 부서 이동이 발생했을 때 이를 문서화하고 고용확인서를 작성하는 작업이 필요한데 바로 이 같은 직무가 AI 전환 1순위가 될 것이라고 밝혔다. 그렇지만 고객과의 상호작용이 필요한 업무, AI 관련 소프트웨어 개발 업무는 여전히 AI가 아닌 인간이 수행하는 영역으로 남겨둘 것이며 당연히 지속 채용하겠다고 강조했다.

크리슈나가 이 발표를 하던 때만 해도 아직 생성형 AI의 활용 영역과 생산성 향상 가능성을 탐색하던 시기였기 때문에, IBM의 결정과 발표는 근로자와 기업 모두에 큰 충격을 안겨준 바 있다.

생성형 AI, 고소득·고학력 화이트칼라도 대체한다

구직자들의 재취업 컨설팅 회사인 챌린저, 그레이 & 크리스마스(Challenger, Gray & Christmas Inc.)는, IBM의 발표가 있던 2023년 5월부터 그해 12월까지 약 4,600명의 미국 기업 근로자가 AI로 인해 일자리를 잃은 것으로 추정했다.[27] 아울러 AI로 인해 증가하는 일자리보다 해고되는 일자리가 훨씬 많고, 그 규모는 정확히 추산되지 않는다고 했다. 실제로 같은 기간 동안 구글, SAP, 메타를 비롯한 빅테크 기업뿐 아니라 UPS, 블랙록(BlackRock), 듀오링고(Duolingo) 등 다종다양한 기업이 AI 투자를 늘리기 위해 AI로 자동화가 가능한 영역의 인력을 해고했다.[28]

구글은 챗GPT 등장 이후 제미나이(Gemini)와 같은 생성형 AI 개발에 대규모 투자를 단행했고, 2024년 1월에는 CEO 순다르 피차이(Sundar Pichai)가 회사가 AI에 자원을 재분배해야 하기 때문에 대규모 해고가 불가피하다고 언급했다.[29] 가장 먼저 영향을 받은 곳은 구글 광고 판매 조직에 속한 3만 명이었다. 구글은 2021년

AI 기반의 광고 플랫폼인 퍼포먼스 맥스(PMax)를 개발했고, 2023년 5월에는 그것에 생성형 AI 기능을 탑재했다. 자연어로 대화하면 AI가 광고주의 웹사이트를 스캔해 효과적인 키워드와 헤드라인, 이미지 등을 자동으로 만들어주는 방식이다. 이렇게 생성형 AI 기능을 탑재한 PMax로 만든 자동 추천 광고가 광고주들 사이에서 좋은 반응을 얻으며, 광고 디자인 및 판매 분야에서 대규모 인력 감축과 재조정은 불가피해졌고 수백 명이 해고되었다.[30] 언어 학습 소프트웨어 회사 듀오링고는 사내의 일부 업무를 계약업체에 맡겨 외주를 주고 있었으나, 생성형 AI로 자동화할 수 있다는 판단에 따라 계약업체 중 10%에 대해서는 재계약을 하지 않았다.

　AI의 일자리 역습은 비단 테크기업만의 이슈가 아니다. 110년 이상의 전통을 자랑하는 글로벌 특송 기업 UPS는 2023년 국내외 물동량이 전년 대비 7.4% 감소했다. 그 영향으로 주가가 18%나 떨어졌다. 매출과 영업이익이 하락하자 UPS는 2024년 1월 전 세계 직원의 2.5%인 1만 2,000명을 해고할 계획이라고 발표했다. 아울러 일자리 감축이 관리직과 계약업체에도 영향을 끼칠 것이고, 경기가 회복되더라도 해당 직무는 채워지지 않을 것이라고 밝혔다. 이는 UPS가 생성형 AI를 활용하면 더 적은 비용으로 더 많은 일을 할 수 있다는 것을 확인했기 때문이다. 예를 들어 과거에는 영업사원이 가격 문제 전문가에게 조언을 구해 제안서를 작성했다면, 이제는 AI 챗봇의 도움을 받아 합리적인 가격 도출과 제안서 작성이 가능해졌다. 최근 몇 년간 UPS는 자율주행 배송 차량 및 로봇 분류 시스템 등에 투자했는데, 이제 그 방향이 AI 활용 쪽으로 선회하는 듯 보인다. 즉, 자동화의 영역이 화이트칼라 관리직에 이르기까지 확장됨으로써, 효율화를 통한 비용 절감이 모색되고 있는 것이다.[31]

골드만삭스, 맥킨지, 국제노동기구(ILO) 등 주요 전문기관의 연구에 따르면 생성형 AI가 고학력·고소득 지식근로자의 업무자동화에도 크게 기여할 것이라 전망된다. 지식 관련 분야의 특정 영역에서는 생성형 AI의 결과물이 인간이 만든 결과물과 구별할 수 없을 정도로 품질 수준이 높은 것으로 나타나고 있기 때문이다. 더욱이 생성형 AI가 인간과 기계 간 커뮤니케이션 장벽을 허물어버림에 따라 향후의 노동시장은 큰 변화를 맞을 것임이 분명하다. 골드만삭스의 분석에 따르면 우리가 수행하고 있는 전체 작업의 25%는 생성형 AI로 자동화가 가능한 것으로 나타났다.[32] 산업별로 보면 행정(45%), 법률(44%), 건축 및 엔지니어링(37%), 생명과학(36%), 금융

미국의 산업별 AI 자동화 비율

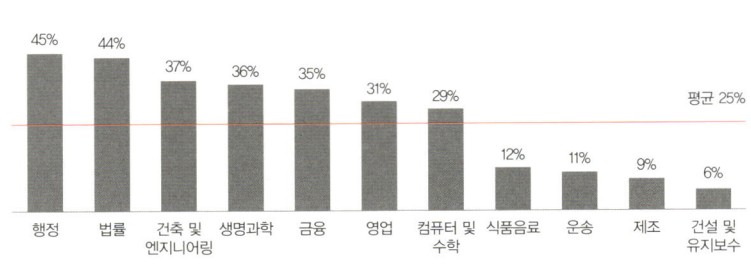

자료: Goldman Sachs (2023. 3. 26). "The Potentially Large Effects of Artificial Intelligence on Economic Growth".

(35%) 분야의 평균 자동화 가능성이 높고, 반면에 육체노동 관련 업무 비중이 높은 운송(11%), 제조(9%), 건설 및 유지보수(6%) 분야에 끼치는 영향력은 미미하다.

골드만삭스는 전체 업무 중 50% 이상을 AI로 자동화할 수 있는 일자리들은 AI 투자 대비 인건비 절감 등을 고려할 때 AI로 완전 대체될 가능성이 높다고 분석했다. 그리고 전체 업무의 10~49%를 자동화할 수 있는 일자리는 AI 활용을 통해 업무생산성 및 품질 향상 등이 보완될 가능성이 높다고 보았으며, AI에 의한 자동화 가능성이 10% 미만인 일자리는 투자 대비 기대 효과가 미미하여 AI의 영향을 받지 않을 것이라고 가정했다. 이 가정에 따르면 현재 미국의 일자리 중 7%는 AI로 완전 대체가 될 것이며, 63%는 AI로 생산성 보완이 이뤄질 것이고, 단지 30%만이 그 영향이 미미하다.

이러한 분석을 바탕으로 골드만삭스는 생성형 AI로 인한 일자리 자동화가 해고보다는 업무생산성 보완에 그 초점을 맞추어야 한다고 강조했다. 또한 생성형 AI가 제대로 작동하고 근로자와 기업이 이를 적극 활용한다면 향후 10년간 노동생산성이 매년 1.4%씩 향상되리라는 전망을 내놓았다.

한편 맥킨지는 로봇 및 전통적 AI의 영향력과 생성형 AI의 영향력을 통합적으로 분석해 AI가 일자리에 미칠 영향력을 전망했다. 맥킨지의 분석에 따르면 생성형 AI가 도입될 경우 로봇/전통적 AI의 영향력에 더하여 전체 업무의 60~70%까지 자동화가 가능하리라 추정된다. 로봇/전통적 AI가 블루칼라 근로자의 생산성 증진에 크게 기여했다면, 생성형 AI는 고임금 화이트칼라 근로자의 생산성을

직업군별 AI 자동화 비율

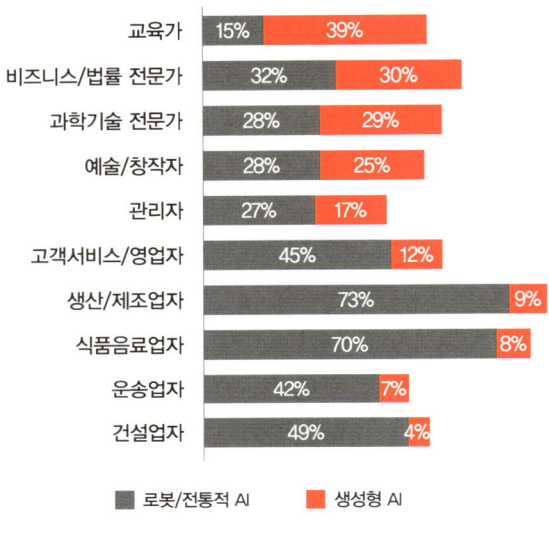

자료: McKinsey & Company (2023. 6). "The Economic Potential of Generative AI".

크게 끌어올릴 수 있으리라는 것이다.[33]

특히 교육가, 비즈니스/법률 전문가, 과학기술 전문가, 예술/창작자 등은 생성형 AI 도입 이전에는 자동화 가능성이 15~30% 수준으로 미미하여 AI 활용의 필요성을 거의 느끼지 못했던 영역이다. 그러나 생성형 AI 활용으로 정보 검색, 수치 데이터 처리, 창의적 결과물 제작 등이 지원됨으로써 전체적인 생산성이 60% 이상 향상될 수 있을 것이라고 맥킨지는 분석했다.

육체노동자도, CEO도 예외가 될 수 없다

현재의 생성형 AI 기술 수준을 고려할 때 생성형 AI는 지식근로자의 업무자동화에 더 크게 기여하는 것으로 보인다. 그렇다면 생성형 AI는 육체노동이 집약된 근로자의 일자리에는 전혀 영향을 끼치지 않는다고 봐도 되는 것일까?

로봇 전문가들은 생성형 AI 등장 이후 로봇 연구의 패러다임이 바뀌었음을 강조한다. 생성형 AI가 인간의 언어를 이해하고 추론하고 새로운 창작물을 만들어냄으로써 디지털 세계에서의 생산성 향상에 국한되는 측면이 있는 반면에, 로봇과 생성형 AI의 만남은 이러한 혁신을 물리적 세계까지 확장시킬 수 있다는 것이다. 즉 인간의 언어와 의도를 이해하고 동작 수행에 필요한 정보를 인터넷에서 찾아내고 비전 데이터를 수집해 상황에 가장 적합한 행동을 수행해내는 휴머노이드 로봇의 출현이 점점 더 가까워지고 있다는 이야기다. 가령 "바닥에 있는 세탁물 세탁해줘."라고 요청했을 때 바닥에서 세탁물만 선별해(즉 장난감이나 리모콘 등은 제외할 줄 아는 것) 세탁기에 넣고 돌릴 수 있는 로봇이 탄생하리라는 것이다.

현재 이 분야의 기술은 로봇이 프로그래밍 입력 없이도 사람이 하는 일을 보고 학습하고 수행할 수 있는 방향으로 진화하고 있다. 따라서 단순 반복적인 상당수의 육체노동은 휴머노이드 로봇에 의해 자동화될 것이다. 다만 고도의 개인적 상호작용이 필요한 업무, 추상적 추론, 인간의 의사결정이 필요한 부분은 인간 고유의 영역으로 남을 것이다.

그렇다면 CEO의 자리는 어떨까? CEO는 회사의 중장기적 비전을 설정하고 그에 따른 사업전략을 수립하면서 기업의 운명을 좌우하는 중대한 의사결정을 하는 자리인데, AI가 관리자 또는 CEO를 대체할 수 있을까? 2017년 알리바바의 전 CEO 마윈은 "앞으로 30년 내에 《타임》지의 올해의 CEO로 로봇이 선정될 것"이라 예언했다. 생성형 AI의 등장은 그의 예언이 현실이 되어가고 있음을 보여준다.

2023년 미국의 동영상 및 게임 콘텐츠 전문 제작업체 모비온(Mobeon)은 AI CEO 칭기스 트론(Chinggis Tron)을 차기 CEO로 임명했다.[34] 모비온의 전 CEO는 산업과 기술이 빠르게 변화하고 인간의 지식과 사고 능력으로는 이를 따라잡기 어려운 시대가 되었다고 언급하며 이러한 시대에 CEO의 자리는 인간보다 AI가 더 적합하기에 후임자로 지명한다고 밝혔다.

AI CEO 칭기스 트론은 모비온 경영에 필요한 데이터를 별도로 학습한 대화형 AI이다. 칭기스 트론에게 처음 주어진 업무는 모비온의 불필요한 사업을 정리하고 사업모델 혁신을 수행하는 것이었다. 이전까지 모비온은 닌텐도, 루이비통 등 주요 브랜드로부터 프로젝트 단위로 업무를 하청받아 수행하는 구조였으나, 칭기스 트론은 이런 식의 사업은 중단할 것을 권고했다. 고객사의 무리한 요구사항에 맞춰 또는 단기 실적에 급급해 수주한 사업으로 인한 비용 부담이 커지는 일이 자주 발생했기 때문이다. 대신 회사가 개발한 디지털 캐릭터와 소프트웨어 등 지식재산을 바탕으로 하는 영역으로 방향을 전환해 지속적 수익을 창출하는 비즈니스 모델을 구축하라는 제안을 내놓았다. 칭기스 트론은 오직 과거의 경영 실적과 미래의 사업 전망에 관한 데이터만을 바탕으로 제언하고, 회사의 이사진이 그 의견을 청취한 뒤 최종 의사결정을 내리는 방식으로 AI CEO와의 협업이 이루어지고 있다.

AI에 대한 두려움보다 긍정적 영향에 집중하라

CEO의 자리마저 위협하는 AI의 시대, 그 한가운데에 우리는 서 있다. 2023년 갤럽의 조사에서 미국 근로자의 22%는 AI 같은 기술로 인해 일자리가 사라질까 두려움을 느낀다고 응답했다.[35] FOBO(Fear Of a Better Option, 더 나은 선택지가 있을지도 모른다는 불안감)를 호소하는 근로자가 전년 대비 7%나 상승했다. 특히 대학 학위가 있는 근로자의 FOBO 호소 비율은 전년도 8%에서 20%로, 18~34세의 MZ 세대는 전년도 17%에서 28%로 매우 큰 폭의 증가세를 보였다. 지금 당장보다 앞으로 10년, 20년 후에 정말로 AI가 나의 일자리를 대체할 것이라는 막연한 두려움이 근로자들을 FOBO로 몰아넣고 있는 것이다.

그러나 생성형 AI가 생산성 향상 및 경제성장에 미치는 영향을 분석한 보고서를 좀 더 깊이 들여다보면, 그것이 단지 AI가 인간을 대체해 해고가 증가할 것이라는 내용만을 담고 있는 것은 아님을 알 수 있다. 그보다는 생성형 AI를 통해 인간의 생산성 향상을 보완함으로써 일자리의 질이 더 좋아질 수 있다는 것, 즉 생성형 AI가 인간의 일자리에 미치는 긍정적 잠재력을 더 강조한다. 세계경제포럼(WEF)의 "일자리의 미래 보고서 2023(Future of Jobs Report 2023)"을 보면, 기업들의 4분의 3이 AI 등 신기술 도입을 고려하고 있지만, 이로 인해 오히려 일자리가 늘어날 것이라고 예상하는 기업이 50%인 반면 일자리가 감소할 것이라고 판단하는 기업은 25%에 불과했다.[36] 2차 산업혁명을 거치며 전통적인 농수산업 일자리가 감소하는 대신 철강제조, 화학생산, 전기통신 일자리가 대거 창출되었고, 3차 산업혁명을 거치며 제조업 일자리가 감소하고 정보통신, 전자상거래 관련 일자리가 창출되었듯이, 생성형 AI가 가져오는 일자리의 미래 또한 그런 혁명일 수 있다는 전망인 것이다.

향후 5년 내에 현재 보유한 근로자 핵심기술의 상당수가 자동화의 진전으로 변화될 것이고,* 그런 의미에서 이제 평생학습을 통한 지속적 기술 향상은 필수가 되었다. 이는 생성형 AI 시대에 HR이 직면한 도전적 과제 중 하나다. 그러므로 조직 내에 있는 모든 직군과 직무를 꼼꼼히 분석해 어떤 부문이 AI 일자리로 대체되면 적합할지, 반면에 그러한 대체가 불가능하여 새로이 생겨나야 하는 직무는 무엇일지 잘 판단해보아야 한다. 일자리 대체로 유휴인력이 얼마나 생겨나고 리스킬링(Reskilling)이나 업스킬링(Upskilling)을 통해 어떤 경력경로를 제공해주어야 할지 선제적 고민과 대응이 긴요한 때라는 것이다.

―

* "일자리의 미래 보고서 2023"에 따르면, 기업들은 '향후 5년 내 근로자의 핵심 기술 44%가 변화될 것'이라고 예상했다.

무엇보다도 AI로 인해 오히려 증가하는 일자리가 무엇일지 파악하고 그와 관련한 기술 인력을 우선적으로 확보하기 위한 채용 계획 수립을 동시에 진행하는 것이 중요하다. 수요가 많은 핵심기술 인력은 시장에서 언제나 부족하기 때문에 내부에서 교육을 통해 양성하는 방안도 고려할 만하다. 아울러 생성형 AI를 활용해 생산성 향상 효과를 더 잘 누리려면 전 직원 대상 또는 직군별로 특화된 맞춤형 AI 교육체계도 필요할 것이다(생성형 AI 시대에 HR에 주어진 도전적 과제에 어떻게 대응할 것인가에 관한 내용은 이후 3부에서 좀 더 자세히 다룬다).

HR이 '생성형 AI'라는 동료를 만나면 어떤 일이 생길까?

인공지능이 인사 분야의 '일하는 방식'과 '프로세스'를 바꾸고, 직원과의 관계 혁신을 가져올 것이라는 희망은 대략 10년 전부터 있었지만, 그동안에는 기술이 그러한 니즈를 따라오지 못했다. 하지만 생성형 AI 기술의 등장 이후 이전과는 분명 다른 속도로 인공지능 기술이 HR 속으로 깊이 침투하여 확산되고 있다. 글로벌 전문가들은 알라딘의 요정 지니가 이미 세상 밖으로 나왔고, 지니를 다시 호리병 안으로 넣는 것은 옳은 선택이 아니라고 말하고 있다. 그렇다면 이제 지니, 즉 생성형 AI를 어떻게 활용해야 할지 구체적으로 고민해야 하는 시점이다.

지니, HR의 소원을 들어줘

2024년 1월 가트너의 조사에 따르면, HR 리더의 38%는 생성형 AI의 HR 부문 활용을 테스트 중이거나 구현을 계획하고 있거나 이미 구현했다. 이는 2023년 6월 조사 대비 20% 증가한 수치로, 이는 어느새 많은 기업이 생성형 AI를 탐색하는 단계를 넘어 직접 구현하는 단계로 옮겨 가고 있다는 의미일 것이다. 그리고 이들 기업이 특히 주목한 활용 분야는 직원 대상 챗봇 서비스 개발(43%), 관리업무 자동화 및 문서 생성(42%), 채용 분야에서 직무기술서 자동 생성 및 기술 데이터(41%) 등이다.[37] 이를 통해 생산성 향상(63%), 직원 경험 개선(52%), 비용 절감(37%) 등의 효과를 기대하고 있다.

보스턴컨설팅그룹(BCG) 역시 생성형 AI가 HR이 기존의 인적자원 관리 역할을 넘어 경영진의 심도 있고 통찰력 있는 비즈니스 파트너가 되는 길을 열어줄 것이라고 전망했다.[38] 먼저, 생성형 AI를 활용하면 회사 정책과 복리후생 등에 대한 신입사원과 내부직원들의 각종 질의에 응답하는 AI 챗봇 셀프서비스가 대폭 확대될 수 있다. 그리고 기존에 HR에서 수행하던 채용부터 퇴직까지의 다양한 업무 프로세스를 생성형 AI를 통해 자동화함으로써 인사팀의 생산성을 획기적으로 개선하고 직원 경험을 향상시킬 것으로 기대된다. 궁극적으로는, 단순 반복적 인력운영 업무를 이런 기술에 힘입어 대폭 축소해나가는 대신 시장과 기술 변화를 분석하고 직원 기술 향상과 중장기적 인재 확보 및 경력 계획 수립 등 비즈니스 가치 창출에 큰 영향을 미치는 중요한 인재 관련 의사결정에 HR이 생성형 AI가 HR에 미치는 영향: 더 전략적이고 부가가치 높은 인사이트 중심의 HR 조직으로의 근본적 전환

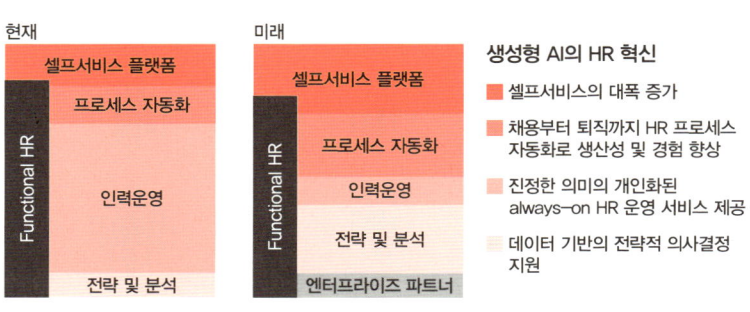

자료: 〈https://www.bcg.com/publications/2023/transforming-human-resources-using-generative-ai〉

더 많은 시간을 할애할 수 있게 될 것이라는 이야기다.

이를 위해서는 인사 담당자들도 연구개발, 마케팅, 소프트웨어 개발 직군과 같이 생성형 AI를 보다 적극적으로 공부하고 업무에 활용할 수 있도록 대비 태세를 갖추어야 한다. 그렇게 인사 분야에서 선도적으로 생성형 AI를 직접 활용해보고 AI 활용의 강점과 한계가 무엇인지 경험해본다면, 향후 조직 전체의 AI 활용 전략을 더욱더 효과적으로 수립할 수 있을 것이다.

채용 부문의 활용: 지원자와 채용 담당자 모두를 위한 AI

HR 테크가 가장 적극적으로 활용되어온 인사 분야는 단연 '채용'

이다. 생성형 AI의 도입과 활용에서도 마찬가지일 것이다. 그런데 채용 담당자는 이 분야에서 AI가 지원자들의 구직 활동에 더 적극적으로 활용된다는 사실에 긴장할 필요가 있다. 가트너가 2023년 13개국의 구직자 3,000명을 대상으로 실시한 조사에 따르면, 응답자의 38%가 챗GPT 등 생성형 AI를 활용한 것으로 나타났다. 그리고 이들 사용자의 43%가 구직을 위한 이력서 작성, 42%는 자기소개서 작성, 34%는 모의 인터뷰 질문 생성 및 답변 준비에 활용했다.[39] 주목할 만한 사항은 생성형 AI를 활용한 경우가 그렇지 않은 경우에 비해 더 많은 인터뷰 요청을 받았고 더 높은 연봉 제안을 받았다는 점이다.

이런 배경에서 이제 채용 담당자들도 생성형 AI 활용을 적극적으로 검토하지 않을 수 없는 것이다. 그리하여 채용 담당자들도 최근에는 챗GPT의 도움을 받아 채용공고와 직무기술서를 직무와 회사 인재상에 맞추어 최적화하고 있으며, 밀려드는 지원자들의 이력서를 선별하고, 후보자와의 소통을 자동화하는 데도 활용하는 추세이다. 실제로 생성형 AI의 뛰어난 언어 생성 및 이해 능력, 문장 작성 능력은 채용 분야에서 우수한 성능을 발휘하는 것으로 나타나고 있다. 예컨대 인도의 인프라 건설사 웰스푼(Welspun Enterprises)은 임원 면접 과정을 지원하는 생성형 AI를 사내에 도입했는데 그 결과 채용 단계에서 지원자 대비 최종 합격률이 기존의 15%에서 55%로 대폭 상승한 것으로 나타났다.[40]

교육 부문의 활용: 콘텐츠 작성을 지원하는 AI

생성형 AI는 콘텐츠 생성 능력이 아주 탁월하여 인재 육성, 특히 직원 맞춤형 교육 콘텐츠 기획 및 작성 과정을 획기적으로 개선시킬 수 있다. 생성형 AI에 교육 콘텐츠의 핵심 키워드만 제공하면 강의 계획서를 작성하고 이미지가 포함된 PPT, 심지어 동영상까지 자동으로 생성해준다. 이는 교육 설계자의 업무 부담을 획기적으로 줄여줌으로써 빠르게 변화하는 기술 및 시장 환경에 발맞춰 새로운 교육 콘텐츠를 지속적으로 생성, 보급할 수 있게 한다. 그 덕분에 교육 담당자는 학습자의 교육몰입도 등 학습 경험 향상 및 조직 전체의 L&D(Learning & Development) 전략을 수립하는 데 더 많은 시간을 투자할 수 있게 되었다. 이미 보스턴컨설팅그룹은 생성형 AI를 활용해 사내 온라인 교육자료를 작성하고 있으며, 그 결과 이전에는 6주나 걸리던 교육과정 설계 및 개발 기간을 단 9일로 획기적으로 줄일 수 있었다. 아울러 고품질의 비디오 교육자료 생성에 필요한 비용도 60% 절감할 수 있었다.[41]

성과관리 부문의 활용: 편견 없는 피드백을 작성해주는 AI

HR에서 AI를 활용할 때 가장 보수적으로 작용하는 분야가 바로 성과관리 영역이다. 성과평가는 보상과 직접적으로 연결되기 때문에 직원들이 가장 민감하게 반응하는 영역이다. 그러다 보니 AI의 무의

식적 편향성, 정확도, 보안 및 데이터 프라이버시 등에 관심이 쏠릴 수밖에 없다. 이와 관련해, 직원들의 생각은 어떠할까? 성과관리 플랫폼 베터웍스(Betterworks)가 미국 근로자 1,000명을 대상으로 실시한 조사에 따르면, 직원들은 생성형 AI가 성과평가뿐 아니라 개인화된 경력개발과 보상 등 다양한 HR 영역에서 편견을 줄여줄 만한 잠재력을 지니고 있다고 믿었다. 다시 말해, 직원들의 70%는 생성형 AI 활용이 더 객관적이고 편견 없는 성과평가로 이어질 수 있다고 응답했다. 나아가, 생성형 AI가 만들어낸 결과를 관리자가 잘 검토하고 조정해줄 수 있다면 AI가 생성한 성과평가를 기꺼이 받아들일 것이라는 응답이 75%까지 증가한 것으로 나타났다.[42]

성과관리 전문가들 역시 챗GPT 같은 생성형 AI가 성과평가 프로세스의 효율성과 효과성을 개선해줄 것이라고 입을 모은다. 먼저, 생성형 AI는 성과평가에 필요한 공식·비공식 직원 성과 데이터의 여러 소스를 수집해 요약하는 데 탁월한 기능을 발휘할 수 있다. 이는 관리자가 분기별 또는 연간 평가 기간에만 직원들의 성과 데이터를 수집하는 최근성이나 편향성의 문제를 줄여준다. 그리고 이메일, 슬랙(Slack), 팀즈(Teams)와 같은 협업 도구에서 발생한 업무 관련 대화, 피드백, 칭찬 카드 등의 데이터를 분석해 직원들의 협업 네트워크 분석도 가능하게 해준다. 그리고 이렇게 요약된 성과 데이터를 바탕으로 관리자가 가장 어려워하고 시간을 많이 할애하는 작업인 '직원별 실행 가능한 평가 피드백 초안 작성'을 자동으로 해준다. 앞서 소개한 베터웍스의 조사에 따르면, AI의 피드백 초안 작성으로 관리자의 50% 이상은 연간 20시간, 11%는 연간 100시간

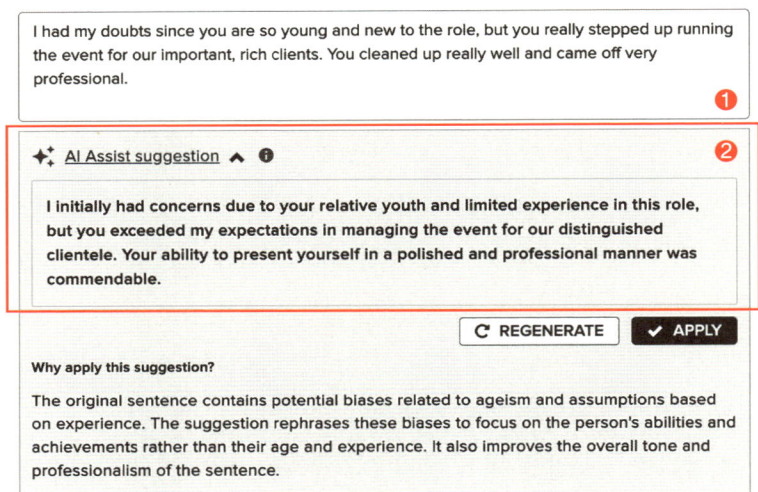

베터웍스의 피드백 문구 수정 기능. ①관리자가 신규 업무를 맡은 주니어 직원의 부족한 점을 피드백 초안으로 작성. ②AI 어시스턴트가 건설적인 개선 방향을 담은 피드백 문구로 수정.
자료: 〈https://www.betterworks.com/ai-for-hr/〉

이상을 절약할 수 있었다. 무엇보다도 관리자들이 가장 환영하는 부분은 껄끄러운 피드백이 보다 건설적인 방향으로 잘 전달되도록 그 문구를 수정해준다는 점이다.

HR 영역 특화 생성형 AI의 등장, 갈릴레오

HR의 특정 영역이나 기술에 생성형 AI를 접목하는 것도 유용하지만, 인사 담당자라면 아마도 'HR 분야에 특화된 도구로서 챗GPT 같은 것이 있다면 얼마나 좋을까' 하는 생각을 한 번쯤 해봤을 것이다. 챗GPT나 빙(Bing) 또는 구글 제미나이(Gemini)로 검색을 해도 되지만, 그 경우 HR 분야의 독특한 맥락을 잘 이해하는 만족스러운 답변을 얻기가 결코 녹록하지는 않다. 물론 프롬프트 엔지니어링을 통해 상황, 맥락, 아웃풋 형식 등을 상세히 입력하면 소기의 성과를 거둘 수 있으나 만약 HR 코파일럿이라는 도구를 나만의 비서로 두고 언제든지 인사 관련 전문 지식을 얻는 데 활용할 수 있다면 더 좋은 결실을 얻을 것이다.

이러한 고민을 해결하기 위해 HR 디지털 분야 혁신의 권위자인 조시 버신(Josh Bersin)은 2024년 5월 HR 분야에 특화된 코파일럿인 갈릴레오(Galileo, The World Expert AI Assistant for HR)를 출시했다.[43] 갈릴레오는 지난 25년간 축적한 조시 버신 컴퍼니의 연구 라이브러리, 300개 이상의 HR 테크 솔루션 사에서 제공받은 주요 프로필과 기능, 400개 이상의 고객 연구 사례 등을 학습했다. 또한 사전 정제된 프롬프트가 100여 개 포함되어 있어 인사 관련 각종 전문 지식과 연구 내용을 빠르고 정확하게 답변할 수 있다고 조시 버신 컴퍼니는 말한다. 예를 들어, "간호사 및 간호 관리자를 채용하려고 합니다. 어떤 기술이 필요하고 어떻게 평가해야 하나요?"라고 질문하면, 간호사 채용에 필요한 기술과 행동 면접 질문, 선발 기준 등을 제공하는 것이다. 또 "OO기술 분야 영업팀의 이직률이 연간 15%입니다. 업계 평균과 비교해 어떻습니까? 영업팀 리텐션 개선을 위해 무엇을 해야 합니까?"라고 질문하면, 갈릴레오는 업계의 평균 재직 기간을 벤치마킹한 자료를 제공하고, 리텐션 관련 사례 연구 결과를 제공한다. 이러한 상세한 연구 결과를 제공하기 위해 갈릴레오는 글로벌 기술 및 일자리 등 노동시장 데이터를 제공하는 라이트캐스트(Lightcast), 임원 채용 전문 기업인 헤이드릭 & 스트러글(Heidrick & Struggles), HR 데이터 분석 전문 업체 비지어(Visier) 등과 파트너십을 맺고 있다.[44] 지금은 롤스로이스, 마스터카드, 콜게이트 등 100여 개 기업에서 조시 버신 컴퍼니의 '갈릴레오'를 사용 중이다. HR 특화 코파일럿은 아직 시작 단계이지만, 더 많은 데이터와 연구를 학습하고 진화시켜나간다면 인사 담당자들에게 강력한 도구이자 비서, 나아가 친구가 되어주리라 기대한다.

이 외에도 생성형 AI의 HR 활용 가능 영역은 무궁무진하다. 이어지는 2부(3~6장)에서는 생성형 AI 기능을 탑재해 더 진화한 HR 테크 솔루션들에 대한 소개와 함께 챗GPT, 빙, 구글의 제미나이 같은 툴을 HR 업무에 어떻게 활용할 수 있을지 관련 사례 및 프롬프트 작성 방법을 자세히 설명해보고자 한다. 프롬프트 실습은 챗GPT 3.5 또는 4.0 버전으로 진행되었으나, 우리가 책에서 제시한 것과 동일한 프롬프트를 입력한다 해도 우리가 얻은 결과와는 얼마든지 다를 수 있다는 점을 염두에 두어야 할 것이다. 왜냐하면 생성형 AI는 정답이 있는 질문(예컨대 대한민국 광복절 날짜)을 던지는 경우에는 여러 번 질문해도 동일한 결과를 내놓지만, 정답이 없는 질문에 대해서는 매번 다른 결과를 '생성', '창작'하기 때문이다. 생성형 AI는 자신이 지닌 기본 정보 및 사실을 바탕으로 새로운 내용을 창작하는 데 탁월한 능력을 지닌 모델이다. 따라서 생성형 AI에게 여러 번 같은 질문을 해보면서 다양한 초안을 얻고, 그 결과물을 조합해 가장 나은 창작물을 만드는 것이 바람직하며, 바로 이 일이 인간의 책임에 속한다. 단, 이때 프롬프트에 상황, 지시사항, 규칙 등을 구체적으로 담을수록 질문에 대한 답변의 다양성은 줄어든다는 점을 잘 숙지하고 실습해보길 권장한다.

생성형 AI의 HR 활용 가능 분야

분야	기능
인재 확보	경쟁사 채용 동향 수집 및 요약
	잠재 지원자에게 이메일 발송
	채용공고 및 직무기술서 작성
	이력서 스크리닝
	인터뷰 질문 생성
	오퍼레터 발송
	신규 입사자 온보딩 지원
직원 성장	맞춤형 교육 커리큘럼 설계
	교육 콘텐츠 생성
	교육과정 홍보물 제작
	교육과정 테스트 문항 생성
	교육 효과성 분석
	관리자 리더십 1:1 코칭

분야	기능
성과관리	개인화된 목표설정
	성과, 동료 피드백 등 평가 데이터 요약
	성과평가 피드백 작성
	배치 면담 자료 요약 및 준비
	평가자 매뉴얼 제작
직원 몰입	회사생활 가이드 및 HR 정책 안내
	직원 설문 개발 및 분석
	설문, 사내 게시판 직원 정서 분석
	직원 소통 콘텐츠 작성(직원 대상 메일, 캠페인, 안내문구 등)
보상	복리후생, 보상 규정 질의응답
	복리후생 디자인
	경쟁사 복리후생 트렌드 수집 및 요약
기타	고성과자, 우수 부서장, 퇴직자 특성 등 인재 특성 분석
	주간·월간 정기 보고서 초안 자동 작성
	회의록 요약
	기업 재무제표, 공시 자료 수집 및 요약

HR TECH
REVOLUTION

HR TECH REVOLUTION

제2부

생성형 AI는 HR을 어떻게 바꾸어놓을까?

3장

인재 확보를 지원하는 AI

가장 먼저 예상되는 변화는 생성형 AI가 채용 과정에서 구직자의 직무 기회를 탐색하는 방식을 크게 바꿔줄 것이라는 점이다. 경력 전환에 어려움을 겪는 구직자가 생성형 AI와의 대화를 통해 개인의 기술과 경험을 바탕으로 자신에게 적합한 직무를 보다 손쉽게 추천받을 수 있게 될 것이기 때문이다. 물론 재직 중인 근로자에게도 생성형 AI는 도움이 될 수 있는데, 사용자에게 새로운 직무 탐색 방법과 필요한 학습 경험을 보다 쉽게 제공해줌으로써 사내직원들의 직무 탐색 경험을 크게 향상시킬 것이다.

생성형 AI가 채용 부문에 불러온 변화와 혁신

지금까지 HR 분야에서의 AI 도구 채택은 그 확산 속도가 느린 편이었다. 이는 HR이 다소 보수적인 특성을 띠는 데다 평가나 급여 등 내부직원조차 쉽게 접근하기 어려운 보안 이슈를 보유한 분야이기 때문이다. 그럼에도 불구하고, HR 영역 가운데 채용 부문에서는 이력서 검증과 지원자 평가를 위한 AI 솔루션 산업이 이전부터 크게 성장해왔으며, 이 외 다른 HR 분야에 대한 솔루션 생태계도 점차 형성되는 추세이다.

특히 2022년 12월 챗GPT가 등장한 이후 생성형 AI가 채용 분야의 솔루션에 도입되어, 기존 AI 기능의 업그레이드와 함께 전에 경험해보지 못한 새로운 기능들의 탑재가 활발히 이루어지고 있다. 이렇게 채용 영역에서 HR 테크를 도입한 기업들 대다수는 생성형 AI 기술의 업그레이드에 기반한 채용 프로세스와 사용자 경험 혁신을 확인하고 있으며, 그 결과 AI 기반 채용 플랫폼을 통한 지원자의 유입 또한 빠르게 증가하는 것으로 나타난다.

생성형 AI가 채용 업무에 가져온 변화 중 가장 눈에 띄는 것은 챗봇 성능의 엄청난 향상이다. 생성형 AI 시대 이전의 챗봇은 규칙 기반 엔진(Rule-Based Engine)으로 질문마다 답안을 준비하여 학습시켜야 했지만, 이제는 방대한 HR 문서를 사전 학습한 생성형 AI가 사람과 대화하듯 대응하는 것이 가능해졌다. 생성형 AI 모델 학습에 미처 사용되지 못한 HR 문서가 있더라도 사용자 화면을 통해 실시간으로 업로드한 뒤 해당 문서 내용을 기반으로 하여 생성형 AI를 활용할 수도 있다. 즉 기존의 AI 도구와 챗봇만으로는 구현하기 어려웠던 HR 기능 혁신을 새롭게 시도할 길이 열린 것이며, 이에 따라 HR 분야에서도 채용을 중심으로 생성형 AI 기술 도입이 급격히 확산될 것으로 보인다.

커리어 개발을 도와주는 AI 에이전트

가장 먼저 예상되는 변화는 생성형 AI가 채용 과정에서 구직자의 직무 기회를 탐색하는 방식을 크게 바꿔줄 것이라는 점이다. 경력 전환에 어려움을 겪는 구직자가 생성형 AI와의 대화를 통해 개인의 기술과 경험을 바탕으로 자신에게 적합한 직무를 보다 손쉽게 추천받을 수 있게 될 것이기 때문이다. 물론 재직 중인 근로자에게도 생성형 AI는 도움이 될 수 있는데, 사용자에게 새로운 직무 탐색 방법과 필요한 학습 경험을 보다 쉽게 제공해줌으로써 사내직원들의 직무 탐색 경험을 크게 향상시킬 것이다.

가령 경력 초기의 한 직장인이 어떤 기술을 보유하고 있지만 자신의 경력 기회에 대한 명확한 전망을 갖고 있지 못하다고 해보자. 이 경우 과거에는 그에게 관심을 가진 동료나 관리자에게 크게 의존할 수밖에 없었다. 그러나 생성형 AI와 함께하는 세계에서는 경력경로에 대해 HR 전문 AI 에이전트와 대화를 나누며 "내가 보유한 기술과 주요 경험은 다음과 같습니다. 현재 나에게 어떤 일자리가 열려 있을까요?"라고 질문해볼 수 있다. 그러면 AI는 "당신과 같은 기술 프로필을 가진 사람들 대다수는 이러한 일을 하지만, 일부는 마케팅·개발·분석 업무를 합니다."라는 식으로 응답해줄 수 있다. 추가 질문에 따라 특정 분야에 어떤 직무가 있는지, 그 직무는 구체적으로 어떤 과업으로 이루어졌는지, 필요한 학습 경험은 무엇이며 어떤 수업을 들어야 하는지도 소상히 알려줄 것이다.

이렇게 생성형 AI는 커리어 개발에 있어 성장 가능성은 있지만 코칭이 부족했던 사람에게 다양한 경력경로를 찾아주고 각각의 경력경로에 도달하는 방법을 이해하는 데 도움을 줄 수 있다. 물론 프롬프트에 어떤 내용을 제공하느냐에 따라 경력이 상당한 직장인에게도 전문적 경력개발을 도와줄 AI 에이전트의 컨설팅 서비스가 가능하다.

결국 생성형 AI는 사용자의 직무 관련 기술을 확장해주고 능력에 맞는 다양한 직무 옵션을 파악하는 데 도움을 줄 것이며, 끊임없이 변화하는 노동시장에서 경력 전환을 통한 개인의 성장과 발전을 충분히 지원해줄 수 있을 것이다.

반복적이고 소모적인 채용 프로세스 업무를 개선해주는 생성형 AI

생성형 AI는 회사의 채용 정책 및 업무 프로세스 또한 변화시키고 있다. 예를 들어 챗GPT 같은 생성형 AI 기술을 활용하면 채용 담당자가 직무요건을 더 완성도 높고 수월하게 작성할 수 있다. 새로운 직무나 변경된 직무에 적응하는 데 필요한 기술을 생성형 AI를 통해 쉽게 파악할 수 있기 때문이다. 채용 담당자는 생성형 AI 챗봇에 "○○○ 직무요건을 작성해주세요. 필요 핵심역량과 기술적 요구사항에 대해 구체적 조언과 함께 이상적인 후보자 프로필에 대한 제안도 해주면 좋겠습니다. 예를 들어 경력 연수, 관련 업계 경험, 필요한 학위나 자격증 등에 대해 자세히 조언해주세요."라는 내용으로 요청할 수 있다. 이러한 대화를 통해 채용 담당자는 보다 효과적으로 더 빨리 직무요건 작성이 가능하다.

또한 생성형 AI는 채용 과정에서 다양성과 포용성을 증진할 잠재력을 가지고 있다. 생성형 AI가 작성한 결과물은 사람이 작성한 경우보다 성별 중립적일 수 있으며, 좀 더 다양한 배경을 가진 지원자들에게 어필하는 방향으로 작성될 수 있기 때문이다. 이미 작성된 채용공고의 언어를 분석, 수정해달라는 요청도 가능하다.

생성형 AI의 이와 같은 다재다능함은 여러 배경과 경험을 가진 인재 풀을 확보하는 데 큰 역할을 담당할 것이다. 물론 요청사항에 대한 답변은 채용 담당자의 판단을 통해 수정되고 검증되어야 하겠지만, 생성형 AI가 채용 업무 전반의 속도와 품질을 대폭 향상시킬 능력을 지녔다는 점만은 분명하다.

특히 주목할 점은, 생성형 AI 도구의 효율성 덕분에 채용 담당자들이 다른 업무, 즉 더 생산적인 업무에 몰입할 수 있게 되었다는 것이다. 생성형 AI가 업무에서 일상적으로 반복되는 작업을 처리해줌으로써, 채용 담당자들은 조직에 가장 적합한 인재를 선발하고 평가하는 데 필요한 과학적 방법론을 연구, 개발하는 데 더 많은 시간과 노력을 쏟을 수 있게 된다. 이러한 상황은 조직의 장기적 성장과 발전에 기여하는 인재관리 정책을 수립하고 지속적으로 발전시키는 데 크나큰 역할을 할 것으로 예상된다. 이를 직접 확인해보고 싶다면, 챗GPT에게 AI 도구 사용이 채용 담당자의 역할에 어떤 변화를 가져오는지 한번 질문해보라. 아마 AI 도구 사용의 주요 절차를 설명해주면서 그 장점과 어려움 및 조언까지 양질의 정보를 흥미로운 방식으로 제공받을 것이다.

 PROMPT **AI 활용에 따른 채용 담당자의 역할 변화 묻기**

프롬프트 작성 예시

[지시사항]

AI 도구 사용이 채용 과정에서 채용 담당자의 역할을 어떻게 변화시킬 수 있는지 설명해주세요. AI 및 채용 분야의 전문지식을 바탕으로, 채용 과정에서 AI가 채용 담당자를 어떻게 도울 수 있는지에 대해 채용 담당자와 AI가 대화하는 장면으로 작성해야 합니다.

[결과 포맷]

최소 10개의 질문과 답변이 포함되어야 하며, 대화는 공손하고 전문적이며 정보를 제공하는 방식이어야 합니다. 채용 담당자에게 이름을 붙이고 AI에게 질문해서 답변을 받을 수 있는 가상의 대화 형식으로 작성해주세요. 채용 담당자는 채용 에이전시에서 일하는 것으로 상상하세요. 채용 담당자가 더 적은 시간을 들여 더 많은 채용을 하려면 AI 도구가 어떻게 도울 수 있는지 구체적으로 설명해주세요. 한국어로 답변해주세요.

챗GPT 답변 예시

[등장인물]

채용 담당자: 민경

AI 도구: AI 채용 어드바이저

[대화]

민경: 안녕하세요, AI 채용 어드바이저님. 요즘 채용 과정에서 AI 도구를 많이 사용한다고 들었는데, 구체적으로 제가 어떤 도움을 받을 수 있을까요?

AI 채용 어드바이저: 안녕하세요, 민경님. AI 도구는 채용 과정에서 시간을 절약하고 효율성을 높이는 데 많은 도움을 줄 수 있습니다. 예를 들어 수백 개의 이력서를 수작업으로 검토하는 대신 AI를 통해 자동으로 스크리닝할 수 있습니다. AI는 각 직무에 필요한 자격과 경험을 기준으로 후보자를 선별해줍니다.

민경: 그럼 제가 수많은 이력서를 하나하나 확인하느라 소요되는 시간이 줄어드는 거네요? 그러면 시간이 얼마나 절약될까요?

AI 채용 어드바이저: 맞습니다. AI를 사용하면 이력서 검토 시간이 평균적으로 75% 이상 단축됩니다. AI는 1분 이내에 수백 개의 이력서를 분석할 수 있기 때문에, 이를 통해 보다 중요한 업무, 예를 들어 인터뷰 준비나 후보자와의 커뮤니케이션에 더 많은 시간을 할애할 수 있습니다.

민경: 그럼 이력서 스크리닝 외에 인터뷰 과정에서도 도움을 받을 수 있나요?

AI 채용 어드바이저: 네, 그렇습니다. AI는 인터뷰 프로세스를 자동화할 수 있는 기능도 제공합니다. 예를 들어, AI는 후보자와의 화상 인터뷰를 기록하고 분석해, 면접 중 언급된 중요한 키워드나 비언어적 표현을 토대로 보고서를 작성할 수 있습니다. 이를 통해 면접에서 무언가 놓치거나 실수할 가능성을 줄일 수 있습니다.

민경: 인터뷰 분석이라면 구체적으로 어떤 부분을 분석하는 건가요?

AI 채용 어드바이저: AI는 후보자의 음성 톤, 언어 사용, 비언어적 제스처 등을 분석해 후보자의 자신감, 리더십, 문제해결 능력 등을 평가할 수 있습니다. 또한 후보자가 특정 질문에 답할 때 얼마나 논리적이고 명확한지를 분석해, 민경님께 더 정교한 평가 자료를 제공할 수 있습니다.

민경: 흥미롭네요! 그러면 AI가 후보자의 감정이나 성격도 분석할 수 있나요?

AI 채용 어드바이저: 그렇습니다. AI는 후보자의 언어 패턴과 비언어적 신호를 통해 감정 상태나 성격 특성을 분석할 수 있습니다. 이를 통해 민경님이 후보자가 조직문화에 얼마나 잘 맞는지 판단하는 데 도움이 될 수 있습니다.

민경: AI가 데이터를 기반으로 의사결정을 도울 수 있다는 점이 정말 유용해 보이네요. 혹시 채용 프로세스에서 편견을 줄이는 데도 도움이 될까요?

AI 채용 어드바이저: 네, AI는 편견을 줄이는 데 큰 역할을 할 수 있습니다. AI는 후보자의 이름, 성별, 출신배경 같은 요소를 배제하고 오로지 경험과 역량에 기반하여 후보자를 평가할 수 있기 때문에, 인간의 무의식적 편견이 개입될 여지를 최소화할 수 있습니다.

민경: 그렇다면 최종적으로 채용할 후보자를 결정할 때도 AI가 도움을 줄 수 있나요?

AI 채용 어드바이저: 물론입니다. AI는 후보자들의 기술 평가 결과, 면접

성과, 그리고 적합성 등을 종합하여 최적의 후보자를 추천할 수 있습니다. 이를 통해 민경님이 보다 데이터에 기반해 객관적 결정을 내릴 수 있게 돕습니다.

민경: 정말 많은 도움이 될 것 같네요. 하지만 AI가 실수할 가능성도 있지 않을까요?

AI 채용 어드바이저: AI도 완벽하지는 않기 때문에, 항상 최종 결정을 내리기 전에 민경님과 같은 전문가가 검토하는 과정이 필요합니다. 그러나 AI는 방대한 데이터를 빠르게 처리하고 중요한 패턴을 발견하는 데 강점이 있기 때문에, 민경님의 결정을 뒷받침하는 도구가 될 것입니다.

민경: 마지막으로, AI를 활용하면 어떤 점에서 제가 더 많은 채용을 효율적으로 처리할 수 있을까요?

AI 채용 어드바이저: AI는 이력서 스크리닝, 인터뷰 분석, 후보자 평가 등 대부분의 반복적이고 시간 소모적 작업을 자동화할 수 있기 때문에, 민경님은 더 적은 시간에 더 많은 후보자를 관리하고 처리할 수 있습니다. 이로 인해 민경님의 업무 효율성이 크게 향상될 것입니다.

민경: 오늘 정말 많은 것을 배웠습니다. 감사합니다, AI 채용 어드바이저님!

AI 채용 어드바이저: 천만에요, 민경님. 앞으로도 채용 과정에서 AI가 많은 도움이 되길 바랍니다!

생성형 AI의 결과물에 대한
비판적 접근과 세세한 검증이 필요하다

생성형 AI는 전통적 AI와 마찬가지로 과거 데이터를 기반으로 학습하기에 과거의 패턴과 편향이 내재되어 있을 수 있다. 따라서 생성형 AI가 작성해준 결과를 비판적 사고 없이 무조건적으로 의존하거나 수용한다면 거기 내포된 편향을 의도치 않게 사용하거나 확산시킬 위험이 있다. 특히 사용자가 특별한 교육 없이 생성형 AI와 자유롭게 대화하며 결과를 얻는 과정에서, 편향을 포함한 내용이 다수 생성될 수 있기에 기존의 AI 사용보다도 그 위험성은 더 심각할 수 있다.

이를테면 한 채용 담당자가 특정 부서의 팀 리더를 찾고 있다고 가정해보자. 이 담당자는 주어진 업무를 잘해낼 만한 혁신적 사고와 강력한 리더십을 가진 리더를 원한다. 그런데 만약 과거 데이터가 특정 배경을 가진 인물들만을 리더로서 선호했다면 생성형 AI 역시 이러한 패턴을 따를 가능성이 높다. 즉, 특정 학교(예컨대 명문대) 출신이나 특정 업계(예컨대 대기업, 컨설팅) 경험을 가진 인물들이 과거에 리더로 주로 선발되었다면 이러한 내용을 이미 학습한 생성형 AI 역시 이와 유사한 프로필을 가진 지원자를 선호할 가능성이 높다.

실제로 아마존(Amazon)은 기존의 전통적 AI를 활용한 채용 과정에서 여성에 대한 편견 문제를 경험한 사례가 있다. 당시 아마존은 자동화된 채용 시스템을 개발하기 위해 수년간 노력했으며, 이 시스템에는 이력서를 분석하여 최고의 후보자를 선정한다는 목표가 부여되었다. 이 시스템을 학습시키기 위해 아마존은 그 전 10년간 회사에 지원한 사람들의 이력서를 입력했다. 그러나 당시 기술 산업 종사자가 아무래도 남성 중심적 경향이 있어 대부분의 이력서가 남성들로부터 제출되었고, 이로 인해 시스템은 남성을 여성보다 선호하도록 학습되었다. 결국 아마존의 AI 시스템은 "여성의"라는 단어가 포함된 이력서를 저평가하고 여자대학 졸업생에게 낮은 점수를 부여하는 등의 경향성을 보이게 되었다. 또한 남성 엔지니어의 이력서에서 더 자주 사용되는 단어, 즉 "실행하다"나 "포착하다" 같은 말을 쓴 후보자를 더 높게 평가했다. 아마존은 이러한 요소가 고려되지 않도록 시스템을 조정해보았지만, 여성 후보자에 대한 차별을 완전히 차단하기는 불가능하다고 결론 지었고, 결국 2017년 초에는 이 프로젝트를 중단했다.

이는 어떤 AI가 사용되든 과거의 데이터에 기반하여 학습이 이루어진다면, 기존의 사회적 편견이나 불균형을 반영할 수 있음을 보여준 좋은 사례다. 아마존의 경우 채용 시스템 내 AI가 특정 성별에 대해 편향된 결정을 내림으로써 성별 다양성을 저해하는 결과를 초래했고, 문제가 드러나자 아마존은 결국 해당 시스템 사용을 중단하고 결국에는 폐기 결정을 내릴 수밖에 없었다. 어쩌다 이런 일이 발생했을까? 앞서도 언급했듯, 아마존 시스템이 과거 성공한 인물들의 데이터를 기반으로 학습하는 과정에서 아마존 기술 분야 내 남성이 우세한 경향을 띠었기 때문으로 추정된다. 그러하기에 AI가 생성한 결과에 대해 사용자는 그것을 무조건 받아들이지 말고 비판적으로 접근해야 하며, 다양성과 공정성을 고려하는 세세한 검증 과정을 거쳐야 한다.

생성형 AI가 전통적 AI에 비해서는 보다 진화한 기술이라지만, 그렇다고 해서 다를 것은 없다. 특히 채용과 같이 함께 일할 직원을 뽑는 중요한 의사결정 과정에서는 AI를 맹목적으로 따르기보다

여성에 대한 차별적 경향으로 폐기된 아마존의 AI 채용 솔루션을 다룬 기사.
자료: 〈https://fortune.com/2018/10/10/amazon-ai-recruitment-bias-women-sexist/〉

는 인간의 판단을 중심으로 적절히 점검하는 것이 필요하다. 생성형 AI 결과를 활용하는 과정에서도 데이터 및 분석 결과에 내포된 편향을 경계하고 폭넓은 관점에서 심사숙고해야 한다는 이야기다. 생성형 AI가 제공하는 데이터 및 결과를 비판적으로 분석하고 다양성과 포용성을 증진하는 방향으로 활용할 책임은 바로 사람에게 있다.

생성형 AI 관련 윤리적 이슈 중에는 지식재산권 문제도 있다. 생성형 AI가 생성하는 텍스트, 이미지, 음악 등은 기존에 존재하는 콘텐츠로부터 학습한 데이터를 기반으로 만들어지는데, 이 과정에서 결과물로 생성된 콘텐츠가 원작자의 저작권을 침해할 가능성이 있다. 예를 들어, 생성형 AI가 유명 작가의 스타일을 모방하여 글을 쓴다면, 이는 원작자의 창작 권리를 침해한 행위로 간주될 수 있고 이러한 결과물이 그대로 이력서나 포트폴리오로 제출될 수 있다. 최근에는 생성형 AI를 활용할 때 발생할 수 있는 윤리적 문제를 인사 영역에서 구체적으로 논의하는 것 외에도 법률 관점에서 지원자 데이터의 사용에 대한 논의 또한 활발히 이루어지고 있다. 따라서 채용 담당자는 지원자의 이력서, 포트폴리오 및 평가 결과를 생성형 AI 학습에 사용하는 경우 적정성에 대한 검토 및 사전 공지와 관련한 작업도 준비할 필요가 있다.

또한 채용 담당자는 지원자의 실제 역량에 대해서도 걱정하지 않을 수 없게 되었다. 이력서 및 포트폴리오가 상당 부분 생성형 AI의 도움을 받아 작성되었다고 가정할 경우 그 지원자의 실제 역량과 채용 담당자가 기대하는 역량 사이에 괴리가 있을 수 있기 때문이다. 이는 특히 창의적이고 독창적인 업무를 요구하는 포지션에서 더 중요한 문제로, 생성형 AI가 생성한 콘텐츠는 원본 데이터의 재구성이나 모방일 수 있기에 지원자가 실제로 가진 기술, 지식, 창의성을 정확히 반영한 것이 아닐 수 있다. 따라서 채용 담당자는 지원자가 제출한 자료가 어느 정도로 생성형 AI의 도움을 받았는지를 면밀히 확인해야 하며, 필요한 경우 스크리닝 및 면접 단계에서 추가 검증 과정을 거쳐야 한다. 예를 들어, 지원자에게 포트폴리오에 포함된 프로젝트에 대해 구체적인 질문을 하거나 작업 과정에서 경험한 도전적 상황 및 해결 방법에 대해 물을 필요가 있다. 물론 생성형 AI를 얼마나 잘 활용하느냐 하는 것 자체가 앞으로 지원자의 중요한 역량이 될 수 있기에 단순히 이러한 사용 사실만으로 대상자를 판단하고 평가할 수만은 없을 것이다.

요컨대 지원자의 생성형 AI 사용은 효율성과 혁신을 가져다주는 한편 새로운 법적·윤리적, 그리고 인사 정책적 도전과제를 제기한다. 지원자의 책임감 있는 생성형 AI 사용을 위해 지속적 교육과 의식 개선이 필요한 이유다. 나아가 채용 담당자는 지원자의 창의성과 역량을 더욱더 정확히 평가하기 위해 생성형 AI 사용 트렌드를 지속적으로 파악하며 세심한 검증 방식을 늘 고민해야 한다.

채용 과정에서 더 나은 사용자 경험을 선사하다

몇 년 전만 해도 채용 담당자의 하루는 링크드인(LinkedIn)에 접속하고 키워드를 입력해 채용 후보자를 검색하는 일로 시작했다. 그런데 2023년 11월 링크드인이 생성형 AI 기반 인재 검색 프리미엄 기능을 제공하면서 채용 담당자의 직무에서 사용자 경험 또한 크게 변화되고 있다.

생성형 AI, 링크드인의 사용자 경험을 개선

링크드인에 접목된 생성형 AI 기술은 링크드인의 사용자 경험을 획기적으로 개선하고, 인재 발굴 및 채용 프로세스를 더 효율적으로 만들어주고 있는 것으로 확인된다. 예를 들어 링크드인은 생성형 AI를 활용해 채용공고를 자동 작성하고 사용자 프로필을 개인화하는 기능을 선보였다. 또한 생성형 AI 기술은 여러 구직자의 경험, 기술, 직무 관련 성과 등을 종합적으로 분석하여 가장 적합한 후보자를 추천해주기도 한다. 그뿐 아니라 채용 트렌드 분석과 시장조사에도 유용한 도움을 제공한다. 그 결과 이제 링크드인을 이용하는 기업의 채용 담당자들은 현재 시장에서 가장 수요가 많은 기술과 자격요건을 잘 파악하는 한편 이에 맞춰 자사의 채용 전략을 조정할 수 있게 되었다.

한편 지원자 또한, 만약 프리미엄 서비스를 사용한다면, 링크드인의 자연어 처리 능력의 향상으로 인해 전에 없던 서비스를 이용할 수 있게 되었다. 예를 들어 지원자가 자신의 경력과 기술을 간략하게 입력해도 AI가 이를 더 유창한 표현으로 변환해줌으로써 자신을 매력적으로 서술해내는 데 어려움을 겪는 사람들을 돕는다. 즉, 링크드인은 사용자가 처음부터 끝까지 직접 자기소개 글을 작성하여 프로필에 추가해야 했던 이전의 프로세스에서, 이제는 AI 도구를 통해 제안된 내용을 사용자가 검토하고 수정한 후 프로필에 추가하는 프로세스로 전환되었다. 스타트업 전문 미디어 테크크런치(TechCrunch)에 언급된 사례에서 헬스 코치로 일하는 세라 킹(Sarah King)이라는 여성은 자신의 경력을 돋보이게 만들기 위해 AI의 도움을 받아 링크드인 프로필을 업데이트했는데, 프로필 헤드라인과 소개 섹션에서 AI 도구가 제안한 내용을 검토, 수정한 후 프로필에 최종 등록했다. 이를 통해 세라는 잠재적 고용주와 클라이언트에게 더 큰 인상을 남길 수 있었다고 한다.[1]

링크드인의 생성형 AI 도구는 구직자들이 자신에게 적합한 직무

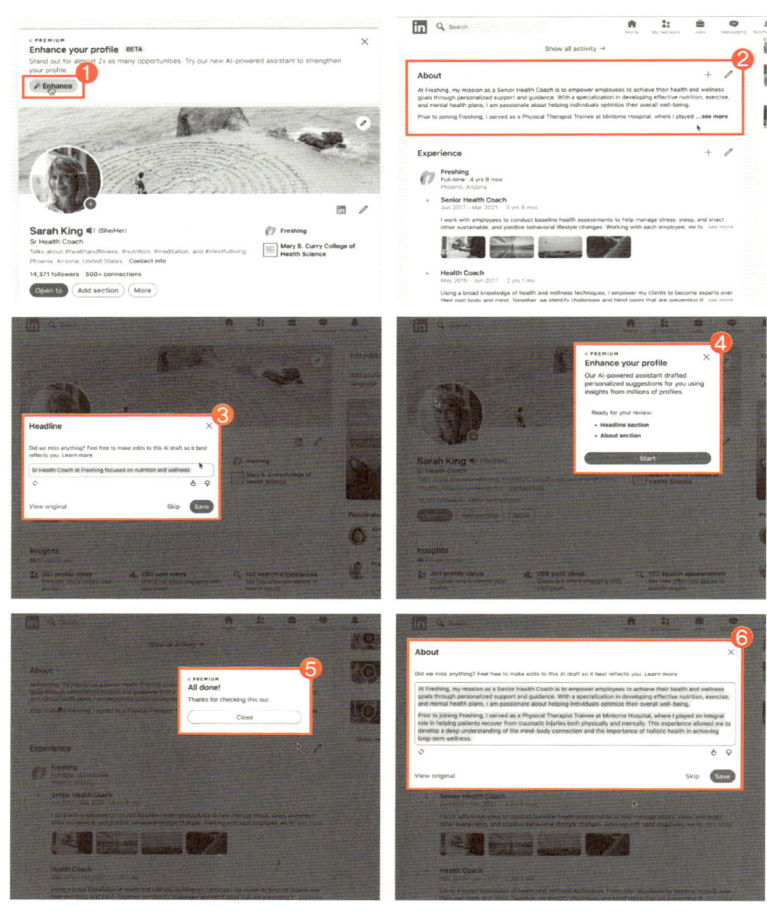

AI를 활용한 링크드인의 프로필 업데이트 과정. ①'프로필 강화' 버튼을 눌러 ②헤드라인과 소개 섹션에서 AI 기반 도구를 사용할 수 있다. 첫 번째 단계는 프로필 헤드라인을 업데이트하는 것으로 AI는 ③"Sr Health Coach at Freshing focused on nutrition and wellness" 문구를 제안했다. ④다음으로는 소개 섹션에서 AI가 그녀의 경력과 경험을 분석해 가장 중요한 정보들이 돋보이게 배치해주었다. ⑤최종 수정이 끝나면 시스템은 수정이 완료되었음을 알리는 메시지를 표시해주고 ⑥성공적으로 업데이트한 소개 섹션을 확인할 수 있다.

자료: 〈https://techcrunch.com/2023/03/15/linkedin-expands-its-generative-ai-assistant-to-recruitment-ads-and-writing-profiles/〉

를 찾아내도록 돕는 역할도 한다. 구직자의 링크드인 프로필과 게시글을 분석하여 해당 직무에 필요한 경험과 기술이 있는지를 판단하고 무엇이 부족한지를 알려주는 방식이다. 특히 어떤 직무에 지원하기 전 프로필에 추가해야 할 기술이나 경험을 사전에 알려주고 추천해줌으로써 구직자들이 보다 효과적으로 입사 지원을 준비하고 자신을 소개할 수 있게 돕는다.

링크드인의 인재 솔루션 부문 부사장 하리 스리니바산(Hari Srinivasan)은 이러한 변화가 기업이 적합한 기술을 가진 지원자들을 유치하기 위함이며, 구직자뿐 아니라 채용 담당자에게도 이점을 제공한다고 말한다. 왜냐하면 구직자들은 종종 직무 설명서의 표현 문구 때문에 자신이 그 직무에 적합하지 않다고 생각하여 지원을 망설이는 경우가 있는데, 이 도구는 회사가 찾고 있는 지원자의 기술에 대해 보다 명확한 지침을 제공함으로써 채용 담당자가 실제로 원하는 적합한 지원자들을 확보할 수 있도록 돕기 때문이다.

이처럼 HR 채용 프로세스에 있어 생성형 AI 기술은 점점 더 중요해질 것이며, 향후 생성형 AI 기술을 잘 활용하는 플랫폼일수록 독보적 위치를 차지하게 되리라 예상한다.

챗GPT를 이용한 링크드인 인물 검색 100% 활용법

채용 담당자 입장에서 챗GPT를 활용해 링크드인의 지원자 검색 업무의 효율성을 높이는 방법을 알아보자. 이를테면 채용 담당자가 구글 검색 기능을 이용해 링크드인에 등록된 인물들 중 특정 기술과 직책을 가진 사람을 찾고자 한다고 해보자. 구글 검색에 최적화된 검색 문자열을 챗GPT에게 요청하면 될 것이다. 구체적으로 보자면, 한국의 10대 IT기업에 다니고 있으며 'software engineer' 직책을 가지고 'python', 'java' 또는 'c++' 기술을 보유한 인물을 찾기 위한 명령어와 적절한 검색 문자열이 필요할 것이다. 검색 결과의 정확성은 링크드인 프로필의 공개 범위, 검색어의 정확성, 구글 검색 알고리즘에 따라 달라질 수 있겠지만, 채용 담당자는 자신이 찾는 인물을 이 과정을 통해 효율적으로 탐색할 수 있다.

 특정 조건을 만족하는 링크드인 인물 찾기

프롬프트 작성 예시

[상황]
문자열을 통해 한국 10대 IT기업에 다니는 인물 중 "software engineer" AND("python" OR "java" OR "c++") 조건을 포함하는 인물의 검색이 필요합니다.

[지시사항]

Google에서 사용할 수 있는 Boolean 문자열*을 작성해주세요.

[결과 포맷]

LinkedIn 프로필을 식별하기 위해 사이트 명령어를 사용해주세요.

챗GPT 답변 예시

다음은 Google에서 사용할 수 있는 Boolean 검색 문자열입니다:

site:linkedin.com ("software engineer" AND ("python" OR "java" OR "c++")) AND ("삼성전자" OR "LG전자" OR "네이버" OR "카카오" OR "SK텔레콤" OR "KT" OR "현대자동차" OR "롯데정보통신" OR "포스코ICT" OR "한화시스템")

이 문자열은 한국 10대 IT기업에서 근무하는 소프트웨어 엔지니어로서 Python, Java, 또는 C++ 언어를 사용하는 사람들의 LinkedIn 프로필을 검색하는 데 사용할 수 있습니다.

---

* 검색 엔진이나 데이터베이스에서 보다 정교하게 검색 결과를 필터링하거나 범위를 좁혀 검색하기 위해 사용하는 구문을 의미하며, Boolean 연산자(예컨대 AND, OR, NOT) 외 따옴표 및 괄호 등을 함께 조합하여 작성한다.

채용공고 작성 지원 AI 솔루션

생성형 AI가 HR 분야에 가져온 혁신적 변화로 AI 채용 솔루션 텍스티오*의 사례가 매우 흥미롭다. 다음에 제시한 그림과 같이 텍스티오 루프-잡 포스트(Textio Loop-Job Posts)에서는 텍스티오 AI가 채용공고 초안을 직접 작성해준다. 이러한 초안은 성별, 연령, 능력에 따른 편향적 언어를 제거하고 보다 포괄적이고 공정한 언어로 구성되어, 채용 담당자의 효율적 업무 처리를 지원한다. 따라서 텍스티오 AI를 통해 작성한 채용공고는 보다 다양한 배경을 가진 지원자들에게 매력적으로 다가갈 수 있고, 궁극적으로는 특색 있는 인재를 유치하는 데 도움이 된다. 특히 텍스티오 AI는 각각의 채용공고가 얼마나 다양한 지원자를 끌어들일 수 있는지를 점수로 예측해주고, 이를 통해 기업은 DEI(Diversity, Equity, Inclusion의 약자로 다양성, 형평성, 포용성을 뜻함) 목표를 달성하는 데 도움을 받는다. 생성형 AI의 이런 기능은 단순히 언어를 분석하여 대체하는 것을 넘어, 기업의 채용 문화와 전략을 근본적으로 혁신하는 데 기여할 수 있다. 텍스티오 AI를 통해 작성된 포괄적이고 공정한 채용공고가 기업의 가치와 문화를 반영하면서도 다양한 인재가 자신을 표현하고 기여할 기회 또한 제공할 것이기 때문이다.

채용 담당자는 텍스티오 AI가 작성해준 채용공고 초안을 수정하

---

* 〈https://textio.com/〉

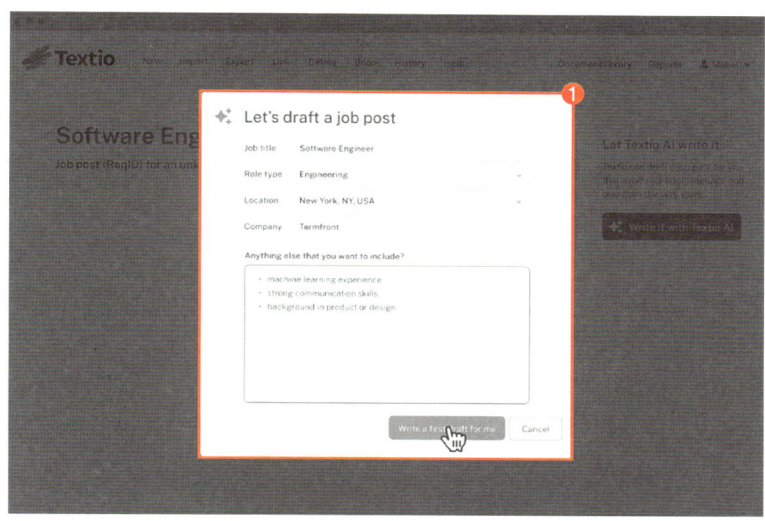

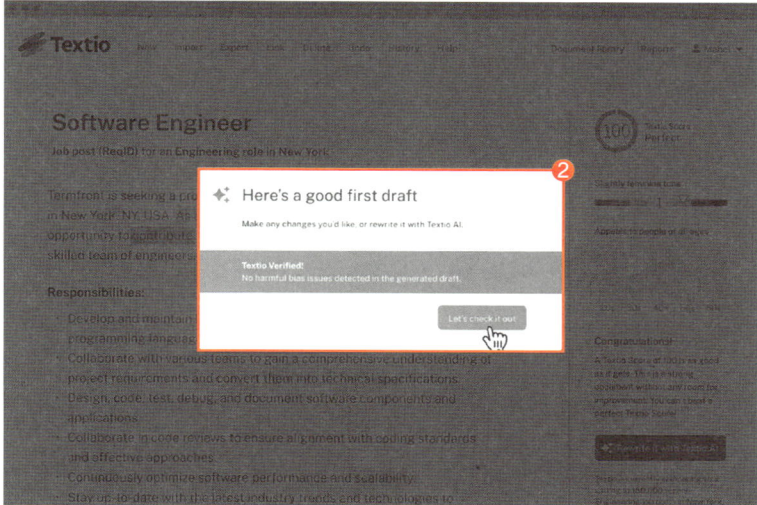

텍스티오의 AI를 활용한 채용공고 초안 작성. ①직무명, 역할, 위치, 회사 정보와 2~3개의 추가 설명 문구만 입력하면 ②AI의 도움을 받아 채용공고가 자동으로 작성된다.
자료: 〈https://textio.com/products/recruiting〉

고 마무리할 때도 추가 도움을 받을 수 있다. 텍스티오의 AI 도구는 기본적으로 언어를 분석하여 무의식적 편향을 드러내는 단어나 문구를 식별한 후 더 포괄적인 언어로 대체할 것을 제안해준다. 이는 텍스티오가 생성형 AI의 기술을 활용해 글에서 무의식적 편향이 감지되면 이를 교정할 수 있도록 연구가 지속적으로 이루어져 왔기 때문이다.

여기서 무의식적 편향이란 사람들이 자신도 모르는 사이에 형성하는 사회적 편견 또는 고정관념을 의미한다. 이러한 현상이 심해지는 경우 직장 내에서 이런저런 불평등을 초래할 수 있다. 그런데 문제는 편향의 패턴을 잡아내기가 쉽지 않다는 점이다. 텍스티오는 이러한 문제를 해결하기 위해 생성형 AI 모델을 학습시키는 데 있어 데이터 출처를 매우 주의하여 선별한다. 데이터 원천을 학습할 때부터 다양한 관점을 고려하여 편견의 잠재적 뿌리를 식별하거나, 데이터에 전문적 언어학 지식이 담긴 주석을 다는 방식으로 패턴을 학습하고 예측 결과를 만들도록 하는 것이다.

또한 특정 대규모 데이터세트에도 편향이 숨어 있을 수 있기에 신중하게 설계된 체계적 품질 검사 도구를 활용하여 편향된 결과가 생성될 때마다 바로바로 발견하도록 했다. 이러한 접근방식은 생성형 AI가 무의식적 편향을 반영하거나 강화하지 않도록 보장하는 데 필수적이다. 텍스티오는 이렇게 연구된 생성형 AI 도구를 사용하여 채용 과정과 성과관리에서 보다 업그레이드된, 공정하고 일관된 소통을 지원한다.

채용공고 작성과 지원자의 적합성 판단을 위한 프롬프트

채용공고 초안은 챗GPT 같은 생성형 AI 서비스를 활용해 작성할 수 있으며, 다양한 프롬프트를 직접 사용해보면서 사용자의 목적과 타깃 구직자에게 맞는 문구를 효율적으로 준비할 수 있다. 예를 들어, 사용하는 프롬프트 키워드에 전문기술을 강조하느냐, 아니면 다양성을 강조하느냐에 따라 채용공고의 문구가 매우 달라진다. 전문기술을 강조할 경우에는 '최첨단 기술', '전문가', '고도의 기술 역량' 같은 키워드가 사용되는데 이는 해당 분야 전문가들을 끌어들이면서 조직의 전문성을 강조하는 데 도움이 된다. 반면 다양성과 포용성을 강조하고자 한다면 '다양한 배경', '공정한 기회', '포용적 미래' 같은 키워드가 많이 쓰일 것이고, 이는 모든 지원자가 환영받고 존중받는 환경을 조성하는 데 중점을 둔다는 의미가 된다. 이처럼 상이한 2가지 접근방식이 있으며, 이는 AI 도구가 각각의 목표에 맞게 서로 다른 언어와 키워드를 사용하여 해당 메시지를 보다 효과적으로 전달하는 데 도움을 준다.

 2가지 프롬프트 비교: 채용공고 작성하기

프롬프트 작성 예시1

[지시사항]

전문기술을 강조하는 채용공고 문구를 5개 제안해주세요.

챗GPT 답변 예시

다음은 전문기술을 강조하는 채용공고 문구 5가지입니다.

1. "최신 기술 트렌드를 선도하는 혁신적인 팀에서, 귀하의 전문지식과 기술을 발휘해주세요!"
2. "고급 소프트웨어 개발 기술을 보유한 인재를 찾습니다 – 최고의 기술력을 함께 성장시킬 수 있는 기회입니다."
3. "다양한 프로젝트를 통해 실무 기술을 한층 더 발전시킬 수 있는 환경에서 귀하의 능력을 펼치세요."
4. "깊이 있는 기술적 역량을 갖춘 전문가로서 차세대 솔루션 개발에 기여할 준비가 되셨습니까?"
5. "최첨단 기술 및 도구를 활용해 혁신적 솔루션을 제공할 기술 전문가를 찾습니다."

이 문구들은 채용공고에서 후보자의 전문성과 기술력을 강조하는 데 효과적입니다.

프롬프트 작성 예시2

[지시사항]

다양성과 포용성을 강조하는 채용공고 문구를 5개 제안해주세요.

챗GPT 답변 예시

다음은 다양성과 포용성을 강조하는 채용공고 문구 5가지입니다.

1. "우리는 모든 배경과 경험을 존중하며, 다양한 관점이 혁신을 이끈다고 믿습니다. 함께 성장할 당신을 기다립니다."
2. "포용적인 팀 문화 속에서 당신의 개성과 능력을 마음껏 발휘해보세요.

> 우리는 다양성을 환영합니다."
> 3. "다양한 인재들이 함께하는 조직에서 서로의 차이를 존중하며, 더 나은 미래를 만들어가는 여정을 함께하세요."
> 4. "우리는 서로의 차이를 포용하고 존중하는 문화를 추구합니다. 다채로운 팀의 일원으로 당신의 가치를 더해보세요."
> 5. "모든 배경, 신념, 그리고 경험이 존중받는 포용적 환경에서, 귀하의 다양성을 존중하고 함께 나아가겠습니다."
>
> 이 문구들은 채용공고에서 다양성과 포용성의 가치를 분명하게 전달하는 데 도움이 됩니다.

처음부터 생성형 AI를 통해 프롬프트에 세부사항을 반영하여 맞춤형 채용공고를 생성할 수도 있다. 다음에 제시한 〈People Analytics 분야 채용공고 작성하기〉 예시를 통해 필요한 전문기술을 강조하면서도 친절하고 긍정적인 어조를 유지해달라는 프롬프트를 작성하면 챗GPT가 직무와 관련된 세부사항을 포함하여 지원자의 관심을 끌도록 완성도 높은 채용공고가 결과물로 산출됨을 확인할 수 있다. 이처럼 생성형 AI로 채용공고를 작성하면 시간과 노력을 절약하면서도 높은 품질의 결과물을 얻을 수 있다.

People Analytics 분야 채용공고 작성하기

프롬프트 작성 예시

[지시사항]

People Analytics 분야에서 전문성을 갖춘 데이터과학자(Data Scientist)를 위한 눈에 띄는 채용공고를 작성해주세요. HR 연구에 대한 전문적 이해를 바탕으로, 지원자가 특히 관심을 가질 만한 전문기술 영역을 강조해야 합니다.

[결과 포맷]

공고문의 어조는 친절하고 긍정적이어야 합니다. 한국어로 작성해주세요.

챗GPT 답변 예시

[채용공고]

데이터과학자(Data Scientist) – People Analytics 분야

안녕하세요! 저희와 함께 HR 데이터 혁신을 이끌어갈 숙련된 데이터과학자를 모십니다. HR 연구에 대한 깊은 이해와 사람 중심의 데이터를 바탕으로 통찰을 도출하는 데 열정이 있으시다면 저희 팀에서 여러분의 전문성을 발휘해보세요!

담당 업무

- 다양한 HR 데이터(인력 구성, 성과, 이직률, 참여도 등)를 분석하여 인사이트 도출
- 예측 모델 및 통계 분석을 통해 조직의 성과와 개인의 성장에 기여할 수 있는 전략적 제안 도출
- 머신러닝 및 AI 기법을 활용한 고급 분석 모델의 개발 및 적용
- 조직 내 여러 이해관계자와 협업하여 데이터 기반의 의사결정 문화 확산

- 새로운 데이터 분석 기법과 도구 도입을 통한 People Analytics의 선도적 위치 유지

자격요건
- HR 연구와 관련된 통계 및 데이터 분석에 대한 심도 깊은 이해
- R, Python, SQL 등 데이터 분석 도구에 능숙하신 분
- 머신러닝, AI, 데이터 시각화 등 고도의 분석 기법을 자유롭게 다루실 수 있는 분
- HR Tech, 조직심리학, 인재 개발 등에 관심이 많으신 분
- 복잡한 문제를 분석하고 명확한 해결책을 제시할 수 있는 논리적 사고 능력

우대사항
- People Analytics 프로젝트 경험 보유
- 대규모 데이터세트를 다룬 경험이 있거나, 클라우드 환경에서의 분석 경험이 있으신 분
- 비즈니스 인텔리전스(BI) 도구(Tableau, PowerBI 등)를 활용한 데이터 시각화 능력
- HR 관련 연구 논문 작성 또는 컨퍼런스 발표 경험

왜 저희와 함께하셔야 할까요?
- 데이터 기반의 혁신적 HR 전략 수립에 기여하며 조직의 변화를 이끌어 낼 기회를 제공합니다.
- 최신 분석 기법과 툴을 자유롭게 실험하고 적용할 수 있는 창의적이고 유연한 근무환경을 제공합니다.
- 다양한 전문가들과 협업하며, 데이터과학자로서 커리어를 더욱 성장시킬 기회가 주어집니다.

> 지원서 접수는 [웹사이트 링크]에서 가능하며, 더 많은 정보를 원하시면 언제든지 문의해주세요. 여러분의 지원을 기다리겠습니다!
>
> **함께 더 나은 HR 미래를 만들어갑시다.**
> **[회사명] HR 데이터 분석팀**
>
> 이 공고는 긍정적 어조로 People Analytics 분야에서의 전문성을 강조하고 지원자들이 특히 관심을 가질 만한 분석 도구 및 기법에 중점을 두었습니다.

마지막으로, 채용공고가 완성되어 지원자를 모집할 때도 AI를 활용하여 지원자들의 이력서를 분석하고 일치율을 계산하는 작업을 효율적으로 수행할 수 있다. 예를 들어, AI는 직무기술서와 지원자의 이력서를 비교해 각 항목의 일치율을 백분율(%)로 계산해 제시하고, 그 근거까지 세부적으로 설명할 수 있다. 이는 인사 담당자가 각 지원자의 적합성을 빠르게 판단하는 데 큰 도움이 된다. 그뿐 아니라 AI는 지원자 프로필을 분석하여 기본 자격요건과 우대사항의 충족 여부를 평가하고, 이를 기반으로 평균 일치율을 산출할 수 있다. 이 과정을 통해 채용 담당자는 객관적이고 일관된 평가를 바탕으로 채용 과정의 공정성을 높일 수 있다. 이렇게 AI를 활용하면 채용 업무의 시간과 자원이 절감되고, 나아가 더 정확하고 신뢰성 있는 인재 선발을 통해 조직의 성과 향상에 긍정적 영향을 미치게 된다.

직무기술서에 기반한 지원자의 적합성 판단하기

프롬프트 작성 예시

[지시사항]

제공된 채용공고와 아래 이력서 간의 일치율을 백분율(%)로 계산해주세요.

[결과 포맷]

우대사항에 대한 가중치를 고려하여 일치율이 어떻게 계산됐는지 수식을 보여준 후 이에 대한 근거를 채용공고의 자격요건과 이력서에 기재된 항목을 토대로 자세히 설명해주세요.

[이력서]

김지원(Jiwon Kim)

Email: jiwon.kim@example.com | Phone: 010-1234-5678 | LinkedIn: linkedin.com/in/jiwonkim

학력

서울대학교(Seoul National University)
- 석사(M.S.) 데이터과학(Data Science)
- 학사(B.S.) 통계학(Statistics)
- 2014~2020년

경력

People Analytics, HR 데이터과학자(Data Scientist)
- ABC Corporation, 2020년 5월~현재
- 인사 데이터 분석을 통해 채용 효율성을 15% 개선하고, 성과 예측 모델을 개발하여 성과관리 시스템 개선

- 머신러닝 기법(랜덤 포레스트, XGBoost 등)을 활용한 직원 이탈 예측 모델 개발
- Tableau 및 PowerBI를 사용하여 경영진 대상의 인재 관련 대시보드 설계 및 보고
- HR 연구 논문 두 편 발표: "머신러닝을 활용한 직원 이탈 예측" 및 "조직문화와 성과의 상관관계 분석"

데이터 분석가(Data Analyst)

- XYZ Analytics, 2018년 6월~2020년 4월
- HR 관련 프로젝트 참여: 직원 참여도 조사 데이터 분석 및 인사이트 도출
- Python 및 SQL을 사용하여 대규모 데이터세트 처리 및 분석
- Tableau를 통해 시각화된 리포트 제공

기술 스킬

- 프로그래밍: Python, R, SQL
- 데이터 시각화 도구: Tableau, PowerBI
- 머신러닝 기법: 랜덤 포레스트, XGBoost, K-Means
- 통계 분석: 다변량 분석, 회귀 분석
- HR 데이터 분석 경험

연구 및 발표

- HR Tech 관련 국제 학회 논문 발표(2022): "머신러닝을 활용한 직원 이탈 예측"
- HR 관련 컨퍼런스에서 연구 발표(2021): "조직문화와 성과의 상관관계 분석"

자격증

- 데이터 분석 전문가 자격증(Certified Data Analyst)
- HR 분석 및 리포트 작성 자격증

언어
- 한국어(모국어), 영어(전문 작업 가능)

챗GPT 답변 예시

이력서와 채용공고 간의 일치율 계산

1. 수식

채용공고의 필수 항목과 우대사항을 가중치로 반영하여 일치율을 계산하겠습니다.

우대사항은 필수 자격요건보다 중요도가 낮으므로, 필수 항목에는 가중치 2를 부여하고 우대사항에는 가중치 1을 적용합니다.

일치율(%)=[(필수 항목 일치 수×2)+(우대사항 일치 수×1)]/[(필수 항목 총 개수×2)+(우대사항 총 개수×1)]×100

2. 채용공고 주요 자격요건 및 우대사항 분석

필수 자격요건(총 6개)

① HR 데이터 분석 경험

② 고급 머신러닝 및 AI 기법 활용 능력

③ 데이터 시각화 도구(Tableau, PowerBI) 사용 능력

④ Python, R, SQL 프로그래밍 기술

⑤ 조직성과 및 개인 성장에 기여하는 분석 경험

⑥ HR 연구 논문 작성 또는 발표 경험

우대사항(총 4개)

① People Analytics 프로젝트 경험

② 대규모 데이터세트 분석 경험

③ 클라우드 환경에서의 분석 경험

④ 비즈니스 인텔리전스(BI) 도구 활용 능력

3. 이력서 분석 및 일치율 근거

필수 자격요건

① HR 데이터 분석 경험
- 이력서에 People Analytics 관련 경력이 있으며, HR 데이터를 활용한 채용 효율성 개선 및 성과 예측 모델 개발 경험이 기재되어 있음.
- 일치(가중치 2)

② 고급 머신러닝 및 AI 기법 활용 능력
- 머신러닝 기법(랜덤 포레스트, XGBoost) 사용 경험이 있으며, 이탈 예측 모델 개발을 통해 실제 프로젝트에 적용한 경력이 있음.
- 일치(가중치 2)

③ 데이터 시각화 도구(Tableau, PowerBI) 사용 능력
- Tableau와 PowerBI를 사용하여 경영진 보고용 대시보드를 설계하고 보고한 경험이 있음.
- 일치(가중치 2)

④ Python, R, SQL 프로그래밍 기술
- Python, R, SQL에 능숙하며 HR 데이터 분석 및 머신러닝 모델 개발에 활용한 경력이 있음.
- 일치(가중치 2)

⑤ 조직성과 및 개인 성장에 기여하는 분석 경험
- 채용 효율성 15% 개선 및 성과 예측 모델 개발을 통해 조직성과에 기여한 경험이 있음.
- 일치(가중치 2)

⑥ HR 연구 논문 작성 또는 발표 경험
- HR 연구 논문 두 편 발표 경험이 있음("머신러닝을 활용한 직원 이탈 예측" 및 "조직문화와 성과의 상관관계 분석").
- 일치(가중치 2)

우대사항

① People Analytics 프로젝트 경험
- People Analytics 프로젝트 관련 경력이 있음(ABC Corporation에서 People Analytics 경력).
- 일치(가중치 1)

② 대규모 데이터세트 분석 경험
- 대규모 데이터세트를 Python 및 SQL로 처리하고 분석한 경험이 있음.
- 일치(가중치 1)

③ 클라우드 환경에서의 분석 경험
- 이력서에서 클라우드 환경에서의 분석 경험은 명시되어 있지 않음.
- 불일치(가중치 0)

④ 비즈니스 인텔리전스(BI) 도구 활용 능력
- Tableau와 PowerBI를 사용한 데이터 시각화 및 보고서 작성 경험이 있음.
- 일치(가중치 1)

4. 일치율 계산

필수 항목 일치: 6개(가중치 2)

우대 항목 일치: 3개(가중치 1)

총 필수 항목: 6개

총 우대 항목: 4개

일치율=[(6×2)+(3×1)]/[(6×2)+(4×1)]×100

=(12+3)/(12+4)×100

=15/16×100

=**93.75%**

5. 결론

김지원 님의 이력서는 채용공고의 필수 자격요건 및 우대사항과 93.75%

> 일치합니다. 대부분의 필수 자격요건에 완벽하게 부합하며, 우대사항에서도 대체로 일치하지만, 클라우드 환경 경험이 없다는 점에서 약간의 차이가 있습니다.

생성형 AI를 활용한 스카우팅

생성형 AI의 등장은 기존 HR 테크 솔루션에 내장된 다양한 고급 분석 도구들을 더욱더 개선시키고 확장시킨다. 생성형 AI가 도입되기 이전 IBM 왓슨(IBM Watson)은 주로 패턴 인식 및 비교에 근거한 데이터 분석에 초점을 맞추었다. 자연어 처리(NLP, Natural Language Processing) 기술을 이용해 지원자의 서류 평가와 지원자의 이력 데이터를 토대로 한 예측 기반의 인재 분석이 가능했다. 그러나 이러한 도구들은 정해진 틀 내에서만 작동했기 때문에 고도의 깊이 있는 분석 작업을 위해서는 데이터 분석 전문가를 통해 추가 분석이 이루어져야 했다. 하지만 생성형 AI 도입 이후, IBM 왓슨의 분석 도구 역시 한층 발전해 별도의 분석 전문가가 없더라도 프롬프트를 사용하여 이전보다 수월하게 깊이 있는 분석이 가능하게 되었다.

이러한 분석 도구의 혁신은 인재평가 방식에 근본적 변화를 초래할 수 있다. 예를 들어 세비야FC(Sevilla Fútbol Club)는 IBM 왓슨과의 협력을 통해 인간 중심의 전통적 스카우팅 방식에서 데이터 기반의 스카우팅 방식으로 전환하는 데 성공할 수 있었다. 선수의

세비야FC의 AI를 활용한 선수 검색 솔루션. ①상단 검색창을 통해 특정 조건에 맞는 축구 선수를 검색하거나 ②검색 결과를 필터링하고 특정 기준에 따라 다시 정렬할 수 있다.
자료: 〈https://sevillafc.es/en/current/news/sevilla-fc-ibm-watsonx-ai-generation-2024〉

이름, 국적, 나이, 포지션, 시장가치, 계약 조건, 연봉, 평가 점수 등의 정보를 포함한 AI 검색 결과를 스카우팅 정보로 활용한 것이다.

이제 세비야FC의 스카우터들은 분석가 도움 없이 프롬프트를 활용해 자신이 직접 선수의 주요 특성이 담긴 후보자 목록을 생성하고, 후보자 요약 및 비교를 담은 스카우팅 보고서를 생성할 수 있게 되었다. 또한 세비야FC는 자체 데이터 애플리케이션에 모든 축구 선수 데이터를 실시간으로 업로드한 후 그들의 성과지표에 대한 심층적 정보를 생성하는 기능을 지원했고, 스카우터들은 언제든지 해당 정보에 접근이 가능했다. 데이터 및 AI의 힘을 바탕으로 한 세비야FC의 이러한 혁신은 클럽의 비즈니스 전략과 운영 강화에 결과적으로 큰 도움이 되었다.

면접 준비도
AI와 함께

최근 몇 년간 생성형 AI의 활용은 HR 영역의 채용 면접 수준의 강화에서 특히 눈부신 발전을 이루었다. 생성형 AI를 통해 면접관들에게 지원자 맞춤형 질문을 추천할 수 있게 된 것이다. 이는 면접 과정을 단순히 자동화하는 것을 넘어 지원자의 진정한 역량과 잠재력을 파악하는 데 큰 도움을 준다. 전통적 면접 방식이 모든 지원자에게 비슷한 질문을 던지는 방식이었다면, 생성형 AI는 이를 한 단계 발전시켜 각 지원자의 경험과 기술, 그리고 직무 이해도가 반영될 수 있는 맞춤형 질문을 제공할 수 있다. 또한 지원자의 이력서, 지원서, 그리고 온라인 활동 데이터를 분석하여 AI가 직무 역할, 산업 동향, 회사의 요구사항이 두루 고려된 질문, 즉 지원자 자신과 가장 관련성이 높고 도전적인 질문을 생성해준다.

면접위원들을 위한 생성형 AI 활용법

챗GPT를 활용해 프롬프트에 지원자의 이력서를 입력하면 개인화된 면접 준비 가이드를 작성할 수 있다. 예를 들어, 챗GPT는 데이터 분석 컨설팅 회사에 지원한 박사 졸업생의 이력서를 바탕으로 해당 지원자의 특성과 역량에 맞춘 면접 질문과 준비 방향을 제안할 수 있다. 이로써 지원자의 전문지식과 경험을 깊이 있게 파악하는 것은 물론, 면접관의 효과적 평가 근거 또한 마련된다.

 면접위원 인터뷰 준비 가이드 작성하기

프롬프트 작성 예시

[지시사항]
제공된 이력서를 바탕으로 채용 담당자가 면접위원에게 전달할 면접 질문을 포함한 면접 준비 가이드를 작성해주세요.

[상황]
김지원 지원자는 인재경영연구실 내 People Analytics 분야에 지원했으며, 이력서를 기반으로 검토가 필요한 내용을 확인할 수 있는 면접 질문을 위한 준비사항들이 포함되어야 합니다.

[결과 포맷]
이력서 내용을 기반으로 질문을 생성하되, STAR 방법론을 사용하여 구체적 예시를 제시해주세요. 답변은 한국어로 작성해주세요.

챗GPT 답변 예시

김지원 지원자 면접 준비 가이드

안녕하세요, 면접위원님들.

김지원 지원자는 People Analytics 분야에 지원한 숙련된 데이터과학자로, HR 데이터 분석과 머신러닝 모델 개발에 강점을 보이고 있습니다. 아래에 STAR 방법론을 기반으로 한 구체적인 면접 질문과 준비사항을 정리하였습니다. 면접 진행 시 참고 부탁드립니다.

1. 질문: HR 데이터를 분석하여 조직성과를 개선한 사례를 설명해주세요.

- Situation: HR 데이터 분석 프로젝트를 진행하면서 조직성과를 개선한 구체적인 상황을 설명해주세요.
- Task: 주어진 과제는 무엇이었으며, 어떤 목표를 달성하고자 했는지 구체적으로 설명해주세요.
- Action: 데이터 분석 방법, 머신러닝 기법, 사용한 도구 등을 포함해 어떤 구체적 방법을 사용했는지 설명해주세요.
- Result: 최종적으로 분석 결과가 조직성과에 어떻게 기여했는지, 개선된 부분을 수치나 구체적 결과로 설명해주세요.

예상 답변 예시

"ABC Corporation에서 People Analytics 프로젝트를 수행하던 중 채용 효율성을 개선하기 위해 HR 데이터를 분석했습니다. 목표는 지원자의 적합성을 예측하고, 전반적 채용 과정을 최적화하는 것이었습니다. 랜덤 포레스트와 XGBoost를 사용해 지원자의 성과와 이탈 가능성을 예측하는 모델을 구축했으며, 이를 통해 채용 효율성을 15% 개선했습니다. 결과적으로 이직률이 줄었고 적합한 인재를 더 효율적으로 채용할 수 있었습니다."

2. 질문: 머신러닝 기법을 활용해 직원 이탈 예측 모델을 개발한 사례에 관해 설명해주세요.

- Situation: 직원 이탈을 예측해야 했던 상황을 설명해주세요.
- Task: 이탈 예측 모델 개발을 통해 해결하고자 한 목표와 주어진 과제를 설명해주세요.
- Action: 사용한 머신러닝 기법(랜덤 포레스트, XGBoost 등)과 데이터 처리 방법을 구체적으로 설명해주세요.
- Result: 개발한 모델의 성과와 결과가 조직에 미친 영향을 설명해주세요.

예상 답변 예시

"직원 이탈 예측이 중요한 프로젝트에서 저는 랜덤 포레스트와 XGBoost를 사용해 이탈 예측 모델을 개발했습니다. 다양한 변수를 사용해 이탈 가능성을 분석했으며, 분석 결과를 기반으로 인재관리 정책을 개선할 수 있었습니다. 이 모델은 직원 이탈 예측 정확도를 85%까지 끌어올렸고, 이를 통해 주요 인재들의 이탈을 방지하는 전략을 수립할 수 있었습니다."

3. 질문: HR 관련 연구 논문을 발표한 경험을 설명해주세요.

- Situation: HR 관련 연구를 발표한 학회나 컨퍼런스의 배경을 설명해주세요.
- Task: 연구에서 다루고자 했던 문제와 주제, 연구 목표를 설명해주세요.
- Action: 데이터 분석 방법, 머신러닝 기법 등을 어떻게 적용하여 연구를 수행했는지 설명해주세요.
- Result: 발표한 연구의 주요 결론과, 해당 연구가 조직이나 HR 분야에 미친 영향을 설명해주세요.

예상 답변 예시

"2022년 HR Tech 국제학회에서 '머신러닝을 활용한 직원 이탈 예측'이라는 주제로 논문을 발표했습니다. 이 연구는 직원 이탈 예측을 위해 머신러닝 기법을 어떻게 효과적으로 사용할 수 있는지를 분석한 것이었고, 다양한 HR 데이터를 바탕으로 예측 모델을 구축했습니다. 연구 결과, 예측 정확도가 85%로 개선되었으며, 이는 HR 실무자들이 더 효과적인 인재관리 전략을 수립하는 데 중요한 자료가 되었습니다."

4. 질문: Python 및 Tableau를 활용한 데이터 시각화 경험을 설명해주세요.
- **Situation:** 경영진이나 조직 내 다른 부서에 HR 데이터를 시각화하여 전달해야 했던 상황을 설명해주세요.
- **Task:** 시각화의 목표와 필요한 정보를 제공해야 했던 과제를 설명해주세요.
- **Action:** Python 및 Tableau를 활용하여 데이터를 어떻게 처리하고 시각화했는지 구체적으로 설명해주세요.
- **Result:** 시각화 결과가 경영진의 의사결정에 어떤 영향을 미쳤는지 설명해주세요.

예상 답변 예시
"ABC Corporation에서 경영진에게 직원 이탈 예측 데이터를 제공하기 위해 Tableau를 사용하여 대시보드를 설계했습니다. Python을 활용해 데이터를 처리하고, 이를 기반으로 시각화된 보고서를 만들어 경영진이 쉽게 이해할 수 있도록 했습니다. 이 시각화 자료는 경영진이 더 빠르고 정확한 의사결정을 내리는 데 도움을 주었으며, 이를 통해 인재관리 전략을 더 효율적으로 개선할 수 있었습니다."

5. 질문: People Analytics 분야에서 가장 도전적이었던 과제와 해결 과정을 설명해주세요.
- **Situation:** 가장 도전적인 프로젝트나 과제를 직면했던 상황을 설명해주세요.
- **Task:** 그 과제에서 해결해야 했던 문제와 목표를 설명해주세요.
- **Action:** 그 문제를 해결하기 위해 구체적으로 어떤 접근방식을 취했는

지, 사용한 기술이나 방법론을 설명해주세요.
- **Result**: 그 결과, 과제가 어떻게 해결되었으며 어떤 성과를 이뤘는지 설명해주세요.

예상 답변 예시

"People Analytics 프로젝트 중 가장 어려웠던 과제는 직원 참여도와 조직 성과 간의 상관관계를 명확히 분석하는 것이었습니다. 데이터를 수집하는 과정에서 여러 부서와 협업하여 정확한 데이터를 확보한 후 다변량 분석과 회귀 분석을 통해 관련성을 규명했습니다. 분석 결과, 직원 참여도가 20% 이상 증가한 팀에서 성과가 평균 10% 향상되는 것을 발견했으며, 이를 바탕으로 참여도 향상을 위한 새로운 프로그램을 제안할 수 있었습니다."

결론

이 가이드는 김지원 지원자의 People Analytics 분야에서의 전문성, 데이터 분석 기술 및 연구 경험을 바탕으로 면접에서 STAR 방법론을 통해 구체적 사례 중심의 질문을 할 수 있도록 준비되었습니다. 면접 시 김지원 님의 구체적인 성과와 문제해결 능력을 심층적으로 평가하는 데 도움이 되길 바랍니다.

감사합니다.

이러한 접근방식의 장점은 명확하다. 첫째, 면접 과정의 개인화는 지원자의 경험과 역량을 더 효과적으로 검증할 수 있게 해준다. 둘째, 생성형 AI가 생성한 질문은 지원자의 답변을 통해 그들의 문제해결 능력, 창의성, 그리고 직무에 대한 열정을 더 깊이 파악할 수 있게 해준다. 셋째, 생성형 AI를 사용함으로써 면접 과정에서의 무의식적 편향을 줄일 수 있으며, 이는 공정하고 객관적인 평가를 가능하게 한다. 마지막으로, 생성형 AI 기술은 질문을 준비하고 면접을 진행하는 데 드는 시간을 크게 줄여준다. 물론 생성형 AI의 활용은 면접 과정에서 사람의 역할을 대체하는 것이 아니라 보조하는 것으로, HR 전문가와 채용 관리자는 여전히 면접 진행 및 결과 해석, 그리고 최종 채용 결정을 내리는 데 있어 중요한 역할을 한다. 이처럼 생성형 AI 사용은 면접 과정 개선에 큰 진전을 가능하게 하며, 지원자의 진정한 잠재력을 발견하고 채용 관리자가 더 나은 채용 결정을 내리도록 지원하는 방향으로 발전하고 있다.

입사 지원자를 위한 생성형 AI 활용법

지원자 또한 면접을 준비할 때 챗GPT를 활용해 도움을 받을 수 있다. 예를 들면, 지원자가 회사의 핵심가치를 이해하고 이를 기반으로 면접에서 적절히 대응할 수 있도록 예상 질문 및 답변을 제시해달라고 요청할 수 있다. 이렇게 지원자가 해당 회사의 핵심가치를 기반으로 챗GPT가 제시해준 답변 예시를 참고하여 면접을 준비함으로써 보다 자신감 있게 역량을 어필하게 될 것이다. 즉 지원자가 인터뷰 준비 과정에서 자기 경험을 효과적으로 구조화하여 표현할 수 있도록 도와주는 강력한 AI 도구가 바로 생성형 AI 기술이다.

핵심가치에 기반한 지원자 인터뷰 준비 가이드 작성하기

프롬프트 작성 예시

[지시사항]

이번에는 면접위원이 아니라 지원자의 입장에서 미리 준비하면 좋을 질문과 답변을 작성해주세요.

[결과 포맷]

열정과 도전정신, 변화와 혁신, 정도경영, 상생 추구라는 회사의 핵심가치를 기반으로 작성해주세요.

챗GPT 답변 예시

면접 준비 질문 및 답변(지원자 입장)

열정과 도전정신

질문: 회사의 핵심가치 중 '열정과 도전정신'이 중요한 이유는 무엇이라고 생각하십니까?

답변: "열정과 도전정신은 변화하는 환경 속에서도 새로운 기회를 발견하고, 지속적 성장을 이루는 데 필수적이라고 생각합니다. People Analytics 분야에서도 데이터를 분석하고 예측하는 과정에서 항상 새로운 기술과 접근방식을 시도해야 합니다. 저는 ABC Corporation에서 이탈 예측 모델을 개발할 때, 처음에는 예측률이 기대에 미치지 못했지만, 여러 머신러닝 기법을 시도하고 데이터 전처리 방법을 개선하는 도전을 통해 결국 성과를 높일 수 있었습니다. 이러한 경험은 제가 끊임없는 열정과 도전정신을 바탕으로 성장해온 방식입니다."

변화와 혁신

질문: 변화와 혁신을 추구하며 이를 업무에 적용해본 사례가 있나요?

답변: "저는 HR 데이터 분석 프로젝트에서 변화와 혁신을 추구하며 새로운 분석 기법을 도입한 경험이 있습니다. 기존의 단순 통계 분석 방식에서 머신러닝 기법으로 전환하면서, 데이터의 예측 가능성을 크게 높였습니다. 특히 ABC Corporation에서 머신러닝 모델을 도입해 채용 효율성을 15% 개선한 경험이 있습니다. 이처럼 저는 기존 방식에 안주하지 않고 지속적 변화와 혁신을 추구하는 것이 성과를 높이는 핵심이라고 생각합니다."

정도경영

질문: '정도경영'을 실천하기 위해 어떤 노력을 기울일 수 있을까요?

답변: "정도경영은 투명성과 신뢰를 바탕으로 하는 경영 철학이라고 생각합니다. 데이터 분석을 할 때도 항상 데이터를 신뢰할 수 있는 방식으로 처리하고, 분석 과정에서 편향된 결과가 도출되지 않도록 엄격한 검증 과정을 거치는 것이 중요합니다. ABC Corporation에서 저는 경영진에 제공하는 대시보드에서 데이터의 투명성을 유지하기 위해 모든 분석 과정과 결과를 명확하게 설명하였으며, 이해관계자들이 신뢰할 수 있는 결과를 제공하기 위해 노력했습니다."

상생 추구

질문: 상생을 추구하는 가치를 바탕으로 팀워크를 발휘한 경험을 말씀해 주세요.

답변: "상생 추구는 조직 내 협력을 통해 모두가 함께 성장할 수 있도록 돕는 중요한 가치입니다. 저는 데이터 분석을 수행하면서 여러 부서와 협력한 경험이 있습니다. 특히, 직원 참여도와 성과 간의 상관관계를 분석한 프로젝트에서는 각 부서의 데이터를 수집하고 해석하는 과정에서 부서 간 소통이 매우 중요했습니다. 저는 이를 통해 데이터 분석 결과를 여러 부서와 공유하고, 성과를 향상시킬 수 있는 전략을 함께 수립함으로써 조직 전

> 체의 성과를 높이는 데 기여했습니다."
>
> 이 질문과 답변을 통해 김지원 지원자는 입사를 원하는 회사의 핵심가치를 이해하고 있으며 그 가치를 실천할 만한 역량을 갖춘 인재임을 강조할 수 있습니다.

생성형 AI를 활용한 면접 솔루션

생성형 AI를 활용한 면접 준비가 증가하는 가운데, 탤뷰(Talview)*는 생성형 AI를 적극 활용하는 방식으로 대응하고 변화하는 데 성공한 업체 중 하나다. 탤뷰는 지원자를 선별하여 평가하고 분석하여 최종 결정을 내리는 채용의 전 과정(Screen-Access-Interview-Insight-Hire & Certify)을 단일화한 솔루션을 제공하는 회사다. 사용자가 복잡한 설정 과정 없이도 쉽게 설치하여 곧바로 사용할 수 있도록 설계된 플러그 앤 플레이 방식으로 솔루션을 제공한다. 그렇기 때문에 지원자 모집부터 최종 채용 과정까지 요구사항 적용 및 확장에 유연한 서비스가 가능하다.

탤뷰의 채용 프로세스 곳곳에는 생성형 AI 기술이 활용되는데 지원자의 이력서와 직무기술서를 분석하여 자동 심사하고, 직무 기

---

* 〈https://www.talview.com/en/〉

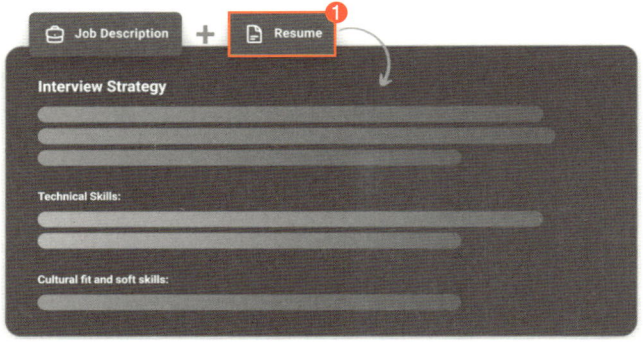
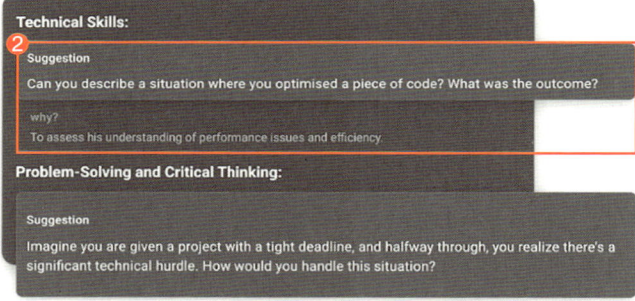
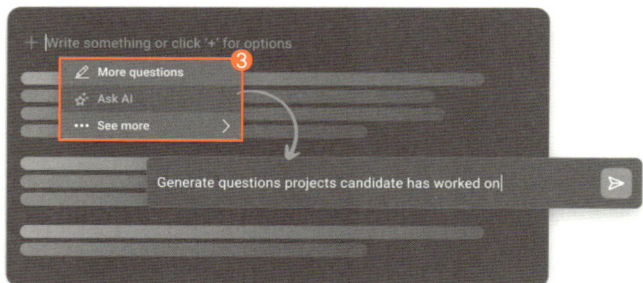

탤뷰의 지원자 맞춤 요약 및 질문 추천 기능. ①면접관은 지원서에 기반한 생성형 AI의 맞춤 요약 기능으로 후보자를 더 잘 이해할 수 있으며 ②핵심 질문 및 그 근거로 구성된 라이브러리를 참고하여 인터뷰를 어떻게 진행할지 계획하는 것도 가능하다. ③의미 있고 통찰력 있는 질문을 생성형 AI를 통해 즉시 생성하여 후보자의 능력을 정확히 평가하는 데 도움을 받을 수 있다.

자료: 〈https://www.talview.com/en/interview-builder〉

술 요구사항을 바탕으로 후보자를 추천한다. 직무의 구체적 요구사항에 적합한 평가 방식을 적용하며, 면접관에게 실시간 면접 질문 사항을 제공하는 기능도 있다. 탤뷰는 이러한 AI 기반의 혁신적 채용 솔루션으로 채용 과정을 더 효율적이고 공정하게 만들어 기업과 지원자 모두에게 긍정적 경험을 제공한다.

생성형 AI를 통해 구현된 탤뷰의 맞춤형 평가 방식은 직무 관련성 향상, 채용 과정의 효율성 증가, 후보자 경험 개선 등 상당한 이점을 제공한다. 먼저, 각 직무별 요구사항에 특화된 평가를 통해, 후보자가 해당 직무에서 성공할 만한 핵심 기술과 역량을 보유했는지 보다 정확히 평가할 수 있다. 이는 직무 기술 요구사항과 밀접하게 연결된 문제해결 능력, 전문지식, 실무 기술 등을 검증하는 데 도움이 된다. 또한 효율성 관점에서도, 불필요한 평가 과정을 줄이고 후보자 선별 과정을 더욱 신속하고 효과적으로 운영하도록 한다는 이점이 있다. 그 결과 채용 과정을 가속화하고 적합한 후보자를 빠르게 식별할 수 있게 된다. 마지막으로, 후보자 맞춤형 평가이기 때문에 평가 대상이 되는 당사자들에게도 보다 관련성 높고 의미 있는 채용 과정 경험을 제공함으로써 후보자 경험 개선에 효과적이다. 이는 결과적으로 후보자의 참여도를 높이면서 더 많은 이들에게 조직에 대한 긍정적 인상을 남길 수 있다.

이렇듯 생성형 AI를 통해 맞춤형 평가를 채용 과정에 통합함으로써, 채용의 질을 향상시키고 채용에 걸리는 시간을 단축하며 후보자 경험을 개선하는 결과를 가져올 수 있다.

생성형 AI, 온보딩 프로세스를 혁신하다

신입사원이 입사 첫날부터 조직의 문화와 업무에 완전히 통합될 때까지, 즉 온보딩 과정 전체를 효율적이고 개인화된 방식으로 관리하기 위해 생성형 AI를 활용하는 사례도 최근 부쩍 많아지고 있다. AI 온보딩은 인사팀의 작업 부담을 줄여주는 한편, 신입사원들에게는 맞춤형 경험을 가능하게 해 이를 바탕으로 조직 내 적응과 성장을 촉진할 수 있다. 특히 2023년부터 생성형 AI를 활용하는 업무 도우미 역할의 챗봇이 개발되어 신입사원들은 이 챗봇과 언제든 대화하며 필요한 정보를 적시에 얻을 수 있고, 그 덕분에 회사의 문화와 업무 프로세스를 더 빠르게 이해할 수 있다. 다시 말해, 생성형 AI가 업무 문서, 회사 정책, 팀 및 프로젝트 소개 등 신입사원의 선호와 필요에 따라 맞춤정보를 제공하는 가이드 역할을 하게 된 것이다.

생성형 AI 챗봇은 신입사원이 별도로 요청하지 않더라도 적절한 시기에 필수 교육자료가 제공되도록 하고, 역량 프레임워크와 경력 맵을 생성해주며, 버디나 멘토까지 맞춤으로 할당해주는 등 일련의 온보딩 프로그램을 진행할 수 있다. 아울러, 신입사원의 온보딩 여정의 다양한 단계에서 맞춤형 메시지를 자동으로 생성하여 발송하고, 수행해야 할 항목의 맞춤형 체크리스트를 설계하여 자동으로 수행 여부를 확인하는 등 지속적 관리와 지원이 24시간 가능하다. 결과적으로 이런 방식은 신입사원의 초기 업무 적응과 생산성 향상에 크게 기여하게 되며, 장기적으로는 직원들의 이직률 감소와 직장만족도 향상으로 이어질 수 있다.

진화하는 AI 온보딩 솔루션

리나 AI(Leena AI)*는 생성형 AI를 활용한 대표적인 HR 온보딩 솔루션이다. 리나 AI는 신규 직원의 적응 과정을 혁신적으로 개선함으로써 회사와 직원 양쪽 모두에 효율성과 만족도를 높이고자 했다. 새로 입사한 직원들은 리나 AI 솔루션의 가상 도우미로부터 지원을 받아 회사의 복지 프로그램 정보를 손쉽게 찾아볼 수 있다. 가상 도우미와 이야기를 나누며 그 대화창에서 곧바로 복지 프로그램 관련 파일을 내려받고 저장할 수 있으며, 특정 복지 혜택에 대

---

* 〈https://leena.ai/〉

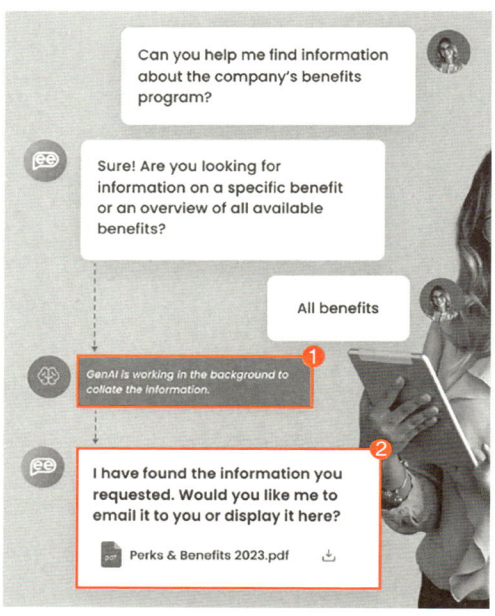

리나 AI의 가상 도우미를 통한 온보딩 프로세스. ①사용자 요청에 따라 리나 AI는 정보를 수집하고 ②요청한 복리후생 정보 파일을 다운로드받을 수 있게 해준다.
자료: 〈https://leena.ai/use-cases/employee-onboarding〉

해 더 자세한 정보를 원한다면 추가 질문으로 맞춤형 정보를 얻을 수 있다. 리나 AI의 사례에서 볼 수 있듯 생성형 AI를 활용한 온보딩 솔루션은 신입사원의 초기 적응을 지원하고 회사의 효율성을 극대화하는 데 중요한 역할을 하며, 이를 통해 온보딩 워크플로(Workflow)의 시작부터 끝까지 그 전체 과정을 자동화하는 방향으로 진화가 이루어지고 있다.

생성형 AI를 활용한 온보딩 솔루션은 데이터 분석 기능을 갖추고 있어 이를 통해 신입사원의 온보딩 진행 상황, 학습 효과, 적응도 등에 대한 실시간 피드백을 인사팀에 제공할 수 있다. 인사팀 직원 입장에서는 이러한 솔루션 분석을 바탕으로 온보딩 프로세스를 지속적으로 개선할 수 있다. 신입사원의 필요와 기대에 더 잘 부응하는 방향으로 프로세스를 조정할 수 있는 것이다. 이런 솔루션의 또 다른 사례로 호노(HONO)를 들 수 있다. 호노는 신입사원의 학습 과정을 추적하고 그 분석 결과를 바탕으로 다시 제안된

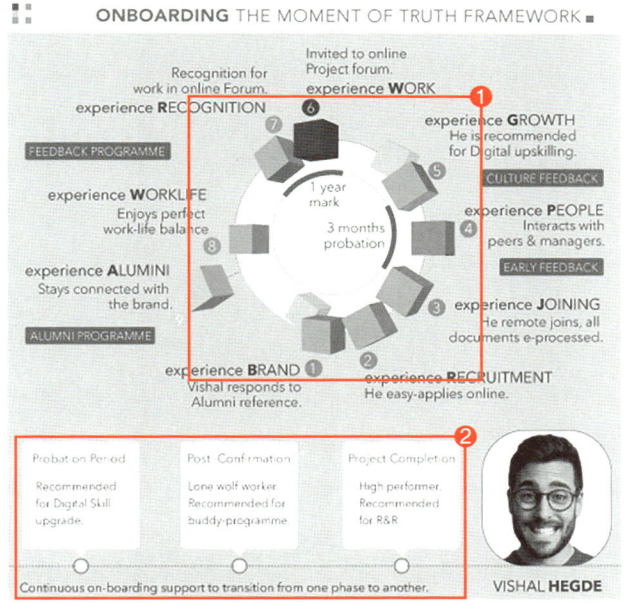

호노의 개인화된 온보딩 프로세스. ①직원의 업무 경력에 따라 필요한 업무 스킬들과 ②단계별 세부 정책 및 절차를 확인할 수 있다.
자료: 〈https://www.hono.ai/transform〉

개인별 맞춤학습 경로를 추천받을 수 있도록 설계되어 있다. 또 특정 영역에서 신입사원들이 어려움을 겪고 있다면 해당 부분의 교육자료를 강화하거나 추가 멘토링 세션을 계획하여 반영할 수 있다. 이러한 온보딩 프로세스를 잘 활용한다면 신입사원은 자신의 직무 역량 강화는 물론 개인의 경력개발 목표에 부합하는 교육을 통해 그 능력을 체계적으로 발전시킬 기회를 얻게 된다.

온보딩 가이드 작성 프롬프트

생성형 AI를 활용하는 온보딩 프로세스가 지닌 또 다른 중요한 측면은 소셜 통합으로, 신입사원이 조직 내에서 네트워크를 형성할 수 있도록 돕는 소셜 네트워킹 기능을 제공할 수 있다. 관심사나 업무 영역이 유사한 동료를 추천해주는 등 내부 소셜 플랫폼에서 교류를 촉진하는 방향으로 온보딩 프로세스가 운영되면 신입사원이 조직 내에서 의미 있는 연결을 맺고 자신의 인적 네트워크를 확장할 수 있게 된다. 이 과정에서 생성형 AI는 신입사원의 관심사와 직무 관련 선호도를 분석하여 가장 적합한 동료나 멘토를 연결해 줄 수 있으며, 이로써 직원 개인의 성장과 조직 내 적응 과정을 지원한다. 더 나아가, AI 기반 소셜 통합은 팀 빌딩(Team Building) 활동, 직무 관련 워크숍 추천까지 포함함으로써 신입사원이 조직문화에 더 깊이 녹아들도록 돕는다.

　이와 같은 활발한 소통과 상호작용은 신입사원이 조직의 다양한 면모를 이해하고 자신의 역할과 직무를 더 넓은 범위와 맥락에서 볼 수 있게 해준다는 장점이 있다. 결과적으로, 온보딩 시스템 내 생성형 AI 기반의 소셜 통합은 신입사원이 동료들과의 관계를 통해 회사의 구성원으로서 더 빠르게 적응하여 업무적 성취를 이루게 할 것이다. 또한 개인의 삶을 구성하는 또 다른 영역에서도 잘 성장할 수 있도록 중요한 역할을 하게 된다. 장기적으로는 직원만족도와 조직에 대한 충성도를 높여 조직이 더욱더 연결되고, 포괄적이면서 지원적인 온보딩 경험을 제공하는 데 크게 기여할 것이다.

이렇듯 생성형 AI 기술이 인사관리의 새로운 지평을 열면서, 온보딩 또한 HR 분야에서 주목받는 혁신 영역으로 자리 잡았다. 하지만 기술의 이점을 최대한 활용하려면 그 한계 또한 잘 인식해야 하고 이를 극복하기 위한 전략도 필요하다. 신입사원에게 개인적 접촉의 중요성을 인식시켜야 하고, 정보 과부하가 일어나지 않도록 해야 하며, 기술적 장애 및 보안 문제에도 대비해야 한다. 새로운 AI 온보딩 시스템 구축을 위해서는 신중한 계획과 지속적 개선이 필수인 것이다.

다음에서는 챗GPT를 활용해, AI 온보딩 시스템을 구축하는 초기 단계에서 도움이 될 만한 실용적 온보딩 관련 조언을 얻어내는 과정을 소개한다.

> **PROMPT** 신입사원을 위한 온보딩 가이드 작성하기

프롬프트 작성 예시

[지시사항]

인사 분야 전문가로서 신입사원을 위한 조언을 담은 온보딩 가이드를 작성해주세요.

[결과 포맷]

이 가이드가 신입사원에게 미칠 수 있는 잠재적 영향을 고려하여, 이 가이드는 반드시 포함되어야 하는 실용적 조언들로 이루어져야 합니다.

챗GPT 답변 예시

신입사원을 위한 온보딩 가이드

환영합니다! 새로운 시작을 응원합니다.

신입사원으로서 새로운 조직에 적응하는 과정은 설레면서도 도전적일 수 있습니다. 아래 가이드는 여러분이 성공적으로 적응하고 성장하는 데 도움이 될 실용적 조언들로 구성되었습니다.

1. 회사의 미션과 핵심가치를 이해하세요.

신입사원으로서 가장 먼저 해야 할 일은 회사의 미션과 핵심가치를 이해하는 것입니다. 회사의 목표와 가치를 깊이 이해할수록 여러분의 업무가 갖는 의미를 더 잘 파악할 수 있습니다.

조언: 회사 웹사이트, 사내 자료, 교육 프로그램 등을 적극 활용하여 조직의 비전, 목표, 핵심가치를 숙지하세요.

2. 적극적 소통을 실천하세요.

효과적 소통은 성공적 온보딩의 핵심입니다. 초기에는 질문을 많이 하는

것이 중요하며, 명확한 소통을 통해 기대되는 바를 파악하세요. 이를 통해 오해를 줄이고 팀 내 협력을 촉진할 수 있습니다.

조언: "모르는 것을 묻는 것은 결코 부끄러운 일이 아닙니다." 필요한 정보를 명확하게 얻기 위해 상사나 동료에게 적극적으로 질문하세요.

3. 피드백을 적극적으로 수용하세요.

성장과 발전은 피드백을 수용하는 데서 시작됩니다. 초기에는 실수를 할 수 있으니 이를 배움의 기회로 삼으세요.

조언: 피드백을 받을 때는 겸손한 자세로 받아들이고, 이를 기반으로 자신을 개선할 수 있는 방안을 찾아보세요.

4. 관계 구축에 힘쓰세요.

직장에서의 인간관계는 업무의 성공에 큰 영향을 미칩니다. 팀 동료들과의 긍정적 관계는 업무 효율성과 만족도를 높입니다.

조언: 동료들과 자주 교류하며 공통의 관심사를 찾고 팀 내 신뢰를 쌓아 나가세요. 사내 네트워킹 기회를 적극적으로 활용하세요.

5. 업무의 우선순위를 파악하세요.

모든 업무가 중요하지만, 업무의 우선순위를 잘 관리하는 것이 성공적 적응의 열쇠입니다. 가장 중요한 과제에 집중하고 급하지 않은 일은 적절하게 계획하세요.

조언: 상사에게 주기적으로 업무 우선순위를 확인받아 긴급한 업무와 중요 업무를 구분하는 습관을 들이세요.

6. 자기관리와 워크라이프 밸런스를 유지하세요.

신입사원으로서 빠르게 적응하려고 과도한 업무를 맡는 경우가 많습니다. 하지만 장기적 성공을 위해서는 자기관리와 균형 잡힌 생활이 중요합니다.

조언: 업무 외 시간에는 자신을 돌보고 에너지를 재충전하는 활동을 하세요. 적절한 휴식과 여가활동을 통해 건강한 워크라이프 밸런스를 유지하세요.

7. 변화에 유연하게 대응하세요.

업무 중 예상치 못한 변화가 있을 수 있습니다. 특히 신입사원은 다양한 환경과 상황에 적응해야 할 필요가 있습니다. 변화는 기회라는 마인드로 접근하면 더 긍정적 결과를 얻을 수 있습니다.

조언: 새로운 상황에 맞추어 빠르게 배워나가며 변화를 성장의 기회로 활용하세요.

8. 자기 주도적 학습을 지속하세요.

신입사원 시기는 배움의 연속입니다. 여러분의 성장 속도는 얼마나 능동적으로 학습에 임하느냐에 따라 달라질 수 있습니다.

조언: 회사에서 제공하는 교육 프로그램, 온라인 강의 등을 적극 활용하며 지속적으로 새로운 기술과 지식을 쌓으세요.

이 가이드는 신입사원으로서 성공적 출발을 위한 첫걸음을 지원하기 위해 마련되었습니다. 이 조언이 여러분의 직장생활에 긍정적 영향을 미치길 바라며, 앞으로도 도전과 성장을 이어가시길 응원합니다!

생성형 AI를 활용한 온보딩 시스템은 신입사원이 팀원들과의 관계를 더 긍정적으로 강화하는 도구로서도 아주 유용할 수 있다. 예를 들어 챗GPT는 다음의 〈신입사원을 위한 관계 강화 실천법 작성하기〉 프롬프트와 답변에서 보는 바와 같이 신입사원이 회사의 문화와 업무 절차를 이해하는 것뿐 아니라 팀원들과의 소통을 원활히 하는 데도 집중적 도움을 줄 수 있다. 이 같은 지원은 신입사원이 입사 초기에 경험할 수 있는 불안과 스트레스를 줄여주고, 다른 팀원들과의 관계 형성에도 긍정적 영향을 미칠 것이다. 결과적으로, AI를 활용한 온보딩은 신입사원의 성공적인 적응과 팀의 결속력 강화에 큰 역할을 할 수 있다.

PROMPT: 신입사원을 위한 관계 강화 실천법 작성하기

프롬프트 작성 예시

[지시사항]

신입사원 입장에서 팀원들과의 관계를 강화하기 위한 실천 방법을 추가로 작성해주세요.

[결과 포맷]

제안하는 실천 항목들을 상세한 설명과 함께 수행 난이도에 따라 나열해주세요.

챗GPT 답변 예시

팀원들과의 관계를 강화하기 위한 실천 방법

팀원들과의 긍정적 관계는 직장생활 성공의 중요한 요소입니다. 여기에 신입사원 입장에서 팀원들과의 관계를 강화하기 위해 실천할 수 있는 방법들을 수행 난이도에 따라 나열해보았습니다. 각 방법에 구체적 설명을 덧붙여 쉽게 실천할 수 있도록 돕겠습니다.

1. 난이도: 낮음

1.1 정중한 인사 및 일상적 대화 나누기

설명: 매일 출근할 때나 퇴근할 때 정중히 인사하고, 점심시간이나 커피를 마실 때 팀원들과 간단한 대화를 나누는 것이 팀 내 관계를 강화하는 첫걸음입니다.

실천 방법: "안녕하세요"나 "좋은 하루 보내세요" 같은 간단한 인사말을 습관적으로 건네고, 최근 본 영화나 뉴스 등 일상적 주제로 가볍게 대화를 시도해보세요.

1.2 회의에서 경청하기

설명: 팀 회의에서 다른 팀원들이 말하는 내용을 경청하는 것은 상호 존중을 표현하는 방법입니다. 팀원들이 자신의 의견이 존중받고 있다고 느끼면 관계 형성에 긍정적 영향을 미칩니다.

실천 방법: 회의 중 다른 사람이 발언할 때 고개를 끄덕이며 눈을 마주치고, 발표가 끝난 후 짧은 피드백이나 질문을 덧붙여 경청하는 자세를 보여주세요.

2. 난이도: 중간

2.1 팀 활동에 자발적으로 참여하기

설명: 회식, 팀 미팅 이외의 활동에 자발적으로 참여하는 것은 팀원들과의 관계를 자연스럽게 강화하는 방법입니다. 이러한 비공식 활동에서 형성되는 신뢰가 업무에도 긍정적 영향을 미칩니다.

실천 방법: 사내 동아리, 점심 모임, 회식 등에 적극적으로 참여해보세요. 새로운 사람들과 자연스럽게 친해질 기회를 만들 수 있습니다.

2.2 동료의 성공과 성과를 축하하기

설명: 팀원들이 프로젝트나 과제를 성공적으로 완료했을 때 이를 축하하는 것은 긍정적 관계 형성에 매우 효과적입니다. 칭찬을 받으면 그 팀원들도 당신에게 호감을 가질 것입니다.

실천 방법: "수고 많으셨어요!" 혹은 "프로젝트 정말 잘됐네요, 축하드려요!" 같은 짧은 메시지를 전하거나, 팀원들이 성과를 낼 때 감사 메일을 보내는 등의 방법으로 칭찬과 격려를 표현하세요.

3. 난이도: 높음

3.1 멘토링 요청하기

설명: 특정 분야에서 경험이 풍부한 팀원에게 멘토링을 요청하는 것은 팀원과 더 깊은 관계를 형성하는 효과적인 방법입니다. 멘토링을 통해 업무 스킬을 향상시킬 뿐 아니라, 신뢰와 존중을 바탕으로 더 친밀한 관계를 맺을 수 있습니다.

실천 방법: 특정 프로젝트나 과제에서 도움을 줄 수 있을 것 같은 팀원에게 "이 부분에 대해 배우고 싶은데 도와주실 수 있을까요?"라고 요청하세요. 이 과정에서 자연스럽게 관계 형성이 이루어질 수 있습니다.

3.2 팀 내 문제해결을 위한 방법 제안하기

설명: 팀에서 발생한 문제에 대해 개선안을 제시하거나 팀의 목표달성 방법을 제안하는 것은 신입사원이 팀에 기여하고 있다는 인상을 줍니다. 이는 팀원들과의 관계를 더 깊어지게 만드는 기회를 제공합니다.

실천 방법: 현재 팀에서 겪고 있는 문제나 개선 가능한 사항에 대해 면밀히 관찰하고 효과적 해결책이나 제안을 생각한 후 상사나 팀원들과 논의하는 기회를 만들어보세요.

결론

팀원들과의 관계를 강화하는 것은 신입사원의 성공적인 직장생활에 중요한 부분입니다. 난이도가 낮은 것부터 점차 중간 단계, 높은 단계의 실천 방법을 적용해나가며, 여러분의 업무환경에서 긍정적 인상을 남기고 관계를 강화해나가세요.

4장

직원 성장을 돕는 AI

얼마 전까지만 해도 교육 내용을 가장 새로운 콘텐츠로 채우고 각 개인의 요구에 최적화된 맞춤형 교육을 제공하는 것은 기업교육에 있어 크나큰 도전이었다. 경영환경과 기술, 세대와 시대적 상황이 빠르게 변하는데, 그러한 변화를 교육 때마다 곧바로 반영하여 최신화된 내용을 제공하기란 가능해 보이지 않았다. 하지만 생성형 AI를 기반으로 한 다양한 기술이 등장하면서 이러한 도전 역시 단순한 꿈이 아닌 생생한 현실로 다가오고 있다.

01 전통적 기업교육의 한계를 넘어선 생성형 AI의 에듀테크

보스턴대학교의 디지털 학습 및 혁신 담당 부학장이자 퀘스트롬 경영대학원의 크리산토스 델라로카스(Chrysanthos Dellarocas) 교수는 기존의 기업교육은 비용이 많이 들고 비효율적이며, 빠르게 변화하는 기술과 학습 요구를 따라가지 못한다고 지적했다.[2] 그는 생성형 AI가 이러한 한계를 해결할 수 있을 것으로 보았다. 즉 생성형 AI가 기업의 조직 구성원에게 개인화된 학습을 제공하고 이들의 학습 경험을 혁신하면서 결과적으로 기업교육 영역을 상당히 바꿔놓으리라는 것이다. 과연 생성형 AI는 기업의 교육, 코칭 등의 측면에서 직원의 성장에 어떻게 도움을 제공할 수 있을 것인가? 4장에서는 이와 관련된 서비스와 활용 사례를 소개한다.

전통적 기업교육의 한계와 극복 방법

사실 그동안 기업들은 직원교육 부문에서 상당히 많은 투자를 해왔다. 2022년 기업교육 분야 전문 기관 ATD(Association for Talent Development)의 "2022 산업 현황(State of Industry)" 리포트에 따르면, 미국 기업은 평균적으로 직원 1명당 연간 약 1,280달러(한화 약 180만 원)의 교육비를 쓰고 있다.[3] 한국 역시 직원 수 2,000명 이상 기업의 경우 매년 26억 원을 직원교육에 투자하고 있는데,[4] 이러한 투자에도 불구하고 교육의 효과성에 대한 평가는 이전과 비교해 별로 나아지지 않고 있다.[5] 그 이유는 무엇일까?

온라인 교육 플랫폼 코세라(Coursera)의 기업교육 부문 부사장을 지내고 AI 기반 교육 플랫폼 업리미트(Uplimit)*를 창업한 줄리아 스티글리츠(Julia Stiglitz)는 ATD에 기고한 글에서 기존 기업교육의 한계를 다음 몇 가지로 정리했다.

첫 번째로 '교육에 대한 접근성과 품질의 상충관계'를 이야기하는데, 기업교육은 기업의 자원을 활용하며 교육의 효과와 규모 사이에 현저한 상충관계(Trade-off)가 존재한다는 것이다. 오프라인 학습과 온라인 학습을 비교해보면 이러한 관계가 명확히 드러난다. 온라인 학습은 한 번에 수백 명을 대상으로 동시에 진행할 수도, 반복해 활용할 수도 있지만 학습 수료 및 완료율이 낮다. 또한

---

* 〈https://uplimit.com/〉

구성원의 요구나 최신 트렌드가 반영되어 있지 않을 소지가 크다. 반면 오프라인 학습은 학습 수료 및 완료율은 높지만, 시간적·공간적 제약이 있어 동시에 진행할 수 있는 교육 대상자의 수가 한정적이다. 이처럼 기업교육은 교육 접근성과 품질 간 상충관계를 보이게 된다.

두 번째로는 빠르게 변하는 기술과 학습 요구를 반영하기 어려운 '콘텐츠 제작의 한계'를 지적한다. 기업은 교육 프로그램을 개발하고 이미 실행 중인 교육 내용을 최신화하는 데 많은 비용을 투자한다. 하지만 교육 내용은 계속해서 수시로 바뀌어야 하는 반면 콘텐츠를 제작하는 데는 많은 시간이 걸리기에 교육이 현장 상황을 제대로 반영하지 못하는 경우가 많다. 이런 문제점은 결국 교육의 효과성뿐 아니라 궁극적으로는 기업의 경쟁력에도 부정적 영향을 끼치게 된다. 딜로이트 역시 2021년 발간한 "글로벌 인적자본 트렌드 리포트"[6]에서 교육 프로그램이 트렌드를 반영하지 못하는 경우 결과적으로 기업 경쟁력에 악영향을 준다는 점을 강조했다.

이어 스티글리츠는 개인에게 특화된 '맞춤형 교육과정과 콘텐츠의 부재'를 기업교육의 세 번째 한계로 언급했다. 전통적인 기업교육에서는 최대한 많은 대상에게 유익한 콘텐츠를 제공하고자 교육과정을 기획하는 경우가 많았고, 이로 인해 교육 효과성의 한계 또한 분명히 존재했다. 그러자 최근에는 개인 맞춤형 학습을 통해 교육의 효과성을 극대화하는 것이 기업교육의 트렌드가 되었는데, 이때 개인 맞춤형 학습이란 개인의 요구와 수준에 알맞게 교육과정을 설계하고 콘텐츠를 구성하여 제공하는 것을 말한다. 생성형 AI가 등장하기 전까지는 다수의 학습자에게 개인화된 맞춤형 학습을 제공하기가 기술적으로 어려웠던 탓에 많은 자원의 투입을 피할 수 없었다. 그런데 생성형 AI의 등장이 전통적 기업교육의 이 3가지 한계를 극복하게 해준다는 분석이다.

앞서 언급했듯 델라로카스 교수는 생성형 AI가 전통적 기업교육의 한계를 근본적으로 변화시킬 것이라면서, 생성형 AI가 기업교육에 미치는 변화를 '개인화된 학습, 콘텐츠의 지속적인 진화, 몰입형 시뮬레이션 제공, 기술격차 해소, 멘토링 및 피드백' 등 5가지 항목으로 정리하고 있다.

- **개인화된 학습**: 개별 학습자의 요구와 능력에 맞춘 개인화된 학습경로를 제공하고, 개인에게 특화된 콘텐츠를 생성한다.
- **콘텐츠의 지속적인 진화**: 최신 정보를 반영하여 학습자료를 최신 상태로 유지한다.
- **몰입형 시뮬레이션 제공**: 다양한 시나리오를 제공하는 몰입형 시뮬레이션을 통해 실제 상황에 대한 대응 능력을 강화한다.
- **기술격차 해소**: 주기적인 성과평가와 분석을 토대로 구성원의 기술격차를 파악하고 교육을 통해 해결 가능한 부분을 제시한다.
- **멘토링 및 피드백**: 구성원의 요청에 대해 즉각적 피드백을 제공하고, 학습 및 콘텐츠 관련 질문에 답변하여 문제해결을 지원한다.

생성형 AI로 직원의 질적 성장을 밀착 지원하다

요즘은 누구나 유튜브를 비롯한 다양한 OTT* 플랫폼에서 자신이 좋아하는 동영상 콘텐츠를 즐기고 사용자의 관심사와 연관된 새로운 콘텐츠를 계속 추천해주어 그 또한 즐기게 되는 경험을 자주 할 것이다. 기술 발전에 따라 이른바 초개인화(Hyper-Personalization) 서비스가 가능해졌기 때문이다. 개인화된 교육 역시 이와 유사한 방식으로 이루어질 수 있다.

이런 방식은 생성형 AI 등장 이전부터 기업교육 분야에서 중요한 화두였다. 2019년 HR 분야에서도 '넷플릭스화(Netflixization)'라는 용어가 처음 소개되었는데, 이는 넷플릭스에서 개인의 취향을

---

* OTT(Over The Top)는 인터넷을 기반으로 다양한 플랫폼을 통해 사용자가 원하는 시점에 원하는 동영상을 보여주는 VOD 서비스를 의미한다. 'Over The Top'은 'Top(셋톱박스)을 넘어'라는 뜻으로 '넷플릭스'가 그 대표적 서비스다.

반영하여 최적의 콘텐츠를 추천하는 것을 기업교육에도 적용하는 트렌드를 가리키는 용어다. 그럼에도 생성형 AI 등장 이전에는 구성원의 다양한 요구를 반영한 교육과정을 개발하거나 콘텐츠를 제작하는 데 한계가 분명히 존재했다.[7]

생성형 AI가 제공하는 새로운 학습 경험:
원하는 교육을 원하는 방식으로

2022년, 대중 앞에 등장한 생성형 AI는 직원들이 전통적 교육 방식에서 경험할 수 없었던 새로운 차원의 학습을 조직 내에서도 제공할 수 있음을 보여주었다. 그리하여 이미 링크드인, 비바러닝(Viva Learning) 등 전통적 교육 플랫폼은 물론 업리미트(Uplimit), 사나 랩스(Sana Labs)* 같은 생성형 AI 기반 교육 플랫폼들이 앞다투어 혁신적 경험을 제공하는 추세이다. 예를 들어 영업 전문가는 고급 커뮤니케이션 기법에 중점을 둔 대화형 교육과정을 자신의 업무 이력, 학습 속도, 스타일에 맞춰 제공받게 된다. 만약 소프트웨어 엔지니어라면 다양한 프로그래밍 언어에 대한 개인별 숙련도를 수시로 평가받으면서 자신의 수준에 따른 맞춤형 코딩 교육과 콘텐츠, 학습 과제를 제공받을 수 있을 것이다. 과거에 학습자 스스로 자신

---

* AI 기반의 학습 및 증강 지원 플랫폼. 〈https://sanalabs.com/〉

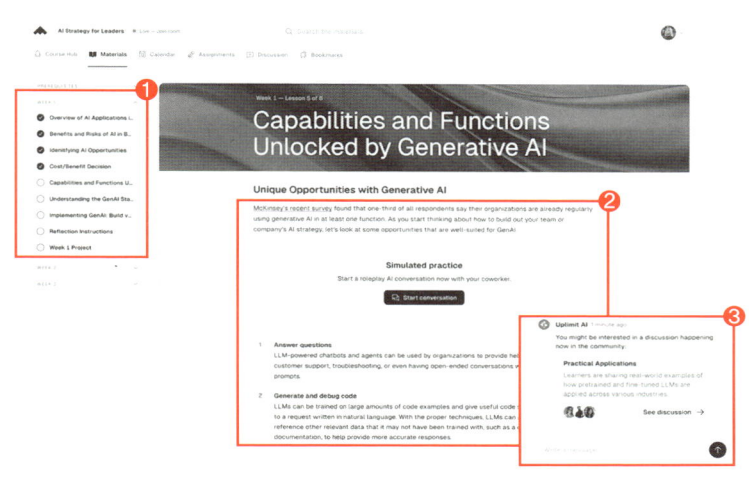

업리미트의 교육 추천 플랫폼 화면. ①진행한 내용을 주차별로 확인할 수 있는 사이드 바. ②AI와 대화하며 실제 프로젝트 기반의 학습과 시뮬레이션을 안내받고 피드백할 수 있는 화면. ③별도로 요청하지 않아도 그동안의 학습 내용을 바탕으로 향후 필요한 학습을 추천해주는 메시지 창.
자료: 〈https://uplimit.com/products〉

의 레벨을 짐작해 교육과정을 신청하거나 업무 이력이나 직무에 의해 교육과정에 배정되던 것과는 다르게, 개별 학습자와 관련된 여러 구체적 데이터를 기반으로 교육과정과 콘텐츠가 실시간으로, 또 개인 맞춤형으로 구성되는 것이다.

구성원이 원하는 학습을 탐색하는 것 자체에서도 혁신이 이루어지고 있다. 이전까지는 카테고리화된 교육과정을 일일이 클릭하며 원하는 과정을 찾아야 하고, 그렇게 찾아낸 다음에는 맛보기 강의를 통해 자신이 정말로 원하던 과정이 맞는지 재차 확인해야 해서 번거로움이 없지 않았다. 하지만 링크드인 러닝의 'Learn with

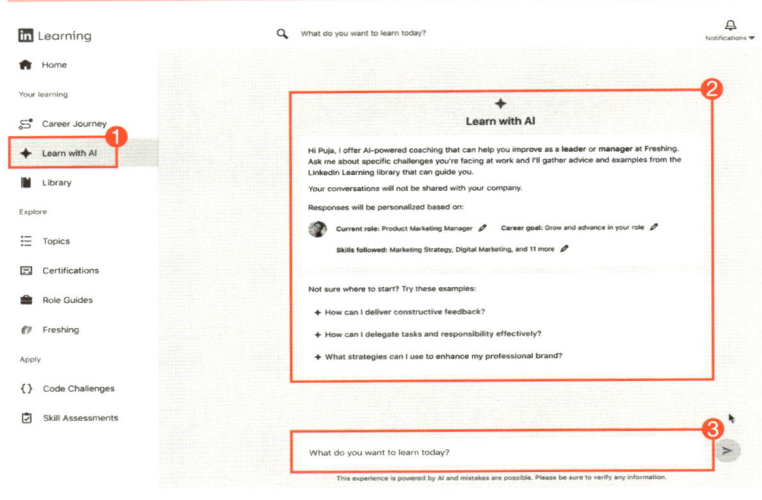

링크드인 러닝의 'Learn with AI' 화면의 구성. ①'Learn with AI' 선택 창. ②AI와의 대화 결과를 확인할 수 있는 화면. ③AI에 요청할 내용을 입력하는 채팅 창. 학습자는 LinkedIn Learning의 전체 학습 라이브러리에서 AI의 도움을 받아 쉽고 빠르게 필요한 콘텐츠와 강의 자료를 확인하고 추천받을 수 있다.
자료: 〈https://joshbersin.com/2023/10/linkedin-launches-exciting-gen-ai-features-in-recruiter-and-learning/〉

AI' 기능을 활용하면 대화형 화면에 메시지를 입력하여 링크드인 러닝의 전체 교육과정 중 자신이 필요로 하는 과정만 쉽고 빠르게 추천받을 수 있다. 또한 학습자의 학습 이력과 선호를 반영하여 학습을 성공적으로 완료할 수 있는 최적의 과정을 AI 기반으로 추천해주기 때문에 학습의 효과성도 높아진다.

생성형 AI가 가져온 이러한 변화는 온라인 학습의 효율성과 개인화된 학습 경험을 크게 향상시키며 학습자에게 더 나은 학습 환경을 제공한다. 개인화된 학습 코칭 기능은 이미 유데미(Udemy),

코너스톤(Cornerstone), 디그리드(Degreed) 같은 다양한 학습 플랫폼에 적용되었으며,* 앞으로 기업교육 플랫폼에 반드시 포함되는 기능으로 자리매김할 것으로 기대된다. 2023년 10월 마이크로소프트는 자사의 학습 플랫폼인 비바(Viva)의 대규모 업데이트를 발표했는데, 여기에는 내부 인재의 이동과 경력개발, 내부 전문가 찾기 기능이 포함되었다. 업데이트의 핵심 기능 중 하나인 'Skills in Viva'

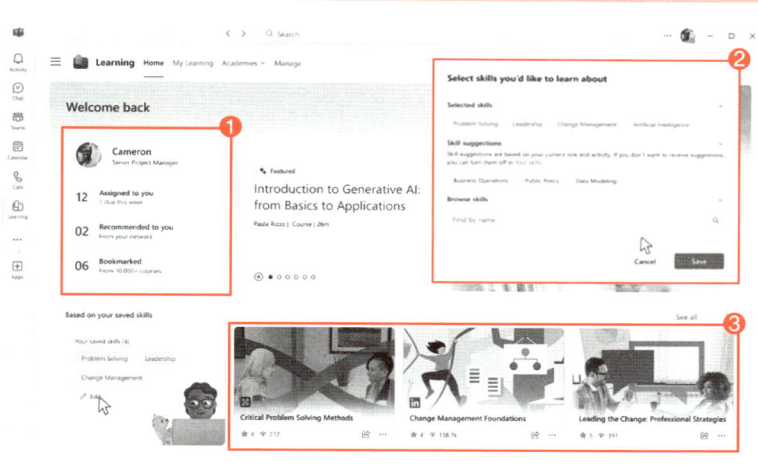

마이크로소프트 비바 러닝의 'Skills in Viva' 화면. ①사용자 프로필. ②배우고 싶은 스킬을 선택하는 화면. ③사용자의 프로필과 관심 있는 스킬 분야 기반으로 구성된 학습 화면. 구성원의 스킬 정보를 활용하여 개인화된 학습경로를 추천해주고 멘토를 지정하며, 회사 내에서 새로운 직무를 추천해주는 등 통합적 인재 플랫폼을 제공한다.
자료: 〈https://www.microsoft.com/en-us/microsoft-365/blog/2023/10/10/introducing-skills-in-microsoft-viva-a-new-ai-powered-service-to-grow-and-manage-talent/〉

---

* 유데미(https://www.udemy.com/)는 온라인 교육 플랫폼이고, 코너스톤(https://www.cornerstoneondemand.com/)은 학습 경험 플랫폼이며. 디그리드(https://degreed.com/experience/) 역시 학습 및 업스킬링 플랫폼이다.

는 구성원의 스킬 정보를 활용하여 개인화된 학습경로를 추천하고 멘토를 지정하며, 회사 내에서 새로운 직무를 추천하는 통합적 인재 플랫폼을 제공한다. 그뿐 아니라, 이러한 정보를 기반으로 외부 채용공고까지 추천하는 등 생성형 AI 기반으로 완벽하게 개인화된 학습 및 개발 경험을 제공한다.

더 낮은 비용으로 학습이 가능

앞서 언급한 플랫폼 외에도 대다수의 기업교육 플랫폼이 개인화된 교육과정과 콘텐츠를 제공하고자 많은 노력을 기울이고 있다. 그렇지만 개인 맞춤형 학습을 시행하기 위해 반드시 이러한 온라인 교육 플랫폼을 활용해야만 하는 것은 아니다. 무료 또는 저렴한 비용으로 제공되는 생성형 AI 서비스를 활용할 수도 있으므로 교육 예산이 비교적 소규모인 조직이라면 이런 서비스를 활용해 구성원에게 개인화된 교육을 제공할 수 있다.

그러면 이런 서비스는 구체적으로 어떻게 활용하면 좋을까? 이제 챗GPT를 활용해 구성원에게 개인화된 교육을 제공하는 과정을 상세히 알아보자. 주어진 프롬프트 예제를 따라 한번 진행해본 뒤 실제 데이터로 업무에 적용해볼 것을 권한다. 데이터 수집부터 개인화된 교육과정 및 콘텐츠 추천까지 챗GPT의 GPT-4 버전을 활용해보자. 이 과정은 다음 단계로 이뤄질 것이다.

① **데이터 수집**: 개인화된 학습경로 및 콘텐츠 추천을 위해 구성원 업무 이력, 학력, 학습 이력 등의 데이터를 수집하는 단계
② **학습 데이터 분석**: 수집된 데이터를 기반으로 다양한 알고리즘을 적용하여 개인의 특성을 분석하는 단계
③ **개인화된 교육과정·콘텐츠 추천**: 분석 결과를 기반으로, 교육과정과 콘텐츠를 추천해주는 단계
④ **개인화된 교육과정·콘텐츠 제작**: 추천한 교육과정·콘텐츠 중에서 사용자가 선택한 개인화된 교육과정과 콘텐츠를 제작하는 단계

① 데이터 수집(챗GPT: GPT-4 활용)

먼저 개인화된 학습경로 및 콘텐츠 추천을 위해 구성원의 업무 이력, 학력, 학습 이력 등의 데이터를 수집한다. 구성원에게 개인화된 맞춤형 과정을 제공하려면 학습자의 필요와 선호에 대한 이해를 도울 수 있는 데이터가 필요하기 때문이다. 만약 당장 활용할 만한 데이터가 준비되어 있지 않다면, 캐글(kaggle.com) 같은 데이터 경진대회 플랫폼에서 예시 데이터를 찾아보는 것도 좋은 방법이다. 이번 예제에서는 챗GPT를 통해 개인 맞춤형 교육을 위한 합성 데이터*를 만들어 진행한다.

---

* 합성 데이터는 실제 데이터를 모방한 데이터로 인간이 생성한 것이 아닌, 생성형 AI 기반으로 만들어진 데이터를 말한다. 실제 데이터와 동일한 속성을 갖지만 만들어진 데이터이기 때문에 개인정보보호 등의 이슈 없이 분석에 활용할 수 있다.

합성 데이터 생성을 위해, 먼저 챗GPT에게 개인화된 학습을 제공하는 데 필요한 데이터를 정의해달라고 요청한다. 구체적으로 요청할수록 더 자세한 답변을 얻을 수 있다. 요청을 통해 아래와 같이 개인 식별자, 이름, 업무 이력, 학력, 학습 이력, 흥미 분야, 필요한 교육과정, 교육 선호도, 성과평가 데이터 등이 제시될 것이다. 일반적으로는 실제 업무에서 활용하는 해당 데이터를 업로드하여 현업에서 곧바로 활용할 수 있는 결과를 얻을 것을 추천한다. 하지만 여러 이유로 회사 정보를 챗GPT 같은 생성형 AI 서비스에 올리기가 어렵다면 아래의 프롬프트를 참고하여 현재 데이터와 비슷한 수준으로 가명 정보를 만들어 활용해도 좋다.

 합성 데이터 생성하기

프롬프트 작성 예시

[역할]
당신은 제조 부문 대기업의 기업교육 담당자입니다.

[지시사항]
아래의 [내용]과 같이, 챗GPT를 활용해 개인화된 학습체계를 구축하는 예시를 보이고자 합니다. 이를 위해 합성 데이터가 필요합니다.

[결과 포맷]
기업에서 개인화된 학습체계를 구축할 수 있는 데이터를 정의하고, 정의된 내용을 기반으로 '30명 분량의 합성 데이터'를 만들어 CSV 포맷으로 다운

로드받을 수 있게 해주세요.

[내용]

지금까지 살펴본 것처럼 최근 기업교육 플랫폼들은 개인화된 교육과정과 콘텐츠 제공에 집중하고 있습니다. 하지만 모든 기업이 이러한 고가(高價)의 플랫폼을 이용할 필요는 없습니다. 특히 기업 규모가 작거나 예산이 제한된 조직에서는 무료이거나 좀 더 저렴한 비용의 생성형 AI 서비스를 활용하여 비용 효율적으로 맞춤형 교육을 제공할 수 있습니다. 지금부터는 챗GPT 유료 계정, 즉 비싼 값을 지불해야 하는 플랫폼을 활용하지 않고 개인화된 학습체계를 구축하는 예시를 공유드리려 합니다.

① 데이터 수집: 개인화된 학습경로 및 콘텐츠 추천을 위해 구성원 업무 이력, 학력, 학습 이력 등의 데이터를 수집하는 단계
② 학습 데이터 분석: 수집한 데이터를 기반으로 다양한 알고리즘을 적용하여 개인의 특성을 분석하는 단계
③ 개인화된 교육과정·콘텐츠 추천: 분석 결과를 기반으로 개인화된 교육과정과 콘텐츠를 추천하는 단계
④ 개인화된 교육과정·콘텐츠 제작: 추천한 교육과정·콘텐츠 중 사용자가 선택한 개인화된 교육과정·콘텐츠를 제작하는 단계

챗GPT 답변 예시

개인화된 학습체계 구축을 위해 필요한 합성 데이터를 정의하고 생성해보겠습니다. 기업환경에서 개인별 맞춤형 교육을 제공하기 위한 데이터는 다음과 같은 요소를 포함할 수 있습니다:
- 개인 식별자(ID): 각 구성원을 식별하는 고유한 식별자
- 이름: 구성원의 이름
- 업무 이력: 구성원의 과거 및 현재 직무 관련 경험

- 학력: 구성원의 학력 정보
- 학습 이력: 과거에 이루어진 교육 및 학습 활동에 대한 정보
- 흥미 분야: 구성원이 관심을 가진 학습 분야
- 필요한 교육과정: 구성원의 역량 강화를 위해 필요한 교육과정
- 교육 선호도: 구성원이 선호하는 교육 형식(온라인, 오프라인, 인터랙티브 등)
- 성과평가: 최근의 성과평가 결과
- 개인 맞춤형 교육 추천: 알고리즘에 의해 추천된 개인화된 교육과정

이러한 데이터를 기반으로 30명의 구성원에 대한 합성 데이터를 생성해 보겠습니다. 생성된 데이터는 CSV 포맷으로 제공됩니다. 데이터는 무작위로 생성되므로 실제 인물이나 기업과는 관련이 없습니다. 이 점을 참고해 주세요.

합성 데이터를 성공적으로 생성하고 CSV 포맷으로 저장했습니다. 이 데이터는 개인화된 학습체계를 구축하는 데 사용될 수 있습니다. 아래 링크를 통해 데이터를 다운로드하실 수 있습니다.

[개인화된 학습 데이터 다운로드]

위와 같이 합성데이터 제작을 요청하여 챗GPT로부터 제공받은 데이터는 다음과 같다. 실제 기업에서 활용하는 데이터와 동일하게 ID, 이름, 직무, 학력, 학습 데이터 등으로 구성되어 있다.

Name	Job History	Education	Learning History	Education Preference	Performance Review	Survey Response
Brenda Mcdaniel	System Analyst	High School	Completed 6 courses	Offline	Excellent	Flexible schedule programs
Victoria Benson	Quality Assurance	Diploma	Completed 10 courses	Online	Good	More hands-on projects
Lindsey Peterson	Quality Assurance	High School	Completed 4 courses	Offline	Needs Improvement	More hands-on projects
Tanner Nicholson	System Analyst	PhD	Completed 3 courses	Offline	Satisfactory	Flexible schedule programs
Andrew Atkins	Project Manager	Master's	Completed 8 courses	Offline	Needs Improvement	Advanced topics in AI
Barbara Robbins	Software Developer	Master's	Completed 9 courses	Offline	Good	Flexible schedule programs
Kathleen Guzman	Network Engineer	PhD	Completed 6 courses	Online	Good	Advanced topics in AI
Jessica Fuentes	Quality Assurance	Master's	Completed 4 courses	Online	Satisfactory	Flexible schedule programs
Karen Bonilla	Network Engineer	Master's	Completed 6 courses	Offline	Good	More hands-on projects
Dr. Michael Tanner	System Analyst	Bachelor's	Completed 7 courses	Online	Good	Advanced topics in AI
Michael Rowe	Project Manager	Diploma	Completed 1 courses	Offline	Good	More hands-on projects
Nicholas Clark	Project Manager	Master's	Completed 1 courses	Online	Satisfactory	Advanced topics in AI

챗GPT 합성 데이터 예시. 챗GPT를 통해 만든 구성원의 학습 관련 데이터로, 원본은 개인 식별자(ID), 이름, 업무 이력, 학력, 학습 이력, 흥미 분야, 필요한 교육과정, 교육 선호도, 성과평가 데이터로 구성되어 있으나 여기에는 대표적인 7개 요소만 표시하였다.

② 학습 데이터 분석(챗GPT: GPT-4 활용)

챗GPT의 분석 기능을 활용하면, 앞서 본 이미지 형태로 만들어진 합성 데이터에 다양한 알고리즘을 적용해 개인의 특성을 분석해볼 수 있다. 다음에 제시된 프롬프트는 챗GPT의 GPT-4 기본 대화를 활용한 예시이다. 개인화된 학습 과정과 콘텐츠를 추천하기 위해 5가지 분석 방법을 제시하고, 클러스터링 방법을 활용하여 비슷한 특성을 가진 학습자를 구분하여 콘텐츠를 추천해주었다. 실제 데이터를 활용하여 더 많은 특성이 다양하게 입력된다면, 더욱더 세분화된 그룹과 다양한 교육과정을 추천받을 수 있을 것이다.

알고리즘을 적용하여 학습 데이터 분석하기

프롬프트 작성 예시

[역할]

당신은 제조 부문 대기업의 기업교육 담당자입니다.

[지시사항]

앞서 만들어진 데이터를 바탕으로 다양한 알고리즘을 적용하여 개인의 특성을 분석하려고 합니다. 개별 학습자에게 가장 적합한 교육 방식, 교육 콘텐츠를 찾고자 합니다. 분석 알고리즘을 추천해주시고, 실제로 분석을 시행해주세요.

[결과 포맷]

먼저, 사용할 수 있는 분석 알고리즘을 제시해주시고, 해당 알고리즘에 대해 간단히 설명해주세요.
이후, 제시된 분석 알고리즘 중 가장 적합한 알고리즘 하나를 선택하여 실제로 분석을 시행해주세요.

챗GPT 답변 예시

개인화된 교육 방식과 콘텐츠를 추천하기 위해 다음과 같은 분석 알고리즘을 사용할 수 있습니다.

1. 클러스터링(Clustering): 유사한 특성을 가진 학습자들을 그룹화하는 데 사용됩니다. 예를 들어, K-평균(K-means) 알고리즘을 사용하여 학습자들을 유사한 학습 스타일 또는 필요에 따라 그룹화할 수 있습니다.
2. 결정 트리(Decision Trees): 학습자의 특성과 선호도에 따라 가장 적합한 교육 콘텐츠를 결정하는 데 사용됩니다. 이 알고리즘은 학습자의 특

성(예: 학력, 업무 이력, 관심 분야)을 바탕으로 가장 적합한 교육 방식이나 콘텐츠를 결정합니다.
3. 협업 필터링(Collaborative Filtering): 학습자들 간 유사성을 기반으로 교육 콘텐츠를 추천하는 데 사용됩니다. 다른 학습자들의 평가나 선호도를 바탕으로 개별 학습자에게 적합한 콘텐츠를 추천할 수 있습니다.
4. 회귀 분석(Regression Analysis): 학습자의 성과나 평가 결과를 바탕으로 향후 필요한 교육과정을 예측하는 데 사용됩니다.

이 중에서 클러스터링과 결정 트리를 사용해 학습자들을 그룹화하고, 각 그룹에 가장 적합한 교육 방식과 콘텐츠를 추천하는 방법을 적용해보겠습니다. 먼저 데이터를 불러와 기본적 클러스터링을 시행한 후 결정 트리를 사용해 각 클러스터에 대한 교육 콘텐츠 추천을 시도해보겠습니다.

분석 결과, 학습자들을 5개 클러스터로 그룹화했으며 각 클러스터에 대해 결정 트리 알고리즘을 사용하여 추천 교육 콘텐츠를 정했습니다. 각 클러스터의 크기와 추천된 콘텐츠는 다음과 같습니다.

1. 클러스터0: 9명의 학습자가 속해 있으며, 'Advanced Design' 교육 콘텐츠가 추천됩니다.
2. 클러스터1: 6명의 학습자가 속해 있으며, 'Strategic Marketing' 교육 콘텐츠가 추천됩니다.
3. 클러스터2: 2명의 학습자가 속해 있으며, 'Advanced Sales Strategies' 교육 콘텐츠가 추천됩니다.
4. 클러스터3: 8명의 학습자가 속해 있으며, 'Operational Excellence' 교육 콘텐츠가 추천됩니다.
5. 클러스터4: 5명의 학습자가 속해 있으며, 'Operational Excellence' 교육 콘텐츠가 추천됩니다.

이 분석은 각 학습자의 업무 이력, 학력, 흥미 분야, 필요한 교육과정, 교육 선호도, 성과평가를 바탕으로 이루어졌습니다. 클러스터링과 결정 트리를 이용하면 학습자들의 특성을 고려해 개인에게 적합한 교육 방식과 콘텐츠를 추천할 수 있습니다. 이러한 방식은 기업의 개인화된 교육체계 구축에 도움이 될 수 있습니다.

③ 개인화된 교육과정·콘텐츠 추천(챗GPT: GPT-4 활용)

이제 위의 클러스터 분석 결과를 기반으로 개인화된 교육과정과 콘텐츠 추천을 요청해보자. 이는 학습자의 요구와 목표에 특화된 솔루션을 제공하는 중요한 단계이다. 앞서 개인화된 교육과정·콘텐츠 제작을 위한 데이터 분석 프롬프트에서 5개의 클러스터(군집)로 학습자를 분류했으니 그 클러스터에 따른 맞춤형 교육과정과 콘텐츠를 제공해달라고 요청하면 된다.

 개인화된 교육과정·콘텐츠 추천 요청하기

프롬프트 작성 예시

[역할]
당신은 제조 부문 대기업의 기업교육 담당자입니다.

[지시사항]
분석 결과를 기반으로 개인화된 교육과정과 콘텐츠를 추천해주세요. 이

과정은 학습자의 요구와 목표에 맞춤화된 교육 솔루션을 제시하는 중요한 과정입니다.

[결과 포맷]

앞서 5개의 클러스터로 나뉜 값을 CSV 파일에 표시하고, 개인화된 교육과정과 콘텐츠도 CSV 파일에 표시하여 다운로드받을 수 있도록 링크를 제공해주세요.

챗GPT 답변 예시

분석 결과를 바탕으로 각 개인에게 맞춤화된 교육과정과 콘텐츠를 추천했으며, 이 정보를 CSV 파일에 추가했습니다. 다음 링크를 통해 업데이트된 데이터와 개인별 맞춤형 교육 추천을 확인하고 다운로드하실 수 있습니다.

[개인화된 학습 데이터 및 추천 교육과정 다운로드]

이 데이터 파일은 각 학습자의 업무 이력, 학력, 흥미 분야, 필요한 교육과정, 교육 선호도, 성과평가 등의 정보와 함께, 해당 학습자에게 추천된 개인화된 교육과정을 포함합니다. 이를 통해 기업은 학습자의 요구와 목표에 부합하는 맞춤형 교육 솔루션을 제공할 수 있습니다.

각 개인별 맞춤형 교육과정 추천 결과는 CSV 파일 포맷으로 다운로드할 수 있다. CSV 파일에는 클러스터, 학력, 교육 이력, 관심 분야, 교육 방식 선호도, 고과, 추천 교육과정 필드가 포함되어 있다.

Cluster	Name	Job History	Education	Interest Area	Needed Course	Personalized Course Recommendation
0	Kang	Engineering	Diploma	Finance	Financial Management	Advanced Design
0	Kang	Finance	PhD	Management	Marketing Strategies	Advanced Design
1	Lim	Research	Diploma	Design	Leadership	Strategic Marketing
1	Lim	Sales	Master	Customer Relations	Data Analysis	Strategic Marketing
2	Lee	Research	Certificate	Technology	Communication Skills	Advanced Sales Strategies
2	Yoon	Finance	Certificate	Technology	Communication Skills	Advanced Sales Strategies
3	Choi	Marketing	Bachelor	Sales	Project Management	Operational Excellence
3	Lim	Marketing	Master	Research	Leadership	Operational Excellence
4	Park	Software Development	PhD	Customer Relations	Sales Techniques	Operational Excellence
4	Park	Software Development	Certificate	Design	Programming	Operational Excellence

챗GPT가 제공해준 클러스터 엑셀 파일 예시. 30명을 5개의 클러스터로 나누어, 각각에 알맞은 코스를 추천한 CSV 파일이다. 클러스터별 대표 인원과 7개 요소만 표시하였다.

④ 개인화된 교육과정·콘텐츠 제작(AI 서비스 활용)

이제, 앞서 3단계에서 추천된 교육과정/콘텐츠 정보를 기준으로 맞춤형 교육과정/콘텐츠를 제작하는 단계를 진행해보려 한다. 이 단계에서는 학습자의 선호와 필요에 따른 효과적인 학습 콘텐츠를 만들어내는 것이 중요하다. 이전의 코스 추천 데이터를 참고하여, 이름이 Lim인 직원을 위한 맞춤교육 자료를 만들어보자. 우선 챗GPT에 Lim에 대한 정보를 넣고, 추천된 교육과정/콘텐츠 정보를 입력한다. 이를 기반으로 교육자료를 제작하기 위한 코스 개요와 코스 프로필 작성을 요청한다.

개인화된 교육과정 개요 작성하기

프롬프트 작성 예시

[역할]

당신은 제조 부문 대기업의 기업교육 담당자입니다.

[지시사항]

아래의 자료를 기반으로 Lim에게 맞는 교육 콘텐츠를 제작하려고 합니다. 교육 콘텐츠의 개요를 작성해주세요.

[자료]

1. 이름: Lim
2. 직무 이력: Research
3. 학력: Master
4. 학습 이력: Leadership Course, Design Thinking Workshop
5. 관심 분야: Design
6. 필요 과정: Leadership
7. 교육 선호도: Group Learning
8. 성과평가: Below Average
9. 추천 코스: Strategic Marketing

챗GPT 답변 예시

Lim에게 제공될 교육 콘텐츠 기획을 위해 주어진 정보를 바탕으로 다음과 같이 개요를 작성할 수 있습니다.

1. 교육 콘텐츠 개요: "Strategic Marketing for Emerging Leaders"
2. 대상: Lim (연구 분야, 디자인에 관심)

3. 교육 수준: Master
4. 이전 학습 이력: Leadership Course, Design Thinking Workshop
5. 필요한 교육과정: Leadership
6. 교육 선호도: Group Learning
7. 성과평가: Below Average
8. 추천 코스: Strategic Marketing
9. 코스 설명: 이 과정은 Lim처럼 리더십 역량 강화가 필요하고 디자인에 관심이 있는 연구 분야 전문가를 위해 맞춤화된 코스입니다. "Strategic Marketing for Emerging Leaders"는 기본적인 마케팅 원리부터 전략적 사고방식에 이르기까지 다양한 주제를 다룹니다. 이 코스는 특히 리더십 스킬을 강조하며, 팀을 이끄는 데 필요한 마케팅 전략을 강화하는 데 중점을 둡니다.

- 주요 학습 목표: 전략적 마케팅 기초, 즉 마케팅의 기본 원칙과 전략적 접근 방법을 학습합니다.
- 디자인 사고와 마케팅: 디자인 사고를 활용하여 창의적이고 혁신적인 마케팅 전략을 개발합니다.
- 리더십 기술 강화: 효과적인 커뮤니케이션과 팀 관리 기술을 통해 리더십 역량을 개발합니다.
- 사례 연구 분석: 성공적인 마케팅 캠페인 사례를 분석하여 실질적 학습을 진행합니다.

10. 교육 방식:

- 그룹 워크숍: 실제 사례를 중심으로 한 팀 기반 활동을 통해 협업과 의사소통 능력을 향상시킵니다.
- 인터랙티브 세션: 전문가와의 Q&A 세션, 역할극, 팀 빌딩 활동을 포함합니다.
- 프로젝트 기반 학습: 실제 마케팅 캠페인을 기획하고 실행해보는 프로젝트를 수행합니다.

11. 평가 방법: 팀 프로젝트 제출 및 발표, 개별 과제 및 리포트 작성, 참여도 및 팀워크 평가

이 코스는 Lim의 현재 역량과 필요성을 고려하여 설계되었으며, 그의 리더십 개발과 마케팅 역량 강화에 중점을 두고 있습니다.

위에서 작성한 코스 개요를 조금 더 발전시켜 상세한 코스 프로필을 만들어달라고 요청한다. 챗GPT에 요청을 할 때는 한 번에 완벽한 결과를 얻으려 하기보다 프롬프트를 여러 각도에서 다양한 내용으로 입력해보면서 원하는 결과물을 얻어나가는 연습이 필요하다. 이번 단계에서는 앞서 얻은 결과를 바탕으로 학습 목표, 교육 방식, 교육 일정, 평가 방법 등을 좀 더 상세히 작성해달라고 요청해본다.

 개인화된 교육과정의 상세 프로필 작성하기

프롬프트 작성 예시

[역할]
당신은 제조 부문 대기업의 기업교육 담당자입니다.

[지시사항]
1. **코스 프로필을 더 상세하게 작성해주세요.**
   - 코스 설명, 학습 목표, 교육 방식, 교육 일정, 교육 장소(기업 내 연수원 또는 온라인 교육), 평가 방법 등을 최대한 자세하게 작성해주세요.

2. 인터넷에 존재하는 자료를 검색해 근거 및 출처를 풍부하게 포함해주세요.
- 전략적 사고와 마케팅과 관련된 문헌 근거와 공신력 있는 인터넷 자료를 활용해주세요.

챗GPT 답변 예시

\# 코스 프로필: Strategic Marketing for Emerging Leaders

\# 코스 설명:

'Strategic Marketing for Emerging Leaders'는 전통적 마케팅 원칙을 넘어 전략적 수준에서 마케팅을 실천하는 방법을 학습하는 과정입니다. 이 코스는 마케팅 트렌드, 마케팅 관리 의사결정, 소비자 태도, 틈새 마케팅, 광고 전략, 유통 채널, 그리고 다양한 마케팅 미디어의 사용 및 오용을 탐구합니다.

1. 학습 목표
- 전략적 마케팅의 기초 이해
- 마케팅 트렌드 식별 및 장기 마케팅 전략 설계
- 소비자 태도와 틈새 마케팅에 대한 깊은 이해
- 광고 전략 및 유통 채널에 대한 실용적 지식 습득

2. 교육 방식
- 온라인 및 하이브리드(현장과 온라인의 조합) 형태의 강의
- 실제 사례 연구 및 대화식 학습
- 그룹 워크숍 및 프로젝트 기반 학습

3. 교육 일정
- 2024년 1월 8일부터 3월 24일까지 온라인 강의
- 2024년 1월 10일부터 3월 20일까지 현장 강의

4. 평가 방법
- 개별 및 그룹 프로젝트

- 참여도 및 팀워크 평가
- 코스 요구사항 충족 여부에 따른 평가

  사용자의 요청에 따라 좀 더 구체화된 코스 프로필이 작성되었다. 챗GPT는 학습자의 특성에 맞춰 학습 목표를 설정해주었고, 학습자가 선호하는 교육 방식을 반영하여 온·오프라인 교육을 혼합한 하이브리드 교육을 추천해주었다. 그리고 적절한 교육 일정과 평가 방법도 제시해주었는데, 각 내용에 대한 상세 운영방안을 작성해달라고 추가 요청을 하면 교육과정을 설계하는 데 도움을 얻을 수 있다.

  그동안 각 기업에서 새로운 교육을 기획하고 운영하려면 적어도 몇 주 내지 한 달 이상은 소요된다는 어려움이 있었는데, 이제 위와 같이 생성형 AI를 활용함으로써 훨씬 빠른 시간에 개인 맞춤형 교육과정을 개발할 수가 있다. 또한 이렇게 만들어진 코스 프로필을 기반으로 런월드(LearnWorlds)[*]나 미니코스 제너레이터(Minicourse Generator),[**] 감마(Gamma)[***] 등 생성형 AI 기반 서비스를 활용하여 실제 교육자료를 생성할 수도 있다. 한발 더 나아가, 챗GPT를 활용하여 만든 다양한 커스텀 GPT가 모여 있는 GPTs(GPT Store)에 공

---

[*] 〈https://www.learnworlds.com〉

[**] 〈https://minicoursegenerator.com/〉

[***] 〈https://gamma.app/〉

개된 GPT를 활용하거나 온라인 교육 플랫폼을 활용하여 교육과정을 구성할 수도 있다. 챗GPT 개발사인 오픈AI는 유료 사용자가 특정 용도에 특화된 GPT를 만들 수 있도록 관련 기능을 제공한다. GPTs에는 다양한 개인이나 기업이 만든 커스텀 GPT가 올라와 있으며 무료로 공개되어 있어 누구나 사용이 가능하다.

새로 기획한 교육과정에서 코세라, 에드엑스(edX) 등 다양한 온라인 교육 플랫폼과 연계하여 해당 플랫폼에 올라와 있는 동영상

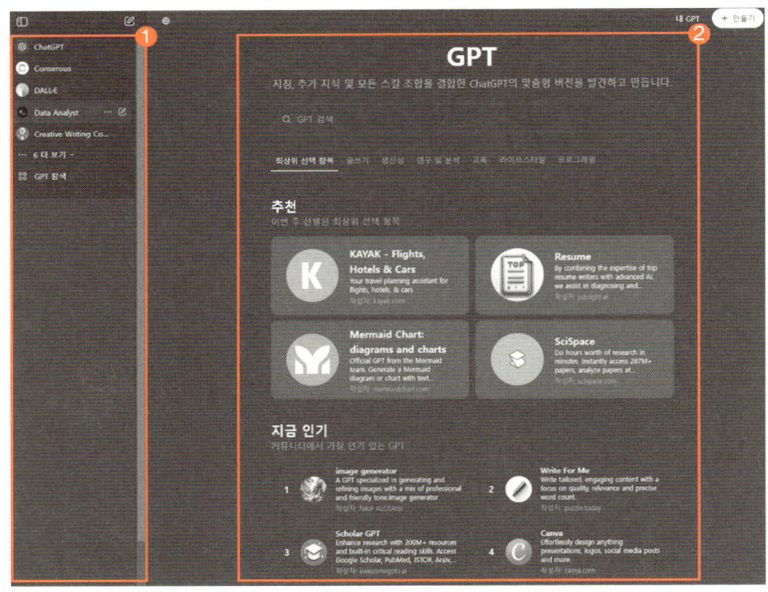

챗GPT의 GPTs 메인 화면. 챗GPT에서 개인이나 기업이 만든 다양한 커스텀 GPT를 활용할 수 있다. ①왼쪽 사이드바에서 GPTs에서 추가한 커스텀 GPT를 확인할 수 있다. ②왼쪽 사이드바의 GPT 탐색 버튼을 누르면 보이는, 다양한 커스텀 GPT를 검색할 수 있는 검색 화면.
자료: 〈https://chatgpt.com/gpts〉

을 활용할 수 있다. GPTs에는 온라인 교육 플랫폼을 활용할 수 있는 커스텀 GPT가 여러 개 올라와 있는데, 알파노트(Alpha Notes)와 코스 크리에이터(Course Creator: Course Outline and Lesson Maker)가 대표적이다.

그 가운데 예컨대 알파노트 플러그인을 활용한다면, 앞에서 작성한 교육과정 개요를 넣고 온라인 교육과정을 추천해달라고 했을 때 활용 가능한 교육 플랫폼 강의를 다양하게 추천해준다.

 온라인 교육과정 추천 요청하기

프롬프트 작성 예시

[지시사항]

앞서 작성한 교육과정에 적합한 온라인 교육과정을 추천해주세요.

[결과 포맷]

교육에 대한 기본 설명과 기관, 학습 목표와 교육 형태, 평가 방법, 코스 링크를 제공해주세요.

챗GPT 답변 예시

온라인 코스 추천: Strategic Marketing for Emerging Leaders

Coursera

1. Marketing Strategy Specialization

- 설명: 이 전문화 과정은 시장조사, 포지셔닝, 마케팅 믹스, 캠페인 기획 등 마케팅 전략의 기본을 다룹니다.

- 기관: IE Business School
- 학습 목표: 시장조사 및 분석 능력 배양, 효과적인 마케팅 전략 수립 및 실행, 마케팅 계획 개발 및 구현
- 형태: 100% 온라인
- 평가 방법: 퀴즈, 과제 제출, 캡스톤 프로젝트 등
- 〈https://www.coursera.org/specializations/marketing-strategy〉

2. Digital Marketing Specialization
- 설명: 디지털 마케팅의 다양한 측면을 깊이 있게 탐구하며, 전략적 마케팅 원리를 디지털 환경에 적용하는 법을 배웁니다.
- 기관: University of Illinois at Urbana-Champaign
- 학습 목표: 디지털 광고, 소셜미디어 마케팅, 분석 도구 활용
- 형태: 100% 온라인
- 평가 방법: 퀴즈, 프로젝트
- 〈https://www.coursera.org/specializations/digital-marketing〉

edX

1. Marketing Management
- 설명: 마케팅 관리의 원리와 전략적 접근법을 학습하며, 다양한 마케팅 트렌드와 소비자 행동을 탐구합니다.
- 기관: University of Maryland
- 학습 목표: 전략적 마케팅 계획 수립, 소비자 행동 이해, 마케팅 의사결정
- 형태: 100% 온라인
- 평가 방법: 퀴즈, 사례 연구
- 〈https://www.edx.org/course/marketing-management〉

Udemy

1. Strategic Management

- 설명: 소셜미디어 마케팅, 콘텐츠 마케팅, 이메일 마케팅, SEO 등 성공적인 디지털 마케팅의 모든 것을 배우는 과정입니다.
- 기관: Udemy
- 학습 목표: 다양한 디지털 마케팅 전략의 이해 및 활용, 브랜드 아이덴티티 개선, 소셜미디어 플랫폼을 통한 비즈니스 성장
- 형태: 100% 온라인
- 평가 방법: 강의 수강 후 퀴즈 및 과제 수행
- 〈https://www.udemy.com/course/digital-marketing-23/〉

LinkedIn Learning

1. Marketing Strategy: Competitive Intelligence
- 설명: 경쟁환경에서의 마케팅 전략 수립 방법을 학습하며, 최신 마케팅 트렌드와 소비자 행동을 분석합니다.
- 강사: Drew Boyd
- 학습 목표: 마케팅 전략 수립, 경쟁 분석, 소비자 태도 이해
- 형태: 100% 온라인
- 평가 방법: 코스 완료 후 퀴즈
- 〈https://www.linkedin.com/learning/marketing-strategy-competitive-intelligence〉

　지금까지 학습 관련 데이터를 기반으로 챗GPT를 활용하여 개인 맞춤형 교육과정을 개발하고 콘텐츠를 만드는 방법과 단계를 살펴보았다. 기업에서 실제로 교육을 운영할 때는 이렇게 만들어진 교육자료나 코스 프로필을 교육 전문가인 담당자가 수정하고 개선하는 작업이 필요할 것이다. 하지만 맞춤형 교육과정 및 콘텐츠 개

발이 챗GPT의 도움을 받으면 아무리 넉넉하게 잡아도 1시간 안에 이루어질 수 있다는 점은 확인된다. 그렇다면 소규모 기업에서는 교육 담당자 혼자서도 얼마든지 개인화된 맞춤형 교육을 할 수 있는 시대가 열린 것이라 볼 수 있다.

최신의 콘텐츠로 최적의 학습 경험을 제공하다

얼마 전까지만 해도 교육 내용을 가장 새로운 콘텐츠로 채우고 각 개인의 요구에 최적화된 맞춤형 교육을 제공하는 것은 기업교육에 있어 크나큰 도전이었다. 경영환경과 기술, 세대와 시대적 상황이 빠르게 변하는데, 그러한 변화를 교육 때마다 곧바로 반영하여 최신화된 내용을 제공하기란 가능해 보이지 않았다. 하지만 오픈AI의 소라(SORA) 같은 영상 생성 AI를 비롯하여, 생성형 AI를 기반으로 한 다양한 기술이 등장하면서 이러한 도전 역시 단순한 꿈이 아닌 생생한 현실로 다가오고 있다.

물론 기존에도 텍스트 기반으로 영상을 만들어주는 플랫폼은 있었다. 예컨대 플리키(Fliki)* 와 신디시아(Synthesia)** 같은 플랫폼은

---

* 〈https://fliki.ai〉

** 〈https://www.synthesia.io/〉

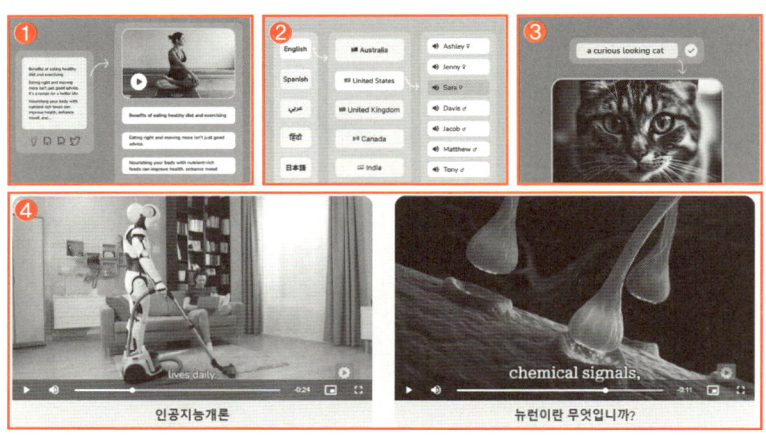

플리키의 영상 제작 안내 화면. ①스크립트나 아이디어 텍스트를 입력하거나 블로그 게시물을 입력. ②AI 언어와 음성의 종류를 선택. ③여러 시각적 요소를 사용자가 직접 선택할 수도 있고 AI 기반으로 추천도 해준다. ④플리키 홈페이지에 나와 있는 교육 및 E-러닝 예시 콘텐츠.
자료: 〈https://fliki.ai/use-cases/education-and-e-learning/educational-video-maker〉

몇 분 만에 일반 텍스트를 동영상으로 변환해준다. 특히 플리키는 내가 원하는 주제를 텍스트로 입력하면 텍스트와 관련된 영상까지 자동으로 생성해주는데, 이미 많은 유튜버가 자신의 유튜브 숏츠(Shorts)를 제작할 때 활발히 사용한다. 텍스트를 음성으로, 또는 아바타가 말하는 형태로 변환해주는 기능을 넘어, 입력한 텍스트에 알맞은 영상까지 자동으로 찾아내 사용자가 원하는 형태로 제작해주기 때문에 그 활용도가 무궁무진하다. 수백만 개의 영상 중 내가 사용하고자 하는 영상을 딱 맞춰 골라내 추천해주기 때문에 매우 쉽게 양질의 교육 영상을 제작할 수 있다. 플리키 홈페이지에 올라와 있는 교육 관련 제작 영상을 살펴보면 실제 교육에서 사용해도 될 정도의 수준급 영상을 제공해준다는 것을 알 수 있다.

높은 몰입도를 선사하는 고급 영상까지 제작이 가능

2024년 2월 오픈AI에서 선보인 동영상 생성 AI '소라'는 플리키 같은 서비스를 뛰어넘는 기능과 성능을 갖추고 있다. 기존에 나와 있던 AI 기반 비디오 제작 툴과 소라의 다른 점은, 텍스트를 기반으로 현존하지 않는 영상까지 현실적인 느낌으로 제작이 가능해 그 활용도가 매우 높다는 것이다. 예를 들어, 오래전 역사나 경영철학을 주제로 교육을 기획할 때 당시 모습을 영상으로 손쉽게 구현할 수 있어 10년, 20년 전 사례를 기반으로 교육하는 것이 가능하다. 역으로 미래의 비전을 제시하고자 할 때도 회사가 추구하는 미래 비전이 실제 현실에서 어떻게 구현되는지 확인할 수 있도록 그 모습을 영상으로 제작하는 것이 가능하다.

이처럼 생성형 AI는 교육 콘텐츠의 실시간 업데이트는 물론이고 교육의 개인화, 다양화, 그리고 몰입도 강화라는 측면에서 그 효과가 크다. 그렇게 개인의 학습 스타일과 속도, 필요에 맞춰진 교육 콘텐츠는 학습자의 참여도를 높이고 학습 효과를 극대화한다. 또한 AI가 제공하는 다양한 시나리오와 몰입적 학습 경험은 실제 업무 상황에서의 대응 능력을 키우는 데도 큰 도움을 준다. 특히 생성형 AI가 접목된 가상현실(VR)과 증강현실(AR)을 활용한 교육은 학습자에게 실제와 유사한 경험을 제공하는데, 이는 이론적 지식

뿐 아니라 실제적 문제해결 능력까지 향상시킨다는 장점이 있다.

그런데 소라를 사용하여 영상을 제작하는 것이 현재 가능하기는 하지만, 애석하게도 최대 20초 정도까지만 가능하다. 좀 더 긴 영상 제작을 하고자 한다면 챗GPT를 활용해야 한다. 앞서 설명한 GPTs에서 Video Maker로 검색하면 텍스트를 영상으로 제작해주는 다양한 커스텀 GPT를 확인할 수 있을 것이다. 여기서는, 이 가운데 비드(VEED)에서 제공하는 Video GPT by VEED를 활용한 예시를 공유한다. 먼저, GPTs에서 Video GPT by VEED를 검색해 채팅을 시작한다. 이전에 챗GPT를 통해 작성한 교육과정을 넣은 뒤 비디오를 생성하고자 한다면, 챗GPT의 질문에 응답함으로써 비디오의 구성을 제시한 뒤에 비디오를 생성해주면 된다.

 비드에서 제공하는 Video GPT 활용하기

프롬프트 작성 예시

[지시사항]

아래와 같은 학습 목표와 교육 방식, 평가방법을 토대로 교육과정 비디오를 생성하고자 합니다.

1. 학습 목표:
- 전략적 마케팅의 기초 이해
- 마케팅 트렌드 식별 및 장기 마케팅 전략 설계
- 소비자 태도와 틈새 마케팅에 대한 깊은 이해
- 광고 전략 및 유통 채널에 대한 실용적 지식 습득

2. 교육 방식
- 온라인 및 하이브리드(현장과 온라인의 조합) 형태의 강의
- 실제 사례 연구 및 대화식 학습
- 그룹 워크숍 및 프로젝트 기반 학습

3. 평가 방법
- 개별 및 그룹 프로젝트
- 참여도 및 팀워크 평가
- 코스 요구사항 충족 여부에 따른 평가

챗GPT 답변 예시

비디오를 생성하기 전에 몇 가지 질문이 있습니다.

1. 이 비디오의 주요 메시지나 목표는 무엇인가요?
2. 이 비디오의 타깃 시청자는 누구인가요?
3. 어떤 톤이나 분위기를 목표로 하나요?(예: 전문적, 친근한, 영감적인 등)
4. 비디오의 길이는 어느 정도를 원하나요?

이 정보가 있으면 더 구체적이고 효과적인 비디오 스크립트를 작성할 수 있습니다.

Video GPT by VEED 프롬프트 작성 예시

1. 이 비디오의 주요 메시지나 목표는 무엇인가요?
   - 전략적 마케팅이 무엇인지 쉽게 이해하도록 돕는 것입니다.
2. 이 비디오의 타깃 시청자는 누구인가요?
   - 기업 마케팅 부서에 근무하는 직원입니다.
3. 어떤 톤이나 분위기를 목표로 하나요?(예: 전문적, 친근한, 영감적인 등)
   - 전문적인 톤과 분위기를 원합니다.

4. 비디오의 길이는 어느 정도를 원하나요?
   - 내용을 충분히 전달할 수 있도록 10분 정도로 구성되면 좋겠습니다.

챗GPT 답변 예시

요청사항에 맞춰 영상을 제작하였으며, 편집 및 다운로드를 위해서는 VEED 플랫폼에 접속해야 합니다.

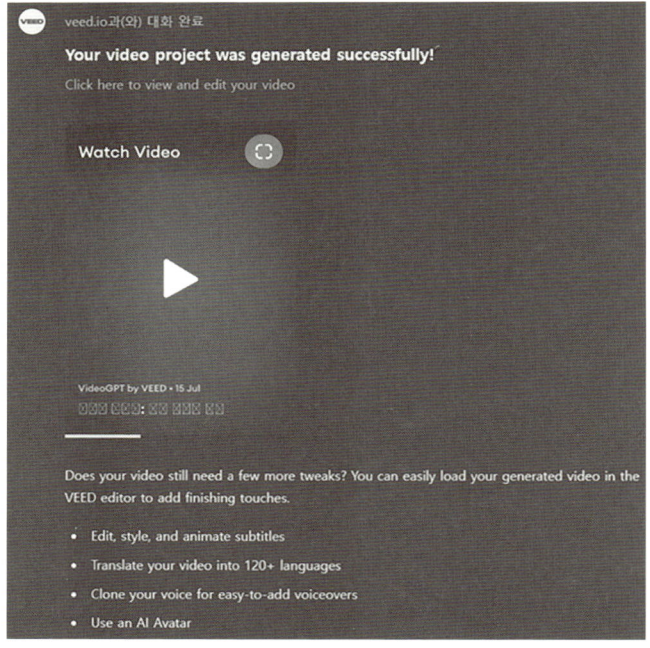

그러면 이후 비드 플랫폼으로 연결되고 영상을 직접 편집할 수 있도록 관련 기능이 제공된다. 아직까지는 교육 현장에서 곧바로 사용해도 될 수준의 영상이라고는 볼 수 없으나 생성형 AI 기반의

영상 제작 기술의 발전 속도를 고려하면, 빠른 시일 내에 AI의 영상 제작 지원을 받아 보다 쉽게 다양한 교육 콘텐츠를 제작할 수 있게 될 것이다.

이처럼 최근의 생성형 AI는 단순한 콘텐츠 제공자를 넘어, 교육 방식과 내용 면에서도 혁신을 이끄는 주체로 자리매김하고 있다. 세계적으로 저명한 HR 컨설턴트 조시 버신은 "생성형 AI는 HR 팀이 직면하는 거의 모든 문제를 해결해낼 완벽한 새 솔루션이다(Generative AI is the perfect new solution for almost every challenge HR teams face)."[8]라고 이야기했다. 앞서 예제로 확인했듯 이제 기업의 규모와 상관없이 누구나 그 혁신의 주인공이 될 수 있는 시대이다. 각 기업의 교육 담당자 또한 생성형 AI가 가져온 변화의 물결 속에서 앞장서서 새로운 기술을 받아들여 조직 전체의 성장과 발전 가능성을 적극적으로 찾아 나서야 할 때이다.

"헤이 코치, 미래의 리더십은 어떤 모습일까요?"

"헤이 구글, 오늘 날씨 어때?" 우리의 일상에서 인공지능은 이제 익숙하다. AI 스피커에게 이런저런 질문을 던지고 답을 얻는 것이 전혀 어색하지 않다. 음성인식 기술의 발전으로 음악 재생, 뉴스 업데이트뿐 아니라 집안의 각종 기기 제어까지 목소리 하나로 손쉽게 해결하고 있다.

이러한 상호작용의 편리함과 인공지능의 혁신은 직장 내 리더십 영역까지 확장되고 있다. "헤이 코치, 오늘의 리더십 과제는 무엇인가요?" 직장에서 AI 코치와 이런 대화를 나누는 것도 더 이상 먼 미래의 이야기가 아니다. 생성형 AI 기술의 급속한 발전은 맞춤형 코칭과 실시간 리더십 개발이라는 희망을 이미 현실로 만들고 있다. AI 활용으로, 리더들이 자신의 리더십 스타일을 더 미세하게 조율하는 한편 팀 관리와 의사결정 과정에서 데이터 기반 인사이트를 제공함으로써 조직 전체의 성능을 한 단계 더 끌어올리게 되었다. 진정한 의미의 '헤이 코치' 시대가 도래한 것이다.

그렇다면 이제 리더들은 단순한 정보 검색 차원을 넘어 자신의 리더십 역량을 체계적으로 발전시키는 데 도움을 주는 도구로서 개인 AI 코치와 대화를 나눌 준비를 해야 한다. 즉, '헤이 구글'에서 시작된 인간과 AI의 대화가 '헤이 코치'를 통해 어떻게 리더의 성장과 조직의 변화를 도모하게 될지를 구체적으로 살펴보자.

리더십과 HR 분야 전문가이자 미래학자인 스티븐 베일리(Stephen Bailey)는 세계경제포럼에 기고한 글을 통해 생성형 AI가 미래에 대비한 리더의 파이프라인을 폭넓게 육성하고 리더십을 개발하는 데 핵심적 역할을 할 것이라고 언급했다.[9] 실제로 리더십 개발 측면에서 생성형 AI는 주목할 만한 가능성을 지녔다. 특히 리더의 개별적 성향, 행동양식, 리더십 스타일을 면밀히 분석함으로써 맞춤형 코칭과 교육을 제공할 수 있다.

언제 어디서나, 리더 맞춤형 코칭 제공

먼저 리더 개인의 역량을 향상시키는 데 도움을 주는 코칭 분야의 혁신적 솔루션을 알아보자. 코칭 플랫폼 코치허브(CoachHub)[*]는 2025년 2월 'World's First Generative AI Coach'라는 타이

---

* 〈https://www.coachhub.com/〉

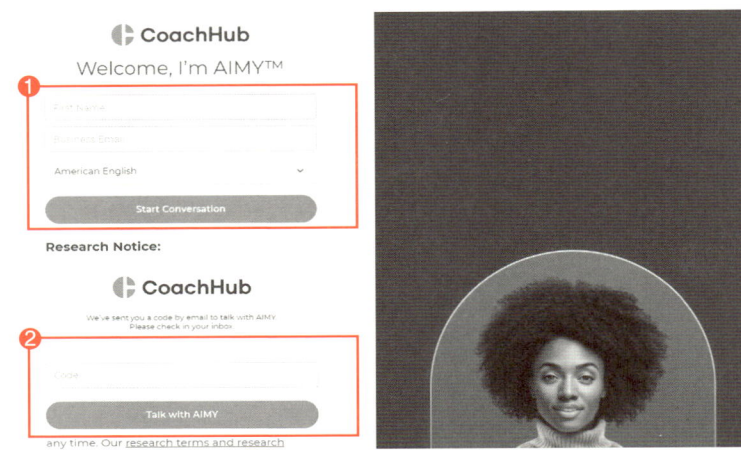

코치허브의 AI 코치 AIMY의 시범 운영 화면. ①이름과 비즈니스 이메일을 입력하는 화면. ②입력한 비즈니스 메일로 체험용 코드를 받아 다시 입력하는 화면.
자료: ⟨https://www.coachhub.com/aimy/⟩

틀 아래, 생성형 AI 기술을 기반으로 한 코칭 프로그램을 선보였다. 또 세계 최초의 대화형 AI 코치인 'AIMY'를 내놓았는데, 이는 리더의 성향과 행동 패턴을 학습하여, 다양한 분야에 대한 전문적 코칭을 제공한다. 코치허브 웹사이트*를 방문하면 누구나 손쉽게 AIMY의 코칭을 경험할 수 있다.

이미 다양한 AI 기술을 코치 매칭, 코칭 콘텐츠 추천 등의 서비스에 적용하고 있는 코치허브는, AIMY와 같은 생성형 AI 기술이

---

* ⟨https://www.coachhub.com/aimy/⟩

인간 코치를 완벽하게 대체하지는 못할지라도 코칭 프로세스를 효과적으로 보완하여, 사용자가 원하는 시간에 코치와의 대면이 어려운 상황을 해결할 유망 기술로 평가받고 있다. 그렇다면 AIMY가 어떻게 작동하는지 보자. 일단 체험 화면에 들어가면 실제 버추얼 코치가 사용자의 이야기를 들으며 전문적 코칭을 제공한다.

AIMY는 사용자의 성향, 성과, 경력, 팀원, 사업 등 다양한 데이터를 바탕으로 최적의 리더십 조언을 제공해준다. 즉 AI 코치의 전문적 코칭을 통해 이 서비스를 이용하는 리더는 자기개발을 보다 효과적으로 할 수 있고 팀을 이끌어나가는 과정에서도 유용한 도움을 얻을 수 있다. 무엇보다 큰 장점은 팀원이나 동료와는 나누기 어려운 이야기까지 마음 편히 나누며 문제해결을 위한 실질적 조언을 얻을 수 있다는 것이다.

코치허브의 AI 코치 체험 화면. ①AIMY. ②사용자 화면. ③음성 및 화면 컨트롤 화면.
자료: 〈https://www.coachhub.com/aimy/〉

한편 스티브 잡스(Steve Jobs)나 일론 머스크(Elon Musk) 같은 글로벌 리더들의 데이터를 기반으로 만들어진 AI 코치 솔루션도 있다. 마인드 오에스(Mind OS)*가 바로 그러한 기능을 구현한 코칭 플랫폼이다. 마인드 오에스의 코칭은 리더의 의사결정 영역을 전문적으로 지원하는 것으로, 사업이나 팀의 프로젝트 진행 현황 데이터를

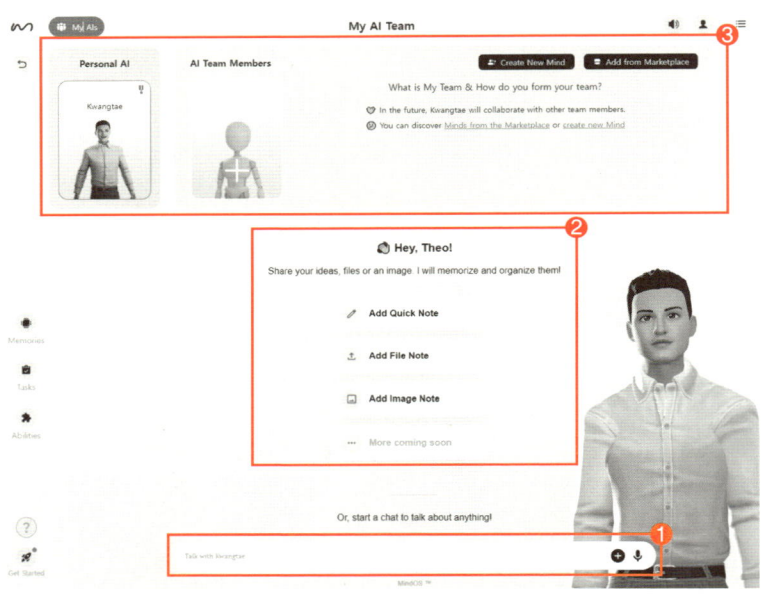

마인드 오에스의 운영 화면. ①사용자의 음성/텍스트 입력. ②Quick 명령. ③AI 코치 선택 및 나의 데이터를 업로드하는 기능 제시.
자료:〈https://www.mindos.com/studio〉

* 〈https://www.mindos.com/studio〉

반영시키면 더 정확한 코칭이 가능하다. 즉 팀원들의 업무 효율성, 성과 달성 여부, 프로젝트 진척 상황, 잠재적 위험요소 등을 분석하여 리더가 보다 명확하고 신속한 의사결정을 내릴 수 있도록 돕는다. 원하는 분야의 코치를 생성하거나 다른 사용자가 만든 코치를 선택할 수 있고, 코칭받고자 하는 정보를 업로드하여 더 전문적이고 구체적인 코칭을 받을 수도 있다.

가령 AI 코치인 일론 머스크에게 "높은 보상을 줄 수 없는 상황에서 어떻게 핵심 인재를 유지하고 동기부여를 할 수 있을까요?"라고 묻는다고 해보자. 그러면 "리더로서 구성원에게 영감을 불러일으키고, 자율성과 권한을 부여하며, 지속적인 학습과 성장의 기회를 제공하세요."라는 답변과 함께 일론 머스크의 기업관을 반영한 다양한 조언을 들려줄 것이다. 리더에게 전문적 코칭을 제공하는 데 아주 많은 비용과 시간이 소요된다는 점을 고려할 때 리더가 보다 쉽고 빠르게 원하는 유형의 코치를 만나 코칭을 받을 수 있다는 점에서, 이는 매우 매력적인 서비스 방식이라 할 수 있다.

마인드 오에스는 비즈니스 관리, 팀 관리, 데이터 분석, 디자인, 제품 개발 등 광범위하고 다채로운 영역에서 전문성을 가진 AI 코치진을 갖추고 있다. 또한 내가 코칭받기 원하는 자료를 올리거나 관련 지식이 있는 데이터베이스와 직접 연동할 수 있는 기능도 제공하기 때문에 리더를 위한 조언뿐 아니라 더 많은 영역에서 각자의 필요에 따라 AI 코치의 도움을 받을 수 있다.

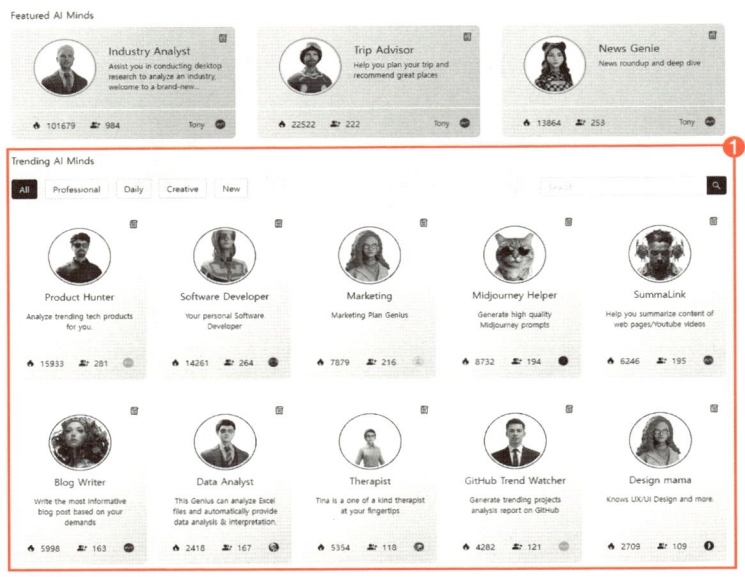

마인드 오에스의 코치 선택 화면. ①데이터 분석, 디자인, 제품 개발, 글쓰기 등 다양한 영역에서 전문성을 갖춘 AI 코치를 선택할 수 있다.
자료: 〈https://www.mindos.com/studio〉;

이와 유사한 맥락에서, 이미 전 세계 30만 명 이상의 사용자를 확보한 대화형 훈련 코치 솔루션 스킬짐(SkillGym)*을 한번 살펴보자. 스킬짐은 AI 휴먼이 실제 사람처럼 상호작용을 하며 리더의 여러 역량을 개발하도록 돕는 온라인 플랫폼이다.

---

* 〈https://www.skillgym.com/〉

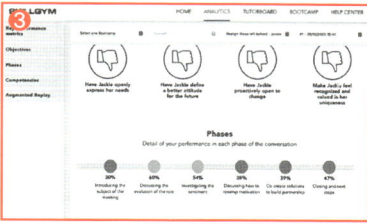 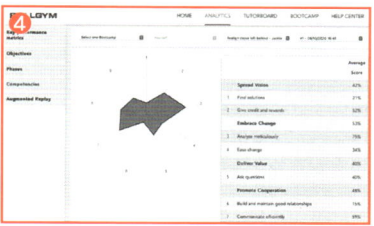

스킬짐의 AI 코칭 화면. ①AI 휴먼과 대화를 통해 훈련하고 ②증강현실 기반으로 나의 기록을 토대로 부족한 부분을 보완하면서 연습하며, ③AI 기반 평가로 개선점을 파악하고 ④동일 직무 중 나의 순위를 파악할 수 있다.
자료: 〈https://www.skillgym.com/〉

    스킬짐에는 팀 관리, 다양성 관리, 리더십, 피드백 등 리더에게 필요한 다양한 영역의 맞춤형 AI 휴먼 코치가 있다. 리더가 원하는 분야와 주제를 선택하면 학습은 대화형으로 진행되는데, AI 휴먼 코치가 학습자의 발화, 의도, 어조, 감정을 포착하여 거기에 반응하며 학습을 이끌어간다. 학습은 약 30분 정도 이어지고 학습 종료 후에는 AI 휴먼 코치가 상세한 피드백을 제공한다. 학습자의 발화에 따라 AI 휴먼 코치가 느낀 점과 개선 내용이 대화형으로 우선 제시된 뒤 70개 이상의 평가지표를 토대로 개선점을 상세히 파악할 수 있는 리포트가 제공된다. 아울러 동일한 업계·직급·직무의 구성원 대

스킬짐의 코스 선택 화면. 스킬짐에서 제공하는 다양한 맞춤형 훈련 프로그램 피드백, 리더십, 팀 관리, 팀 지원, 다양성 관리 등 7개 영역, 30개 이상의 주제에 대한 AI 휴먼 코치가 준비되어 있다.
자료: 〈https://www.skillgym.com/〉

비 사용자 수준이 어떠한지 파악할 수 있도록 업계 벤치마크 점수까지 알려준다. 이렇듯 AI 휴먼 코치의 도움을 받아 리더는 실제와 다름없는 상황이 펼쳐지는 연습을 통해 팀원을 관리하고 그들에게 피드백하며 영향을 미칠 수 있는 대화 기술을 습득할 수 있다.

챗GPT로 리더십 전문가의 조언 얻기

이미 공개되어 있는 무료 또는 저렴한 비용의 생성형 AI 서비스를 통해서도 리더십 전문가의 조언을 충분히 얻을 수 있다. GPTs에

챗GPT의 '리더십 코치' 관련 커스텀 GPT. ①'리더십 코치' 시작 화면. 챗GPT의 커스텀 GPT에서 리더십 코치 분야 1위인 '리더십 코치'의 시작 버튼을 누르면 대화를 시작할 수 있다. ②챗GPT의 GPTs에 등록된 리더십 코치 관련 커스텀 GPT 목록. 영업, 리더십, 커리어, 자기소개서 작성, 관계 등 다양한 분야의 Coach GPT를 검색할 수 있다.
자료: 〈https://chatgpt.com/gpts〉

서 '리더십'으로 검색해보면, 비즈니스 리더십 컨설턴트 사이먼 시넥(Simon Sinek), 펜실베이니아 와튼 스쿨의 교수 애덤 그랜트(Adam Grant) 등 리더십 연구자들이 쓴 책을 기반으로 조언해주는 '리더십 코치(Leadership Coach)' GPT부터, 전략적 리더십을 함양하고 의사결정을 내리는 데 도움이 되는 GPT까지 다양한 커스텀 GPT를 사용해볼 수 있다.

이처럼 전 세계 다양한 영역에서 이미 리더 역할을 수행하고 있는 수많은 사람이 자기만의 리더십 코치 GPT를 만들어 배포하고 있다. 그중 가장 많이 활용되는 것 중 하나가 작가이자 독일 기업 엔팔(Enpal)의 물류 담당 부사장 슈테펜 레케르트(Steffen Reckert)가 만든 '리더십 코치'다. 이미 1만 개 이상의 대화가 이루어졌고, 5점 만점에 평균 4.7점의 후기를 얻을 정도로 사용자들 사이에서 만족도가 높다. 사이먼 시넥, 애덤 그랜트, 피터 드러커(Peter Drucker) 등 리더십 코칭 분야에서 유명한 이들의 저서와 어록을 기반으로 학습하여 리더십 분야의 다양한 질의에 맞춤화된 답변을 제공하는 것이 그 비결로 보인다.

가령 '리더십 코치'에서 한 사용자가 자기 팀의 동기부여 수준을 개선하기 위해 관련 질문을 하면 리더십 전문가로부터 학습한 데이터를 기반으로 전문적 답변이 제공된다. 최근에는 챗GPT에서 음성으로 질문하고 답변을 제공받는 기능도 제공하기 때문에 실제로 리더십 코치에게 질문하고 답변을 받는 것처럼 언제든지 편하게 전문가들과 생생한 대화를 나눌 수 있다. 다음은 팀장이 자기 팀의 동기부여 수준을 높이기 위해 챗GPT를 활용한 예시이다.

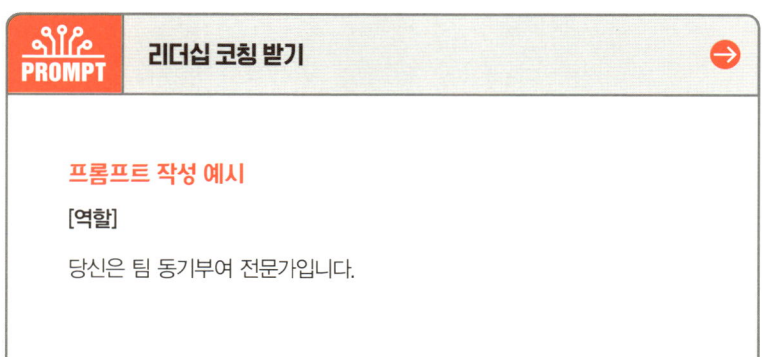

[지시사항]

저는 ○○팀의 팀장을 맡고 있습니다. 팀의 동기부여 수준을 개선하려면 어떻게 해야 하나요?

챗GPT 답변 예시

팀의 동기부여 수준을 개선하려면 팀의 역학관계, 팀원 개개인의 동기, 팀원들이 근무하는 환경을 이해하는 등의 다각적 노력이 필요합니다. 피터 드러커의 요약본, 군사 전략의 아우프트락슈탁틱(Auftragstaktik: 임무 명령)의 원칙과 함께, 또 다른 리더십 철학에서 얻은 통찰력을 바탕으로 팀의 동기부여 수준을 향상시킬 수 있는 몇 가지 전략을 소개합니다.

1. 기여에 집중하세요(피터 드러커)

팀과 조직의 목표에 대한 각 팀원의 기여의 중요성을 강조하세요. 각자의 업무가 더 큰 그림에 어떻게 부합하는지 인식하고 소통하여 목적의식을 높입니다. 팀원들이 "내가 어떤 기여를 할 수 있을까?"라고 스스로에게 질문하도록 장려합니다. 이렇게 하면 단순히 업무를 실행하는 것에서 의미 있는 기여를 하는 것으로 초점을 전환할 수 있습니다.

2. 강점 기반 리더십

각 팀원의 강점을 파악하고 활용하세요. 개인이 자신의 강점을 살릴 수 있는 업무에 참여할 때 동기부여가 되고 좋은 성과를 낼 가능성이 높아집니다. 팀원들이 자신의 강점을 이해하고 더욱 발전시킬 수 있도록 정기적으로 피드백을 주고받는 환경을 조성하세요.

3. 팀원의 시간을 알라(피터 드러커)

팀원들이 시간을 효과적으로 관리할 수 있도록 도와주세요. 팀원들이 시간을 추적하여 가치가 낮은 활동에 소요되는 시간을 정확히 파악하여 이를 최소화하도록 장려하세요. 팀원들이 진정으로 영향력 있는 업무에 집중할 수 있도록 실제 업무에 사용한 시간을 기록하고 검토하고 분석하여, 가치 없는 일은 없애고, 시간을 낭비하게 하는 요인을 제거하세요.

4. 미션 명령(목표달성)

업무의 의도와 원하는 결과를 명확하게 전달하여 미션 지휘의 원칙을 적용하는 동시에 팀원들이 이러한 결과를 달성하기 위한 최선의 접근방식을 자율적으로 결정할 수 있도록 합니다. 이러한 자율성과 의사결정 능력에 대한 신뢰는 동기부여와 창의성을 크게 높일 수 있습니다.

5. 지속적 학습문화 조성

지속적으로 교육과 개발에 투자하세요. 개인의 성장을 위해서, 그리고 팀에 더 효과적으로 기여할 수 있는 방법으로서 학습을 장려하세요. 실수를 실패가 아닌 학습의 기회로 여기는 문화를 조성하세요.

6. 명확한 목표와 목적 제공

팀의 목표와 목적이 명확하고 측정 가능한지, 조직의 비전과 일치하는지 확인하세요. 이러한 명확성은 팀원들이 자기 역할의 중요성과 조직의 성공에 기여하는 방법을 이해하는 데 도움이 됩니다.

7. 팀 간 협업 장려

팀이 협업하고 인사이트를 공유할 수 있는 환경을 조성하세요. 이는 조직의 목표를 보다 효과적으로 달성하는 데 도움이 될 뿐 아니라 팀원들의 소속감과 기여도를 높여줍니다.

8. 인정과 보상

팀과 개인의 성과를 모두 인정하는 인정 프로그램을 시행하세요. 팀원들의 동기와 선호도에 맞게 보상과 인정을 맞춤화하세요.

9. 열린 커뮤니케이션 채널

열린 커뮤니케이션 라인을 유지하세요. 팀원들이 자신의 아이디어, 우려사항, 제안을 말하도록 장려하세요. 피드백을 소중히 여기고 그에 따라 행동하는 환경은 동기부여 수준을 크게 높일 수 있습니다.

10. 모범을 보여주세요.

팀에서 보고 싶은 행동을 몸소 보여주세요. 조직의 가치, 목표, 팀원 복지에 대한 여러분의 헌신은 팀 전체의 분위기를 조성합니다. 팀의 동기를 향상시키는 것은 지속적 노력과 이해, 팀원들의 요구에 대한 적응이 필요한 지속적 프로세스입니다. 이러한 전략을 적용하면 팀원들에게 동기를 부여할 뿐 아니라 그들이 탁월한 성과를 달성하도록 환경을 조성할 수 있습니다.

5장

성과 창출을 이끄는 AI

생성형 AI는 직원 성과관리를 혁신적으로 변화시킬 수 있는 강력한 도구이다. 이러한 새로운 도구를 활용함으로써 인사 담당자와 리더는 성과관리의 효율성, 효과성, 공정성을 향상시키면서 조직의 성과도 높일 수 있다. 다만 도구의 활용도를 높이려면 인사 담당자와 리더 모두가 이와 관련된 소프트 스킬을 갖추기 위해 힘써야 한다. 리더는 생성형 AI를 통해 생성된 성과목표나 피드백을 해석하고 활용할 수 있는 전략적 사고력과 통찰력, 직원과의 진정성 있는 상호작용이 가능한 감성지능, 소통 역량 등을 강화하려는 노력을 병행해야 한다. 인사 담당자는 생성형 AI 기술을 도입한 새로운 HR 솔루션의 발전 상황을 면밀히 주시하여 향후 조직의 성과관리에 도입할 계획과 전략을 수립할 필요가 있다.

성과관리 분야에서 생성형 AI 활용을 통해 얻게 될 이점

직원 성과관리는 HR의 여러 영역 중 인사 담당자와 리더에게 특히 부담을 주는 분야이다. 그래서 성과평가를 '악몽'이라고까지 표현하는 리더도 적지 않다. 인사 담당자들과 리더들이 이처럼 성과관리를 어려워하는 것은 기존의 성과관리 제도가 효율성·효과성·공정성 면에서 늘 미흡함을 남겼기 때문이다.

더욱이 직원 성과평가의 개념과 의미가 계속해서 진화하고 있어 담당자들의 어려움을 가중시키는 측면도 없지 않다. 과거에는, 연초에 평가항목과 목표를 설정하고 연말에 그 달성 여부를 체크하여 평가등급을 결정해 통보하는 다소 단순한 방식인 '순위 매기기' 평가가 이루어졌다. 반면 최근에는 급변하는 외부환경 변화에 더 신속하게 대응하며 직원과 회사 성과 간 연결성을 높여야 하고, 직원의 성장과 동기부여, 공정성 인식 제고에도 기여할 수 있도록 성과관리의 역할이 확대되는 분위기이다. 이에 따라 '연 단위 평가,

상사에 의한 평가'이던 것에서 벗어나 '중간 과정 관리 실시, 수시 피드백, 동료평가 반영, 평가 피드백 강화' 등 미국 IT 기업들에서 시작된 성과관리 트렌드 변화가 국내 기업에도 필수적 요소로 받아들여지고 있다.

기존 성과관리 제도, 재설계가 요구되는 이유

이처럼 직원 성과관리의 중요성과 복잡성이 증가하면서, 성과관리 제도를 설계해야 하는 인사팀과 직접 운영해야 하는 리더들의 부담도 커지고 있다. 미국의 경영 조사·컨설팅 기업 코퍼릿 이그제큐티브 보드(Corporate Executive Board)의 설문조사에 따르면 리더들은 평균적으로 연간 210시간을 직원 성과관리 업무에 쓴다.[10] 목표설정부터 중간관리, 평가등급 확정, 평가 피드백까지 여러 단계에 걸쳐 최대한 많은 데이터를 수집하고 이를 바탕으로 직원을 평가하고 피드백하기 위한 자료를 만드느라 긴 시간이 소요되는 것이다.

그런데 갤럽 조사에 따르면, 그렇게 어렵게 이뤄진 성과평가가 자신의 성장과 발전에 원동력이 되었다는 데 동의한 직원들은 14%에 불과했다.[11] 국내의 한 설문조사에서도 직장인의 46.3%가 회사의 인사평가 제도를 불신하는 것으로 나타났고, 불신의 이유로는 "상급자의 주관적 평가여서"가 가장 많았다(71.3%, 복수 응답).[12]

요컨대 성과관리의 효율성이 낮고 직원들에게 미치는 효과성이나 공정성에 대한 인식 또한 부정적인 상황이며, 이 점이 인사 담당자와 리더들에게 많은 고민을 안겨주고 있는 것이다. 그럼에도 불구하고 회사의 성과 창출과 직원의 동기부여 강화를 위해 성과관리를 더 효과적으로 진행해야 한다는 점은 분명하다. 또한 MZ세대가 중요하게 생각하는 '공정성'과 가장 맞물려 있는 제도가 바로 성과관리이기 때문에 그 중요성은 오히려 커졌다고 할 수 있다. 아울러, 번아웃에 시달리는 리더들도 고려해야 한다. 바로 이런 측면에서 생성형 AI의 활용 가능성이 주목받고 있다.

성과관리의 첫 걸음, '목표설정'에 생성형 AI 도입해보기

직원 성과관리에 대한 기존의 한계와 고민을 해결하는 데 생성형 AI는 구체적으로 어떤 도움을 줄 수 있을까?

우선 목표설정 측면을 보자. 이는 직원 성과관리의 첫 단계로, 평가항목과 목표를 어떻게 설정하느냐가 개인과 조직의 성과 창출을 위한 첫걸음을 결정하게 된다. 그만큼 인사팀이나 리더들도 조직과 직원의 목표설정을 고도화하기 위해 신중한 노력을 기울여왔다.

그럼 목표설정 측면에서 생성형 AI는 어떻게 기여할 수 있을까? 기존의 목표설정은 인사 담당자나 리더가 성과와 관련된 개인과 조직의 과거 여러 데이터를 취합하고, 시장 상황이나 경영환경 등을 고려해 팀원과 협의하여 KPI(Key Performance Indicators: 핵심성과지표)를 설정하곤 했다. 이런 식의 목표설정이 지닌 문제점은 과거의 경험과 실적을 바탕으로 한다 하더라도 결국 의사결정자의 관점과 판단에 의존할 수밖에 없고 시간도 매우 많이 소요된다는 것이다.

2023년 봄 MIT 경영대학원과 보스턴컨설팅그룹(BCG)이 공동으로 글로벌 100개국, 25개 산업, 3,000여 명의 임직원을 대상으로 실시한 설문조사에 따르면 약 66%의 조직이 '리더의 판단'에 근거해 KPI를 설정하고 있다고 응답했는데, 이렇게 설정한 KPI가 조직과 개인의 성과 개선에 기여했다는 답변은 응답자의 3분의 1도 되지 못했다고 한다.[13]

반면 KPI 설정에 AI를 활용하고 있다고 응답한 조직의 90%가 새로운 KPI 설정 방식이 조직성과 향상에 기여했다고 했다. 생성형 AI가 그동안 리더가 참고했던 데이터와 정보는 물론 조직 내외의 광범위한 데이터까지 학습하고, 각각의 KPI가 조직 전체의 성과에 미치는 알고리즘을 더욱더 디테일하게 분석해 미래 관점에서 KPI를 재설정할 수 있었기 때문이다.

MIT 경영대학원 연구팀은 생성형 AI가 KPI 설정에 기여하는 방식을 I.C.E(아이스)로 표현했다. 즉, 기존의 KPI를 발전(Improve existing KPIs)시키거나, 새로운 KPI를 제안(Create new KPIs)하고, KPI 항목들 간 중요도나 우선순위를 조정(Establish new relationships among KPIs)하는 역할을 할 수 있을 것으로 전망했다.

목표설정과 관련해 인사 담당자도 챗GPT의 도움을 받을 수 있을까? 먼저, 인사 담당자는 챗GPT를 활용해 신설 직무의 평가항목을 설정하거나 기존의 평가항목을 업데이트할 수 있다.

신설 직무 평가, 어떻게 해야 할까? AI가 답하다

최근의 급변하는 비즈니스 및 기술 환경으로 인해 기존에 없던 새로운 직무의 인력을 확보해야 하는 경우가 빈번히 발생하고 있다. 이에 따라 새로운 직무의 인력을 평가하기 위한 성과평가 항목도 필요하게 되는데, 아무리 숙련된 인사 담당자라도 새로운 직무의 평가항목을 설계하는 데는 결코 적지 않은 시간과 노력을 투입해야 한다. 아직은 관련 정보가 매우 부족한 상황이기 때문이다. 이 경우 챗GPT를 활용하면 글로벌 기업들의 주요 사례를 벤치마킹한 평가항목을 손쉽게 제안받을 수 있다.

　광고회사를 예로 들어보자. 과거에는 TV, 신문, 잡지, 라디오 등 대중매체 광고가 주를 이루었던 반면 이제는 모바일, SNS 등 디지털 매체를 활용한 광고가 주를 이룬다. 여기에 더해 최근에는 많은 기업이 메타버스 마케팅도 활발히 시도하면서 메타버스 기술 기반의 광고를 제작할 수 있는 전문인력 확보가 중요해졌다. 이들 인력을 활용하려면 이 직무에 대한 평가항목 설정도 필요하게 된다. 메타버스 광고 제작 인력의 성과평가 항목은 어떻게 설정해야 할까?

　다음에 제시된 프롬프트 작성 예시를 참고하여 생성형 AI의 도움을 받아 신설 직무의 성과평가 항목을 설정해보자.

신설 직무에 대한 성과평가 항목 제안받기

프롬프트 작성 예시

[역할]

저는 광고회사의 인사 담당자입니다.

[상황]

우리 회사에 새로 생긴 직무인 메타버스 광고 크리에이티브 담당자의 성과 평가를 위한 KPI 항목을 설계하고 싶습니다.

[지시사항]

디지털 광고 분야 글로벌 5대 기업의 메타버스 광고 크리에이티브 담당자 성과평가 KPI 항목을 참고해 우리 회사의 메타버스 광고 크리에이티브 담당자에게 적용할 성과평가 KPI 항목 5가지를 제시해주세요.

[결과 포맷]

전문용어를 사용해 보고서 형태로 작성해주세요.

챗GPT 답변 예시

메타버스 광고 크리에이티브 담당자 성과평가 KPI 항목

1. 메타버스 캠페인 효과성 지표

- 비중: 25%
- 이유: 메타버스에서의 광고 효과성은 새로운 매체에서의 성과를 평가합니다. 캠페인의 성공은 전체적인 광고 전략에 기여하므로 높은 비중을 둡니다.

2. 3D 콘텐츠 및 가상현실 경험 품질

- 비중: 20%
- 이유: 메타버스 광고의 핵심은 3D 콘텐츠와 가상현실 경험의 품질에 달려 있습니다. 사용자에게 혁신적이고 매력적인 경험을 제공하기 위해 높은 비중을 설정합니다.

3. 유저 상호작용 및 참여 지표

- 비중: 20%
- 이유: 메타버스에서의 성공은 사용자와의 상호작용과 참여에 크게 의존합니다. 사용자가 콘텐츠에 참여하고 상호작용하는 정도를 측정하여 평가합니다.

4. 기술적 역량과 혁신성

- 비중: 25%
- 이유: 메타버스는 빠르게 발전하는 기술 분야이며, 기술적 역량과 혁신성은 필수적입니다. 업계 트렌드를 선도하기 위해 기술적 역량과 혁신성을 중요시합니다.

5. 메타버스 트렌드 및 업데이트에 대한 학습 및 적용

- 비중: 10%
- 이유: 메타버스는 지속적 발전이 예상되므로 팀원이 트렌드를 학습하고 신기술을 적극적으로 적용하는 능력을 평가합니다. 업데이트된 기술 및 트렌드에 대한 적극적 대응이 핵심 역량 중 하나입니다.

총합: 100%

이 성과평가 KPI 항목은 메타버스 광고 크리에이티브 담당자의 업무 특성과 회사의 비전을 반영하여 전반적인 업무 성과를 정확하게 평가할 수 있도록 설계되었습니다.

만약 챗GPT를 사용할 수 없었다면, 인사 담당자가 직접 생소한 분야의 글로벌 기업 자료들을 하나하나 확인해가며 성과평가 항목을 준비해야 했을 것이다. 하지만 이렇게 생성형 AI를 활용하여 성과평가 항목 초안을 준비해둔다면, 해당 직무의 부서장이나 담당자와 함께 목표설정을 위한 협의를 보다 효율적으로 보다 빠르게 시작할 수 있다.

챗GPT, 기존 목표의 업데이트를 도와줘!

새로운 직무에 대한 성과평가 항목을 설정하는 것뿐 아니라 기존의 목표를 변화된 경영환경이나 전략에 따라 발전시키기 위한 아이디어를 얻는 것 또한 챗GPT를 통해 가능하다. 특정 직무에 적용하는 평가항목도 직무에 영향을 미치는 외부환경이나 조직의 미션에 따라 변화가 필요한데, 인사 담당자 입장에서도 이것은 경험해보지 못한 영역이기에 조사 작업에 많은 시간과 노력이 소요될 수밖에 없다. 따라서 이런 경우에도 챗GPT 등 생성형 AI를 활용해 효율성을 기할 수 있다.

가령 보험회사의 인사 담당자가 되었다고 해보자. 소비자의 금융활동 패턴이 디지털로 전환되면서 MZ세대를 대상으로 한 새로운 시장 개척이 필요한 상황이다. 이 회사의 개인보험 영업 담당자들이 디지털 트랜스포메이션과 신규 고객 유치라는 새로운 조직 미션 달성에 기여하게 하려면 기존의 평가항목을 어떻게 발전시켜야 할까?

기존 직무의 성과평가 항목 개선안 만들기

프롬프트 작성 예시

[역할]

저는 보험회사의 인사 담당자입니다.

[상황]

현재 개인보험 영업 직무 담당자의 성과평가 KPI는 신규 보험 계약 수, 고객충성도 및 유지율, 고객 대응 만족도 3가지로 구성되어 있습니다. 우리 회사는 앞으로 디지털을 활용한 비대면 계약을 확대하고, 20~30대 젊은 고객을 대상으로 새로운 시장을 발굴하고자 하는 목표를 갖고 있습니다.

[지시사항, 결과 포맷]

회사의 새로운 목표에 발맞추어 내년도 개인보험 영업 직무 리더급의 성과평가 KPI 5개를 설정하고 항목별 평가 비중(%)을 제안해주세요(비중의 총합은 100%). 글로벌 선진 기업 사례와 우수 논문 등을 참고해주면 좋겠습니다.

챗GPT 답변 예시

내년도 개인보험 영업 직무 리더급 성과평가 KPI 및 비중 설정

1. 신규 디지털 계약 수(25%)
- 목표: 혁신적인 디지털 전략을 통해 새로운 비대면 계약을 이끌어내 기존 고객층 외에도 새로운 시장을 개척한다.
- 이유: 디지털 계약은 미래의 중요한 수익원이 될 것으로 예상되며, 성공적인 디지털 계약은 기존 역량과 창의성을 보여줄 것입니다.

2. 20~30대 고객 유치율 및 유지율(20%)

- 목표: 새로운 고객층을 개척하고 그들의 유지율을 높여 전략적인 고객 베이스를 확보한다.
- 이유: 미래 성장을 위해 젊은 세대의 고객 유치가 중요하며, 그들과의 지속적 관계 유지는 장기적 가치 창출에 기여할 것입니다.

3. 고객 디지털 만족도 및 편의성 평가(20%)

- 목표: 디지털 서비스 경험을 향상시켜 고객만족도와 서비스 편의성을 증진한다.
- 이유: 디지털 플랫폼에 대한 고객만족도가 높으면 브랜드 로열티와 긍정적 평가를 유발할 것으로 예상되며, 이는 장기적 신뢰 구축에 기여합니다.

4. 팀 내 협업 및 지식 공유(15%)

- 목표: 팀원 간 원활한 협업과 지식 공유를 통해 전사적 역량을 높인다.
- 이유: 디지털 전환은 팀 내 협업과 지식 공유가 필수적이므로, 이를 통해 창의적이고 효율적인 문화를 유지하고자 합니다.

5. 매출 기여 및 효율성(20%)

- 목표: 개인보험 영업에서 매출 향상과 효율적 비즈니스 운영을 통한 수익성 증대.
- 이유: 매출은 기업의 생존과 성장에 중요한 역할을 하며, 비효율적 프로세스를 개선하여 효율성을 높이는 것이 핵심 목표입니다.

이렇게 설정된 KPI와 각 비중은 글로벌 선진 기업들이 디지털 전환 및 신규 고객층 개척에서 무엇에 중점을 두는지를 반영하고 있습니다. 평가 비중은 각 목표의 전략적 중요성을 고려하여 조절되었습니다.

이렇게 디지털 트랜스포메이션과 신규 시장 개척이라는 평가항목 개선 아이디어를 받아볼 수 있는데, 여기에 인사 담당자가 수정 의견을 요청할 수도 있다. 예를 들어 챗GPT 답변 중 '4. 팀 내 협업 및 지식 공유'가 다소 주관적일 수 있다는 판단이 들고, '5. 매출 기여 및 효율성'의 비중을 20%보다 높여야겠다는 생각이 든다면 아래와 같이 프롬프트를 다시 입력해 답변 수정을 요청할 수 있다.

PROMPT 기존 답변에 대한 수정 요청하기

프롬프트 작성 예시

[지시사항]
'4. 팀 내 협업 및 지식 공유' 항목은 주관적으로 평가될 수 있으니 제외하고, 디지털을 사용하는 새로운 항목으로 대체해주세요. '매출 기여' 항목은 비중을 더 높이면 좋겠습니다.

챗GPT 답변 예시

……(기존 내용과 동일)……

4. 효율적인 디지털마케팅 활용(10%)
- 목표: 디지털마케팅을 통해 효과적으로 타깃 고객을 유치하고 마케팅 예산을 전략적으로 활용한다.
- 이유: 디지털마케팅의 효율적 활용은 새로운 고객을 확보하고 비용을 절감하는 데 도움이 되며 전략적 마케팅은 매출 향상에 기여합니다.

5. 매출 기여(25%)
- 목표: 개인보험 영업에서 매출 향상을 통해 수익성을 증대한다.
- 이유: 매출은 기업의 생존과 성장에 중요한 역할을 하며, 영업 활동을 통한 수익 증대는 핵심성과지표입니다.

생성형 AI를 활용하는 성과관리 솔루션 기업

최근 들어, 목표설정에 생성형 AI를 활용하는 성과관리 솔루션들도 하나둘 등장하고 있다. HR 테크를 적극 활용해온 미국의 HR 솔루션 개발 기업 베터웍스(Betterworks)[14]는 자사의 솔루션에 생성형 AI를 적용한 목표설정 기능인 '골 어시스트(Goal Assist)'를 추가했다. '골 어시스트'는 개인이 과거에 세웠던 목표, 달성한 성과, 상사 및 동료들로부터 받았던 피드백뿐 아니라 회사 전체 및 소속 팀 목표, 다른 직원의 목표 수준 등의 데이터를 학습한 플랫폼을 통해 직원들이 목표를 설정할 때 직원과 대화하며 설정 작업을 도와주는 AI 기능이다. 이 기능을 활용해 직원들은 팀과 회사의 목표에 부합하는 정확하고 측정 가능한 목표를 짧은 시간 안에, 그것도 아주 손쉽게 구성할 수 있다. 이때 목표설정에 소요되는 시간을 획기적으로 줄여줄 뿐 아니라 객관적 성과 데이터를 바탕으로 직원에게 제안하기 때문에 평가 공정성과 신뢰도까지 향상시킨다.

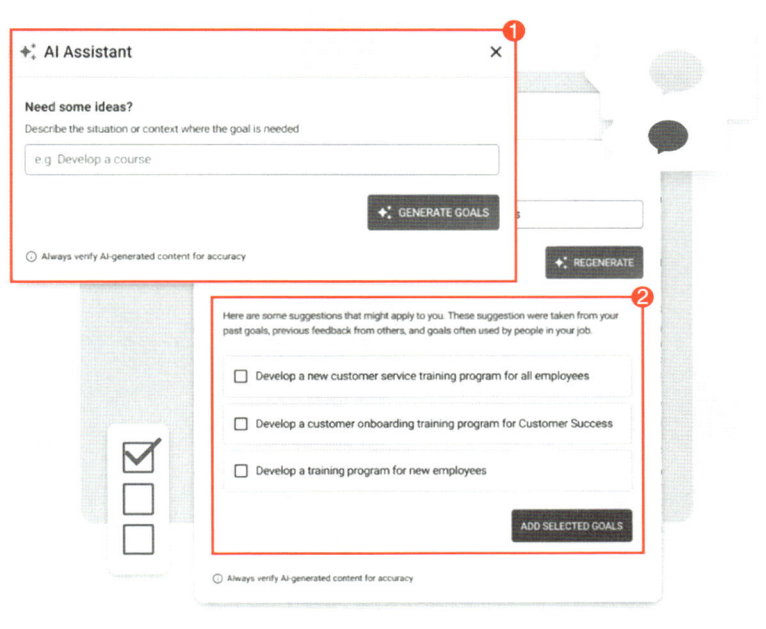

베터웍스의 목표설정 화면. 직원들의 성과 데이터를 활용하여 회사 및 조직의 목표에 부합하는 개인 목표설정을 제안해준다. ①본인이 입력하는 성장 목표, 상황, 업무 맥락 등을 고려해, ②새로운 목표를 제안하는 기능 등을 제공한다.
자료: 〈https://www.betterworks.com/ai-for-hr/〉

이러한 AI 솔루션을 활용하면, 리더들은 목표설정의 첫 단계부터 직원들에게 평가항목과 구체적 목표를 일일이 제안하지 않아도 축적된 데이터를 기반으로 손쉽고 정교하게 구성된 팀원들의 목표를 확인할 수 있다. 리더는 이제 직원이 솔루션 내 생성형 AI와 직접 대화하며 구성한 목표를 리뷰하며 자신의 의견을 더하고 목표 달성 방법을 코칭하는 방식으로 목표설정 과정을 효율화할 수 있는 것이다. 무엇보다도 이러한 목표설정 작업이 객관적 성과 데이터에 기초해 이루어지기 때문에 목표달성을 향해 나아가는 직원들의 동기부여 및 공정성 인식 효과도 보다 높은 수준으로 창출할 것으로 기대된다.

성과 피드백, 이제 더는 두렵지 않다

전문가들은 직원 성과관리의 여러 프로세스 중 생성형 AI의 도움을 가장 많이 받을 수 있고 가장 큰 개선 효과를 기대할 수 있는 분야가 바로 '성과 피드백'이라고 전망한다. 미국 인사관리협회(SHRM: Shared Human Resource Management)는 "리더들에게 생성형 AI가 더 높은 품질의 성과 피드백을 작성할 수 있도록 도울 뿐 아니라 분석 내용을 바탕으로 맞춤형 학습 계획, 성장경로 제안을 지원할 것"으로 내다보았다.[15]

인사 담당자들과 리더들 모두 성과 피드백의 효과를 높이기 위해 고민한다. 성과 피드백 단계에 앞서 목표설정부터 평가등급 결정까지 성과평가 프로세스를 운영하는 데 조직의 리소스가 대량으로 투입되는데, 사실상 '성과 피드백'이 이러한 투자의 효과와 효율을 결정하기 때문이다. 성과 피드백으로 각 부서원에게 리더와 조직의 의사결정을 수용성 높게 전달하고, 이를 바탕으로 성과 창출 노력과 성장 의지에 대한 동기부여 수준을 높이는 것이 결국 성과평가의 근본적 존재 이유이다.

그래서 성과 피드백 단계에서 리더들은, 인사팀이나 성과평가 시스템에서 제공하는 데이터를 잘 종합하여 철저하게 피드백 내용을 준비한다. 동료평가가 있는 경우 각 부서원이 받은 코멘트를 모두 읽고 공통적으로 발견되는 문제는 무엇인지, 그 내용을 해당 부서원에게 어떻게 전달할지 결정하는 것 또한 오로지 리더의 몫이다.

이렇게 한 사람 한 사람을 위한 피드백 내용을 준비하는 것은 시간도 많이 소요되지만, 아무리 잘 준비해도 꼭 전달해야 할 중요한 사항을 놓칠 가능성을 배제할 수는 없다. 그렇다고 사전 준비 없이 즉흥적으로 임했다가는 자칫 부서원 각각에 대한 선입견이 드러나거나 오해가 빚어질 가능성도 있으며, 이 경우 돌이킬 수 없는 리더-부서원 간 불신이 생겨나게 될 것이다.

성과 피드백 준비의 동반자, 챗GPT

기존 성과 피드백의 이러한 함정을 해결하는 데 챗GPT가 도움이 될 수 있을까? 팀원 개인별 성과 관련 데이터가 사전에 모두 입력되어 있는 것은 아니기 때문에 피드백의 주요 포인트를 선별하고 추천해주는 것까지 기대하기에는 다소 무리가 있다. 다만 리더들이 주요 피드백 키워드만이라도 준비해놓는다면 이를 팀원들에게 보다 자연스럽게 전달하기 위한 스크립트를 생성하는 데는 활용할 수 있으며, 그 결과 리더의 시간과 노력이 획기적으로 효율화될 수 있다.

그럼 이제, 올해도 어김없이 평가 피드백 시즌이 도래한 소프트웨어 개발 담당 부서 A 팀장의 상황을 가정해보자. 밀려드는 업무, 결재, 보고와 병행하느라 며칠간 야근을 피하기 어려웠지만 A 팀장은 인사 시스템에 입력되어 있는 팀원들의 성과목표, 실제 달성한 업적, 동료평가 등 다양한 정보를 종합해 부서 내 10명의 팀원 개개인에게 칭찬해주고 싶은 사항과 개선을 요청해야 할 사항을 정리해냈다.

준비한 키워드들을 면담 상황에서 어떻게 자연스러운 대화로 전달할 수 있을지 고민스러웠지만 개인별 스크립트를 10개나 작성하기란 너무도 힘에 부치는 일이라 포기하려던 차, 챗GPT에 다음과 같은 프롬프트를 입력해보기로 했다.

 성과 피드백 스크립트 요청하기

프롬프트 작성 예시

[역할]
저는 소프트웨어 개발팀의 팀장입니다. 팀장으로서 팀원과 평가 면담을 하려고 하는데 적절한 피드백을 추천해주세요.

[상황]
이 팀원은 새로운 소프트웨어 6개월 내 개발(목표 8개월), 고객 피드백을 바탕으로 2개월 내 시장 출시(목표 3개월), 출시한 소프트웨어 사용자 경

험 만족도 120% 달성(목표 100%) 등 대부분의 평가항목에서 우수한 목표를 달성했습니다.

[지시사항]

이 부분들을 구체적으로 인정하고 칭찬해주면 좋겠습니다. 다만 동료 피드백을 근거로 이 팀원이 이제 고참 간부로서 내년에는 본인의 성과를 이루는 것뿐 아니라 동료와의 협업에도 더 많이 신경 써주었으면 좋겠고 후배 사원들에게 멘토와 리더의 역할을 해주기를 기대한다는 점을 이야기해주세요.

[결과 포맷]

피드백을 전달하기 위한 면담 스크립트를 3,000자 정도 분량으로 구체적으로 작성해주세요.

챗GPT 답변 예시

안녕하세요 [팀원 이름]님. 이번에는 함께 작업해온 몇 달 동안의 성과와 앞으로의 계획에 대해 이야기해보려고 합니다.

최근 성과

먼저, [팀원 이름]님의 최근 성과에 대해 정말 감사드립니다. 새로운 소프트웨어를 목표 기간보다 2개월 빠르게 개발하여 고객 피드백을 반영하고, 목표 출시 기간보다 더 빨리 시장에 성공적으로 출시하셨습니다. 그리고 출시한 소프트웨어의 사용자 경험 만족도가 목표치를 월등히 뛰어넘어 120%에 달했습니다. 이런 뛰어난 성과에 대해 진심으로 축하드립니다.

동료 피드백

동료들로부터도 [팀원 이름]님에 대한 매우 긍정적인 피드백을 많이 받았습니다. 특히 [동료 이름]님의 언급처럼, 팀 내에서만이 아니라 외부에서도

[팀원 이름]님의 기술력과 업무 전문성에 대한 칭찬을 많이 듣고 있습니다.

고참 간부로서의 역할

하지만 우리는 계속해서 성장하고 발전해나가야 합니다. [팀원 이름]님의 업적을 바탕으로, 내년에는 단순히 개인적인 성과뿐 아니라 동료와의 협업에서도 더 선도적인 역할을 해나가시기를 기대합니다. 많은 동료가 언급한 것처럼, 고참 간부로서의 역할에서도 더 두각을 나타내 팀의 통일된 목표를 위해 노력해주시길 바랍니다.

멘토 및 리더로서의 역할

특히, 후배 사원들은 [팀원 이름]님이 멘토 및 리더로서 어떤 역할을 해줄지에 대한 기대가 큽니다. 본인의 경험을 나누어 주고 새로 합류한 팀원들에게 도움을 주며, 팀 전체의 성장과 발전을 이끌어나가기를 기대합니다.

마무리

이렇게 현재까지의 성과에 대해 축하하고 앞으로의 도전과 성장에 대해 함께 이야기해본 것이 유익했습니다. [팀원 이름]님의 기여는 우리 팀에 큰 자랑이 되고 있습니다. 앞으로의 도전도 함께해나가며 더 많은 성공을 이루어내요. 감사합니다.

초안에서 추가적으로 이야기할 내용이 생각나거나 보다 강조해주었으면 하는 사항이 있는 경우, 챗GPT에 기존 스크립트의 수정을 다음과 같이 요청할 수 있다.

성과 피드백 스크립트의 수정 요청하기

프롬프트 작성 예시

[지시사항]

위 내용에 영어 실력(영어를 사용하는 비즈니스 커뮤니케이션 역량)을 더 향상해주기를 바란다는 이야기를 추가해주세요. 그리고 앞서 언급했던 협업 역량 부족에 대해 개선이 필요함을 더욱 강도 높게 지적해주세요.

챗GPT 답변 예시

……(기존 내용과 동일)……

고참 간부로서의 역할(변경)

하지만 우리는 계속해서 성장하고 발전해나가야 합니다. 특히 동료와의 협업 부분에 대해서는 좀 더 강도 높게 지적하고 싶습니다. 훌륭한 개인적 업적에 비해 올 한 해 동안 보여준 협업의 모습은 부족함이 많았다고 생각합니다. 팀의 전반적 협업에 더욱 신경 써주셔야 할 시점이라고 생각됩니다. 동료들과의 소통 및 협업에서 보다 더 리더십을 발휘해주시기를 기대합니다. [팀원 이름]님의 업적을 바탕으로, 내년에는 단순히 개인적 성과만 내는 것이 아니라 동료와의 협업에서도 더 선도적 역할을 해나가주시기를 기대합니다. 많은 동료가 언급한 것처럼, 고참 간부로서의 역할에서도 더 두각을 나타내 팀의 통일된 목표를 위해 노력해주시길 바랍니다.

멘토 및 리더로서의 역할

특히, 후배 사원들은 [팀원 이름]님이 멘토 및 리더로서 어떤 역할을 해주실지에 대한 기대가 큽니다. 본인의 경험을 나누어 주고, 새로 합류한 팀원들에게 도움을 주며, 팀 전체의 성장과 발전을 이끌어나가기를 기대합니다.

> **언어 역량 향상(추가)**
>
> 마지막으로, 영어 실력 향상과 관련해서도 언급을 드리고 싶습니다. 이미 높은 전문성을 가지고 계시지만, 더 다양한 비즈니스 상황에서 원활한 의사소통을 위해 영어 실력을 향상시키는 노력이 필요할 것으로 생각됩니다. 이를 통해 글로벌 업무에 더 능동적으로 참여할 수 있을 것입니다.
>
> **마무리**
>
> 이렇게 현재까지의 성과에 대해 축하드리고, 앞으로의 도전과 성장에 대해 함께 이야기해본 것이 유익했습니다. [팀원 이름]님의 기여는 우리 팀에 큰 자랑이 되고 있습니다. 앞으로의 도전들도 함께해나가며 더 많은 성공을 이루어내봐요. 감사합니다.

완벽하다고는 할 수 없지만, 백지에서 시작하는 것보다는 피드백 면담에 앞서 느끼는 부담감을 한결 줄일 수 있을 것이다. 피드백 대상과 맥락에 따라 중점적으로 전달하고자 하는 주요 성과와 강점 및 보완점, 면담의 길이, 피드백의 어조 등만 변형이 가능하도록 자신만의 기본적인 프롬프트 포맷을 만들어두면 리더 개인의 맞춤형 스크립트를 얼마든지 손쉽게 확보할 수 있다.

시간 절약과 함께, 챗GPT를 통해 성과 피드백 스크립트를 준비해둠으로써 얻게 되는 또 하나의 장점은 공정성 향상이다. 프롬프트에 성과 및 개선사항과 직접적으로 연관된 정보만 입력함으로써 팀원에 대한 선입견이나 편견, 성과와 무관한 개인적 정보와 맥락이 피드백 내용에 은연중 반영되는 것을 방지할 수 있다. 따라서 피드백을 듣는 팀원 입장에서 보기에 성과평가가 훨씬 더 객관적이고 공정하게 이루어졌다고 판단할 수 있고 그렇기 때문에 결과에 대한 수용성도 높을 것이다. 특히 인종, 성별, 성적 정체성 등에 대한 차별 이슈가 큰 서구 기업들은 챗GPT 등 생성형 AI를 활용한 성과 피드백이 리더의 차별적 발언에 따른 리스크를 줄여줄 수 있다는 데 주목하고 있다. 이러한 효과는 공정성에 민감한 미래 세대 임직원을 대면해야 하는 한국의 현 리더들에게도 큰 도움이 될 것이다.

생성형 AI와 함께 진화하는 성과관리 플랫폼

목표설정과 마찬가지로, 성과 피드백을 도와주는 솔루션도 속속 등장하고 있다. 성과 피드백이 워낙 중요하고 또 많은 리소스가 투입되는 분야이다 보니 그만큼 관심과 투자가 집중되는 것이다.

    2023년 8월 스타트업 투자 '시리즈 A' 라운드에서 620만 달러(한화 약 82억 원)를 유치한 미국 스타트업 컨펌(Confirm)*의 성과평가 솔루션은 GPT-4 기반의 성과 피드백 생성 기능을 제공한다. 예를 들어, 한 부서원에 대해 GPT-4가 해당 솔루션에 지난 1년 동안 입력된 성과 데이터와 직원 간 네트워킹, 동료평가 등의 내용을 분석하여 많이 언급된 강점과 보완점 관련 키워드를 추천해주고, 그중

---

* ⟨https://www.confirm.com⟩

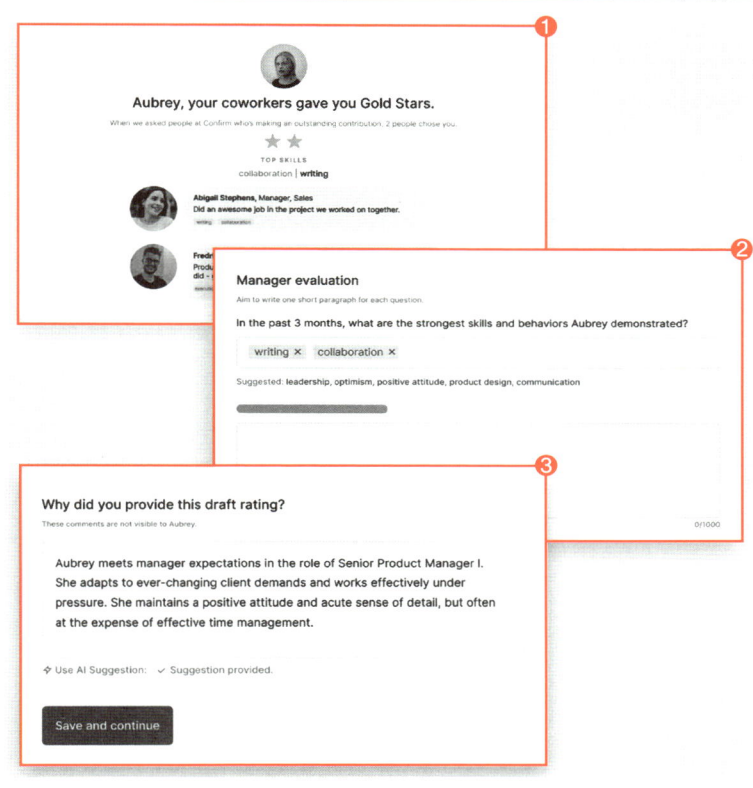

컴펌의 피드백 작성 화면. ①직원별 동료평가 내용을 종합하여 ②피드백해야 할 키워드를 추천해주고, 그중 리더가 선택한 키워드들을 바탕으로 ③적절한 피드백 문구까지 추천해주는 기능을 제공한다.
자료: 〈https://www.confirm.com/solutions/performance〉

리더가 이 직원에게 언급해주고 싶은 키워드를 선택하면 이를 바탕으로 피드백 초안을 생성해주는 것이다. 리더는 이 초안을 참고해 아주 짧은 시간에 직원에게 전달할 평가 피드백을 완성해 제공할 수 있다.

성과관리의 미래

지금까지 보았듯 생성형 AI는 리더가 직원에게 보다 효율적으로, 보다 공정하고 효과적인 피드백을 전달하는 데 도움을 줄 것이다. 또한 리더는 피드백 준비에 소요되는 시간을 획기적으로 줄임으로써, 연간 피드백 횟수는 오히려 늘리는 방식으로 팀원과 더 자주 더 활발히 소통함으로써 적극적 코칭을 해나갈 수 있다. 그리하여 결과적으로 팀원들의 성과 창출 역량 향상에 큰 도움을 줄 수 있을 것이다. 실제로 맥킨지는 향후 생성형 AI가 리더의 피드백 퀄리티를 향상시켜 직원의 성장을 도울 뿐 아니라 그러한 도움으로 더 많이 성장할 수 있는 직원이 누구인지 추천해주거나 성장 모델을 제시해줄 수 있을 것으로 전망하였다.[16]

일정 수준의 규모 있는 기업에서 한 사람의 리더가 회사의 모든 직원의 역량과 커리어 패스를 일일이 파악하고 팀원에게 롤모델을 추천해주기란 매우 어려운 일이다. 대신 직원이 성과평가 플랫폼에서 생성형 AI에게 "내가 가진 강점과 약점을 보유한 인물 중에서 성공 모델을 5가지 제시한 뒤 그들이 어떤 일을 하고 어떻게 성과를 이루었는지 알려주세요."라고 요청하면 그 답을 제공받을 수 있다. 앞으로 생성형 AI 기반의 성과평가 플랫폼이 범용화된다면 더욱더 다채로운 멘토링과 코칭으로 직원의 성장을 돕는 일이 어렵지 않게 될 것이다.

생성형 AI는 직원 성과관리를 혁신적으로 변화시킬 수 있는 강력한 도구이다. 이러한 새로운 도구를 활용함으로써 인사 담당자와 리더는 성과관리의 효율성, 효과성, 공정성을 향상시키면서 조직의 성과도 높일 수 있다. 다만 도구의 활용도를 높이려면 인사 담당자와 리더 모두가 이와 관련된 소프트 스킬을 갖추기 위해 힘써야 한다. 리더는 생성형 AI를 통해 생성된 성과목표나 피드백을 해석하고 활용할 수 있는 전략적 사고력과 통찰력, 직원과의 진정성 있는 상호작용이 가능한 감성지능, 소통 역량 등을 강화하려는 노력을 병행해야 한다. 인사 담당자는 생성형 AI 기술을 도입한 새로운 HR 솔루션의 발전 상황을 면밀히 주시하여 향후 조직의 성과관리에 도입할 계획과 전략을 수립할 필요가 있다.

03 내부 인재시장 활성화를 지원하는 생성형 AI 플랫폼

기업에서 인력 확보가 필요한 포스트가 발생했을 때 외부 채용에만 기대지 않고 잡 포스팅(Job Posting) 등 자체 인사제도를 활용해 내부의 인력을 해당 포스트로 재배치할 수 있는데, 이러한 시스템이 회사와 개인의 성과 향상에 큰 도움을 준다.

보 카우길(Bo Cowgill) 컬럼비아 경영대학원 교수, 조너선 데이비스(Jonathan M. V. Davis) 오리건대학교 경제학과 교수 등은 대부분의 기업이 내부 인재시장(Internal Job Market)을 운영함으로써 인력 충원에 다양한 옵션을 고려하며 교체 비용을 절감할 수 있고 인력 규모, 스킬 매칭 측면에서 직원 배치를 최적화할 수 있다고 주장한다. 직원들은 회사 내에서 새로운 성장 기회를 부여받음으로써 직무만족도와 몰입도가 높아져 생산성이 향상되고, 새로운 자리에 가서 자신이 보유한 지식을 동료들에게 전파함으로써 조직 전체의 역량 향상에도 기여할 수 있다.[17]

더군다나 저출산 및 고령화로 인한 글로벌 주요국의 인구 감소, 4차 산업 중심의 인재경쟁 심화 등으로 인해 이제 외부 채용만으로는 충분한 인재 확보가 어려운 상황이다. 즉 채용에 더 많은 노력과 비용이 예상되는 만큼, 스티브 캐디언(Steve Cadigan) 전 링크드인 CHRO(Chief Human Resources Officer, 최고인사책임자)를 비롯한 전문가들은 내부 인력에 성장 기회를 부여해 활용성을 높이는 것이 중요해질 것이라 전망하고 있다.[18]

고용 유연성이 부족한 한국 기업들은 특히 더 생산성 유지를 위한 내부 인력 재배치에 관심을 기울일 필요가 있다. 현재 한국은 기업이 정규직으로 직원을 한번 채용하면 정년까지 고용 의무가 발생하는 것과 마찬가지의 상황이기 때문에 직무별 외부 인력시장의 우수인재 풀, 핵심 스킬의 중장기적 활용 가능성 등을 종합적으로 고려해 내부 인력을 우선적으로 활용하는 방법을 적극 고민해보아야 한다.

2023년 10월 삼성전자 디바이스경험(DX) 부문에서는 25년 이상 근속한 직원 또는 이에 준하는 경력을 보유한 인력을 대상으로 직무전환을 지원하는 '베테랑 잡 포스팅'이 처음 실시되었다.[19] 이전에는 10년 차 미만 주니어급 사원들을 위해 이 제도가 주로 활용되었다면 직원들의 평균연령과 근속연수가 점차 올라가면서 근무 경험이 많은 고숙련 인력의 재배치를 통해 회사와 직원의 경쟁력을 다시 한번 제고하고자 새로운 시도를 한 것이다.

인력운영 실무에서 생성형 AI 도움 받기

그렇다면 생성형 AI는 인사 담당자와 조직 리더들이 내부 인력 운영을 효율화하고 고도화하는 데 어떠한 도움을 줄 수 있을까?

공석이 발생했을 때 인사 담당자는 그 자리에 적합한 인재를 내부에서 찾아내기 위해 몇 가지 조건을 기준으로 필터링을 하고, 이에 따라 후보자 명단을 만든다. 그런데 여기까지 이르려면 몇 단계에 걸쳐 번거로운 작업을 해야 하는 것은 물론, 인사 담당자의 비즈니스 및 직무 이해도, 업무 역량에 따라 그 명단의 질에서도 큰 차이가 나게 된다.

어쨌든 이렇게 만들어진 후보자 명단을 바탕으로 인사 담당자와 조직 리더들이 상의하여 선발 우선순위를 결정하는데, 이 과정에서 참여자의 주관적 선호나 편견이 개입할 여지가 전혀 없지는 않다. 만에 하나 그런 개입이 있게 된다면 이는 최적의 의사결정에 부정적 영향을 끼칠 것이다. 생성형 AI의 활용은 이런 문제를 최소화할 수 있다. 또한 대상자에게 의사결정 결과를 전달하는 면담에서도 세심한 주의가 필요한데, 생성형 AI가 이 과정에서도 다양한 도움을 줄 수 있다.

이처럼 내부 인재시장 활성화가 회사와 직원의 성과 향상에 미치는 효과가 크기 때문에 워크데이(Workday)나 SAP 등 대형 HR 솔루션 기업들은 인력운영 관련 업무에 AI 기술을 적극 도입한 제품을 내놓고 있다.

예를 들어 독일에 본사를 둔 글로벌 소프트웨어 기업 SAP는 클

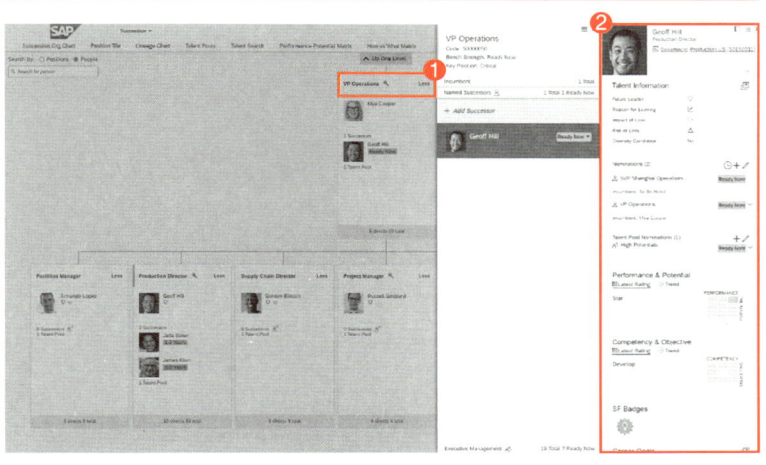

SAP '석세스팩터스'의 석세션 플래닝 화면. ①조직도에서 석세서 선정이 필요한 포스트를 선택하면, ②해당 포스트에 필요한 역량과 스킬을 분석하여 매칭되는 후보자를 자동으로 추천해준다.
자료: 〈https://www.sap.com/products/hcm/succession-development.html〉

라우드 기반의 통합 HR 솔루션인 '석세스팩터스(SuccessFactors)'에서 AI에 기초한 석세션 플래닝(Succession Planning)* 및 임직원 성장경로 추천 기능을 제공하고 있다. 즉 인사 담당자가 석세션 플래닝 화면에서 조직도를 보면서 석세서 선정이 필요한 포스트를 선택하면 해당 포스트의 역할과 필요 역량, 직원 역량 데이터를 학습한 AI가 후임자를 자동으로 추천해준다. 직원들은 자신의 인사 정보를 분석한 AI로부터 조직 내 전문가, 리더로 성장하기 위한 직무

---

* 조직 내 각 리더의 승계 시점을 고려하여 후임자를 선정하고 양성 계획을 수립하는 인사제도.

이동 경로를 추천받을 수 있다.

인재 추천 방식, 생성형 AI는 기존의 AI를 어떻게 넘어서는가

그런데 대형 HR 솔루션 기업 제품에서 대화 기반의 생성형 AI 기술은 직원 경험 제고 차원에서 일반 직원들이 주로 사용하는 기능에 먼저 적용되고 있다. 즉 인사 담당자와 조직 리더들이 내부 인력운영의 효율을 향상시키는 기능에 그것을 적용할 수 있게 되려면 다소 시간은 걸릴 것으로 보인다. 그럼에도 생성형 AI가 적용된다면 기존의 AI 기술만 적용했을 때와는 확연히 다른 상황이 펼쳐질 것이다. 과연 어떠한 개선이 이루어질까?

2013년 영국 런던에서 설립된 비머리(Beamery)*가 개발한 GPT 기반 인재관리 전문 소프트웨어 '탤런트GPT(Talent GPT)'는 생성형 AI를 활용해 내부 인재 선발 업무를 한 단계 진보시킨 사례로 볼 수 있다. 인사 담당자가 탤런트GPT에서 "신규 시장 개척을 위해 베트남을 거점으로 동남아 지역 비즈니스를 담당할 임원을 보내려고 하는데, 누가 적합할지 추천해주세요."라고 요청하면, 사내 후보 풀에서 최적 인재를 추천해주면서 그 이유까지 함께 설명해준다.

전통적인 AI 기술도 특정 포스트에 적합한 인재를 추천해줄 수

---

* 〈https://beamery.com/〉

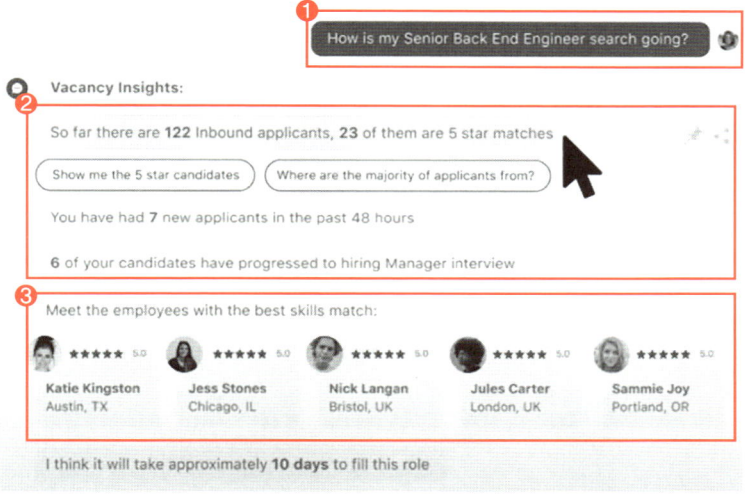

텔런트GPT의 내부 인재 활용 지원 화면. ①사용자가 소속 부서의 공석이 된 포스트에 지원한 내부 인재 현황을 문의하면, ②지원자 현황과 함께 ③지원자 평가에 따라 해당 포스트 수행에 적합한 인력을 간추려 추천해준다.
자료: 〈https://youtu.be/WtCsOiwO62o?si=_WT-oYosf-c8QRCP〉

는 있었지만 인사 담당자나 조직 리더가 AI의 인재 추천 로직을 완전히 이해하기는 어렵기 때문에 추천 이유까지 명확히 파악할 수는 없었다. 의사결정에 참고하기 위해 추천된 후보자에 대해 추가 정보를 요구하거나 다른 후보를 새로이 추천받는 방법 면에서도 제한이 있었다. 반면 사용자와 다양한 형태로 대화가 가능한 생성형 AI 기반의 인재관리 시스템은 사용자가 질문을 통해 추천된 후보자의 장단점을 더 세밀히 파악할 수 있어 이러한 문제점이 보완된다.[20]

추천 사유 외에도 '최초 제안한 후보자 외 다른 후보자는 누가 있는지', '1순위 추천 후보자와 다른 후보자의 차이점은 무엇인지' 등 확인하고 싶은 부분에 대해 자유롭게 질문하고 답변을 받을 수 있다. 인력운영 담당자가 수많은 인사 데이터를 추출하고 이를 조합해 분석하느라 시간과 노력을 투자할 필요 없이 생성형 AI로부터 후보자에 대한 깊이 있는 정보를 손쉽게 얻을 수 있게 된 것이다.

후보자 검토에 챗GPT 활용해보기

엑셀 파일 업로드가 가능한 챗GPT-4에서는 인력 DB를 업로드하면 데이터 분석 기능을 활용해 그것에 근거하여 인력을 추천받을 수 있다. 다만 이러한 작업을 하기 전에 인력 운영 담당자는 IT 보안 담당자와 미리 회사의 개인정보 보호 및 정보보안 정책, 챗GPT 관련 내부 보안 인프라 현황 등을 신중히 살펴보아야 한다.

예를 들어, 소비자용 전자제품 제조/판매 회사의 상품기획 부서에서 '미국 시장의 Z세대 소비자를 겨냥한 신상품 기획'을 담당할 인력 1명을 신속하게 충원해달라는 요청이 있다고 해보자. 이때 인력운영 담당자는 사내 인재 풀에서 적합한 후보자를 추천하기 위해 챗GPT를 활용할 수 있다.

먼저 인재 추천에 참고하기 위해 '직급, 최근 3년 고과, 학력, 전공, 어학 성적, 현재 부서 및 직무, 과거 직무 이력, 최근 3년간 담당한 프로젝트 명, 이수한 교육 이력, 직전 경력 회사' 등의 인사 정보를 다운로드받은 다음, 신제품 기획 업무로 이동시킬 만한 사람으로 100명 정도가 담긴 명단을 구성했다고 가정해보자. 그런 다음 첫 단계로, 챗GPT에게 맥락을 학습시키며 어떤 기준으로 후보자를 검토하면 좋을지 대화를 나눈다.

그다음 단계로, 앞서 준비해둔 100명 정도의 1차 후보자 리스트

PROMPT 적합 후보자 검토 기준 제안받기

프롬프트 작성 예시

[역할]

저는 소비자용 전자제품 제조/판매 회사의 인력운영 담당자입니다.

[상황]

상품기획 부서에서 '미국 시장의 Z세대 소비자를 겨냥한 신상품 기획'을 담당할 인력 1명을 신속하게 충원해달라는 요청이 있었어요.

[지시사항]

사내 인재 풀에서 후보자를 검토해보려 하는데 고려해야 할 역량을 3가지 정도로 비중(합계 100%)과 함께 제시해주세요.

[결과 포맷]

보고서 형태로 자세하게 제시해주세요.

챗GPT 답변 예시

미국 시장의 Z세대는 현재 소비자 시장에서 중요한 영향력을 행사하고 있

습니다. 이 보고서는 미국 시장 Z세대 소비자를 겨냥한 신제품 기획 부서에 적합한 인력을 선발하기 위해 고려해야 할 역량을 분석하고 제시합니다.

고려해야 할 역량

1. 소비자 인사이트 및 트렌드 파악(40%)

미국 시장 Z세대 소비자의 행동양식과 구매 패턴을 파악하여 이를 제품 기획에 반영하는 능력이 중요합니다. 후보자는 소비자 인사이트를 분석하고 트렌드를 파악하여 기획 아이디어로 확장할 능력을 갖추어야 합니다. 이를 위해 소비자 조사, 데이터 분석, 시장 리서치 등의 경험이 필요합니다.

2. 창의성과 혁신적 기획 능력(30%)

Z세대 소비자를 대상으로 한 제품 기획은 창의성과 혁신성이 필수적입니다. 후보자는 기존에 없던 새로운 제품 아이디어를 발굴하고 구체화해내는 능력이 필요합니다. 또한 신제품을 위한 기획 콘셉트를 구체화하고 시장에 적합하게 전달하는 능력이 요구됩니다.

3. 프로젝트 관리 및 협업 능력(30%)

프로젝트 기간 내에 제품 기획을 완료하고 성공적으로 시장에 출시하기 위해서는 탁월한 프로젝트 관리 및 팀원들과의 협업 능력이 필수적입니다. 후보자는 프로젝트 일정을 관리하고 필요한 리소스를 조율하는 능력을 갖추어야 합니다. 또한 다양한 부서와의 원활한 협업을 통해 제품 기획을 성공적으로 이끌어나갈 수 있어야 합니다.

이러한 역량을 고려하여 후보자를 선발함으로써 효과적인 제품 기획 및 시장 진출을 이끌어낼 수 있을 것으로 기대됩니다.

를 업로드하고 이 데이터를 분석해 앞서 선정한 역량을 기준으로 최종 후보자 3명을 선정해달라고 요청해보자. 챗GPT-4를 이용할 경우에는 아래와 같이 메시지 입력창 왼쪽의 클립 아이콘을 클릭하면 파일 업로드가 가능하다.

챗GPT-4의 메시지 입력창. 클립 아이콘을 클릭하면 파일을 업로드할 수 있다.

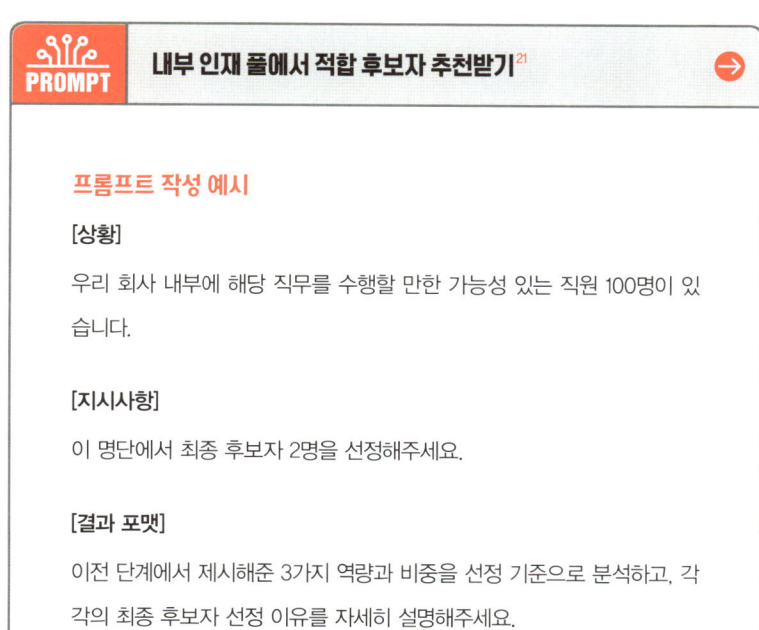

PROMPT 내부 인재 풀에서 적합 후보자 추천받기[21]

프롬프트 작성 예시

[상황]
우리 회사 내부에 해당 직무를 수행할 만한 가능성 있는 직원 100명이 있습니다.

[지시사항]
이 명단에서 최종 후보자 2명을 선정해주세요.

[결과 포맷]
이전 단계에서 제시해준 3가지 역량과 비중을 선정 기준으로 분석하고, 각각의 최종 후보자 선정 이유를 자세히 설명해주세요.

챗GPT 답변 예시

데이터를 확인한 결과, 각 후보의 프로필 정보에는 직원 ID, 직급(4단계), 최근 3년 고과(15점 만점), 학력, 전공, 어학 성적, 현재 부서 및 직무, 과거 직무 이력, 프로젝트 명, 교육 이력, 경력 회사 등의 항목이 포함되어 있습니다. 후보자 선정을 위해 소비자 인사이트 및 트렌드 파악, 창의성과 혁신적 기획 능력, 프로젝트 관리 및 협업 능력을 평가할 수 있는 지표를 정의하고 점수를 매겨야 합니다. 이러한 평가 지표에 대한 구체적 기준이 제시되지 않았으므로, 다음과 같이 가정하여 점수를 매기겠습니다.

1. 소비자 인사이트 및 트렌드 파악(40%)
전공 및 과거 수행 프로젝트 내용을 통해 평가합니다. 예를 들어 경영학, 소비자학 등 관련 전공자와 해외시장, 소비자 트렌드 분석 관련 프로젝트 경험, 직무 경험이 있는 후보자에게 높은 점수를 부여합니다.

2. 창의성과 혁신적인 기획 능력(30%)
과거에 수행한 프로젝트의 내용 중 신제품 개발, 창의적 해결책 제시, 혁신 등의 키워드가 포함된 프로젝트에 참여한 경험을 바탕으로 평가합니다. 제품에 대한 이해도 필요할 것이므로 제품 개발 관련 직무 경험, 관련 전공자는 가점을 부여합니다.

3. 프로젝트 관리 및 협업 능력(30%)
고과 점수를 통해 간접적으로 평가합니다. 고과 점수가 높은 후보는 일반적으로 팀 내에서 좋은 성과를 낸 것으로 간주할 수 있습니다. 어학 등급이 높은 후보는 외국인과 협업 능력이 우수한 것으로 간주합니다.
이제 이 기준에 따라 각 후보에게 점수를 매기고, 최종 후보자 3명을 선정해보겠습니다.

1. 직원 68(마케팅 전공, 동남아 시장 마케팅 부서, 영업지원 직무)
- 총점: 87.56
- 선정 사유
    - 소비자 인사이트 및 트렌드 파악: 마케팅 전공이며 과거 캐나다, 영국 등 서구권 지역 시장 분석 프로젝트 참여 경력 등을 보유함
    - 창의성과 혁신적인 기획 능력: 동남아 시장에서 신제품 기획, 기존 제품 혁신 프로젝트에 참여한 경험이 있으며 현 직무 전 오랫동안 상품기획 직무 수행을 통해 풍부한 경험을 가졌을 것으로 판단됨
    - 프로젝트 관리 및 협업 능력: 중간 단계의 직급에서 높은 고과 점수를 획득함으로써 프로젝트 관리 및 협업 능력을 입증함

2. 직원 87(전자공학 전공, 인도 시장 상품기획 부서, 상품기획 직무)
- 총점 : 85.04
- 선정 사유
    - 소비자 인사이트 및 트렌드 파악: 관련 전공자는 아니지만, 사내 MBA 등을 통해 소비자 및 트렌드에 대한 지식을 보완하고 있으며 과거 미국·유럽 지역에서 신상품 기획 프로젝트를 경험
    - 창의성과 혁신적 기획 능력: 전자공학과 출신으로 상품기획 시 제품에 대한 전문적 이해도가 높아 신상품 기획에서 다양한 아이디어를 제공할 수 있음
    - 프로젝트 관리 및 협업 능력: 프로젝트 리더 직급으로서 최근 3년간 높은 고과 점수를 받아 관리 능력을 입증하였고 가장 높은 수준의 영어 어학 등급을 보유

이렇게 가시적인 선정 기준을 바탕으로 최종 후보자 명단까지 간단하게 만들어내준다. 챗GPT는 자연어 분석 능력이 뛰어나 '과거 수행 프로젝트 명, 이수한 교육 이력'과 같이 텍스트로 되어 있는 항목까지 분석하여 평가에 반영할 수 있다. 위와 같은 프롬프트 입력 방식은 또 다른 다양한 직무에 활용할 수 있고, 필요하다면 후보자를 추가하거나 선정 기준을 변경하는 것까지 챗GPT에 요청해볼 수 있다.

최종적 인재 선발은 AI와 인간의 '협업 예술'

생성형 AI를 활용해 내부 인재를 선발할 때의 장점은 전체 인재 풀에서 특정 기준과 데이터를 바탕으로 최종 후보자 선정까지 점차 그 범위를 좁혀나가는 방식이라 이 과정에서 의사결정자의 편견과 사심이 개입될 여지를 최소화할 수 있다는 점이다. 그럼에도 불구하고 생성형 AI가 확인할 수 없는 사항도 있다. 즉 직원 개개인의 평판, 성품 및 특성, 기존 부서원들과의 조화 정도, 현 소속 부서에 미칠 영향 등은 인사팀과 리더가 입체적으로 고려하여 책임감 있게 판단해야만 한다. 생성형 AI와 협업하되 인력운영 담당자가 자신만의 통찰력과 전문성을 발휘해야 할 포인트이다.

AI로 부서 배치 면담에 날개 달기

04

'회사 안'에서의 이동이라 해도 직원이 부서를 옮기는 것은 새로운 상사, 동료, 업무환경을 맞는 것이기에 이직을 할 때와 유사한 스트레스를 받을 수 있다. 정기 공채로 입사한 신입사원들도 입문교육을 마치고 최초로 부서 배치를 받을 때는, 그것이 향후의 회사생활에 결정적 영향을 미칠 것이라는 생각 때문에 긴장감이 매우 높다.

이처럼 '부서 배치'는 당사자에게는 매우 중요한 사안이라 관련 면담을 실시하는 인사 담당자나 리더도 적잖이 부담감을 느낄 수밖에 없다. 길지 않은 시간일 수 있지만 대상자가 회사의 의사결정을 수용하고 옮겨 가는 부서와 직무에서 최대한의 성과를 낼 수 있도록 동기부여 되는 방향으로 최선의 결정이 이루어져야 한다. 따라서 인사 담당자와 리더는 배치 면담 준비도 사전에 충분한 정도로 해둘 필요가 있다.

챗GPT, 부서 배치 면담을 도와줘!

챗GPT를 활용하면 부서 배치 면담을 위한 기본 스크립트도 더욱 효율적이고 전략적으로 준비할 수 있는데, 전자제품 제조 및 판매 회사의 디지털마케팅 부서 팀장의 상황을 가정해서 이야기해보자.

이 회사에서는 최근 사내 잡 포스팅에 팀원 중 2명이 지원했다. 부서 사정상 2명 모두를 보낼 수는 없고 그중 1명만 선택해 의사결정을 해야 하는 상황이다. 어느 팀원에게 먼저 기회를 부여할지, 각각의 팀원과 어떻게 면담을 진행하면 좋을지 챗GPT의 도움을 받아 관련 팁을 얻어보자.

먼저 챗GPT에게 맥락을 학습시키기 위해, 부서 배치 의사결정을 요청한 인사팀에 회신하는 메일부터 작성한다. 관련 정보를 처음 입력하는 것인 만큼 가능한 한 자세히 설명해 학습시키는 것이 좋다.

 내부 인력이동 관련 메일 작성하기

프롬프트 작성 예시

[역할]
저는 전자제품 제조/판매 회사의 디지털마케팅 부서의 팀장입니다.

[상황/지시사항]
우리 팀에서 다른 직무로 전환을 희망하는 팀원 2명의 정보와 선정 기준을 고려해 둘 중 어느 팀원을 먼저 직무전환을 해주면 좋을지 추천해주세

요. 그 판단 근거와 선택별 장단점을 상세하게 설명하면서 인사팀에 회신할 메일을 작성해주세요.

- 김철수: 제품영업팀으로 전배[전환배치] 희망. 디지털마케팅 직무 7년, 최근 3년 성과 중간 수준, 과거 제품영업 직무 5년 경험, 향후 제품영업 직무 전문가로 성장 희망, 리더십 우수
- 이영희: 상품기획팀으로 전배 희망. 디지털마케팅 직무 3년, 최근 3년 성과 최고 수준, 과거 제품영업 직무 2년 경험, 향후 디지털마케팅 직무 임원으로 성장 희망, 성과 창출 능력 우수
- 선정 기준: 최근의 성과, 팀원 정서 관리, 직무 간 유사성

[결과 포맷]

인사팀에 보내는 메일인 만큼 정성스럽고 신중한 표현, 전문적 표현을 활용하고 내용을 꼼꼼히 검토해서 작성해주세요.

챗GPT 답변 예시

안녕하세요,

저는 디지털마케팅 부서 팀장 [이름]입니다. 김철수와 이영희 팀원의 직무 전환에 관한 사항을 결정하여 공유합니다.

먼저 김철수 팀원은 디지털마케팅 분야에서 7년의 근무 경력을 보유하고 있습니다. 최근 3년 동안 중간 수준의 성과를 보여주었으며, 이전에는 제품영업 직무를 5년간 수행한 경험이 있습니다. 김철수 팀원은 후배들을 잘 이끄는 리더십 능력을 보유하고 있습니다.

한편 이영희 팀원은 디지털마케팅 분야에서 3년 동안 우수한 성과를 냈으며, 이전에는 제품영업 직무를 수행한 경험이 있습니다. 이영희 팀원은 상품기획 직무를 희망하고 있으며, 이 분야에서 전문가로 성장하고자 합니다. 김철수 팀원을 먼저 제품영업 직무로 전환하는 경우,

- 장점: 김철수 팀원은 디지털마케팅 및 제품영업 직무 경험이 있어 제품영업 직무로의 전환을 통해 조직 내에서 리더십을 발휘할 수 있습니다.
- 단점: 김철수 팀원의 전환으로 인해 팀 내의 디지털마케팅 역량이 일시적으로 감소할 수 있으며, 이로 인해 팀의 올해 성과에 영향을 줄 수 있습니다. 또한 김철수 팀원이 전환하게 되면 후배 팀원을 리드할 수 있는 간부급 인력이 부재할 수 있습니다.

이영희 팀원을 먼저 상품기획 직무로 전환하는 경우,
- 장점: 이영희 팀원은 최근 디지털마케팅 직무에서 최고 수준의 성과를 달성한 경험이 있습니다. 상품기획 직무로의 전환 후 조직의 다양한 역할을 경험할 수 있으며, 이는 조직 내 리더로서 성장하는 데 도움이 될 것입니다.
- 단점: 이영희 팀원이 직무전환을 하게 되면 김철수 팀원을 전환하는 것보다 단기적으로는 실무적 차원에서 팀의 역량 저하가 예상됩니다. 최고 수준의 성과를 내고 있는 팀원이 이탈하여 동료들 사이에서 올해 성과에 대한 걱정과 사기 저하 또한 있을 수 있습니다.

이러한 장단점을 고려했을 때 저의 최종 추천은 이영희 팀원을 먼저 상품기획 직무로 전환하는 것입니다.
이영희 팀원은 이미 최고 수준의 디지털마케팅 성과를 보유하고 있으며, 상품기획 직무를 통해 조직 내에서 다양한 역할을 수행할 기회를 제공함으로써 커리어 개발을 지원할 수 있습니다.
또한, 김철수 팀원이 제품영업 직무로의 전환을 기다리는 동안 이영희 팀원이 상품기획 직무를 경험하고 다시 디지털마케팅 부서로 돌아오도록 한다면 디지털마케팅 직무 역량을 유지하여 팀의 장기적 성과에도 긍정적 영향을 미칠 것으로 기대됩니다.

이에 대한 최종 결정은 회사의 전략과 조직적 요소를 고려하여 인사 부서에서 해주시기 바랍니다.

궁금한 점이 있으시면 언제든지 연락 주시기 바랍니다. 고맙습니다.

위의 정보를 바탕으로 이영희·김철수 팀원과 각각 면담할 때 활용할 스크립트를 챗GPT에 다시 요청할 수 있다.

 팀 이동을 결정한 팀원과의 면담 스크립트 만들기

프롬프트 작성 예시

[상황/지시사항]

그러면 먼저 직무를 전환하는 이영희 팀원과 면담할 수 있는 스크립트를 작성해주세요. 김철수 팀원보다 먼저 직무를 전환하게 되었다고 알려주고, 지난 3년 동안 디지털마케팅 부서에서 거둔 성과에 대해 깊이 감사한다는 메시지를 포함해주면 좋겠습니다. 그리고 회사의 핵심 인재로서 상품기획 직무를 경험해보도록 기회를 주는 것이고, 5년 후 디지털마케팅 부서로 돌아와 그때는 팀장 후보로서 리더십 역량을 강화하기를 기대한다는 이야기도 포함해주세요.

[결과 포맷]

1,000자 정도의 친근한 어투로 부탁드립니다.

챗GPT 답변 예시

안녕하세요, 이영희 프로님!

우리 회사의 디지털마케팅 부서에서 상품기획 직무로의 전환에 대해 이야기하려 합니다. 먼저, 이영희 프로님께서 김철수 팀원보다 먼저 직무전환을 하게 되었다는 소식을 전해드리게 되어 매우 기쁩니다.

지난 3년 동안 디지털마케팅 부서에서 보여준 뛰어난 성과에 대해 진심으로 감사드립니다. 프로님의 열정과 노력이 팀의 성과에 큰 기여가 되었고, 항상 우리 팀의 중요한 구성원으로 자리를 지켜왔습니다.

이번에 상품기획 직무로의 전환은 프로님이 회사의 핵심 인재로서 다양한 경험을 쌓고 새로운 영역에서 도전할 기회를 제공받도록 하기 위한 것입니다. 프로님의 역량과 잠재력을 고려하여 상품기획 분야에서의 성공을 기대하고 있습니다.

또한 상품기획 직무를 경험하고 나서 5년 뒤에는 디지털마케팅 부서로 돌아와 팀 내 리더 역할을 맡을 가능성을 열어두고 싶습니다. 프로님의 리더십 역량이 더욱 향상되고, 회사의 발전에 기여할 그날을 기대하고 있습니다.

이영희 프로님께서 상품기획 직무로의 전환에 동의하신다면, 이후 디지털마케팅팀 내에서 지속적 성장과 발전을 할 수 있도록 준비에 최선을 다하겠습니다. 멋진 활약을 응원합니다!

다음으로, 직무전환이 어렵게 된 김철수 직원에 대한 면담도 챗 GPT와 함께 준비해보자.

직무전환에서 탈락한 팀원과의 면담 스크립트 준비하기

프롬프트 작성 예시

[상황/지시사항]

이번에는 직무전환에서 탈락한 김철수 팀원과 면담할 수 있는 스크립트를 작성해주세요.

이영희 팀원이 먼저 직무전환을 하게 되었다고 공개적으로 알려주고, 많이 아쉽지만 지난 7년 동안 우리 부서를 위해 애써준 사실에 깊이 감사한다는 메시지를 포함해주면 됩니다. 다만 아직 다른 직무에 도전하기보다는 현재 맡고 있는 디지털마케팅 직무의 역량을 더 발전시켜야 한다고 이야기해주고 싶습니다.

그리고 지금 간부급으로서 팀의 후배사원들을 잘 관리해주고 있음을 인정해주고, 현재의 팀에서 2년 정도 근무한 후에 직무전환을 다시 고민해보자는 메시지를 담아주세요. 직무를 전환하지 않고 좋은 퍼포먼스를 보여준다면 이 팀의 팀장 후보로 생각하고 있다는 이야기도 포함해주세요.

[결과 포맷]

길이와 어투는 이영희 팀원 면담 스크립트와 동일하게 해주세요.(1,000자 정도의 친근한 어투)

챗GPT 답변 예시

김철수 프로님, 우리 팀에서 이야기되고 있는 직무전환에 대해 말씀드리려 합니다. 우선, 이영희 프로님이 먼저 직무전환을 하게 되었다는 소식을 전해드리게 되어 매우 아쉬운 마음입니다.

지난 7년 동안 프로님께서 우리 부서를 위해 헌신적으로 일해주신 점에

> 깊이 감사드립니다. 프로님의 노력 덕분에 우리 팀은 많은 성과를 이루었고, 프로님은 항상 신뢰할 수 있는 중요한 구성원으로서 역할을 해주셨습니다.
> 그러나 현재 프로님이 디지털마케팅 직무에서 제품영업 직무로의 전환을 희망하시는 것은 이해하지만, 저희는 프로님이 현재 하고 있는 디지털마케팅 직무에서의 역량을 더욱 강화하고 발전시켜나가는 것이 좋다고 판단하고 있습니다.
> 또한 프로님이 현재 간부급으로서 팀 내 후배사원들을 훌륭하게 리드하고 계시는 모습을 충분히 인정해드리고 싶습니다. 지금 이 팀에서 프로님께서 2년 정도 더 근무하시고, 그동안 현재 직무에서의 성과를 높인 다음, 다시 한번 직무전환을 고민해보는 것이 어떨지 고려해보시기를 제안드립니다.
> 직무를 전환하지 않더라도 프로님이 지금처럼 뛰어난 리더십을 보여주며 보다 높은 수준의 업무 성과를 계속 유지해주시면, 저희는 이 팀의 팀장 후보로서 프로님께 그만큼의 기회를 드리고자 합니다. 고맙습니다.

이렇게 챗GPT를 학습시켜 다양한 버전의 배치 면담 스크립트를 생성해내고 참조할 수 있다. 다만, 앞서 언급한 바와 같이 사내 직무, 부서 이동은 직원 개인에게는 이직만큼이나 긴장감과 스트레스를 수반하는 일이기에 인사 담당자 및 조직 리더의 세심한 접근이 필요하다. 그러므로 챗GPT를 통해 효율화한 시간을 활용하여 직원 개개인이 처해 있는 다양한 상황을 입체적으로 살펴 그들의 성장을 진심으로 응원하는 마음이 담긴 면담을 준비해야 한다.

수요가 있는 포스트에 내부 인력을 재배치함으로써 개인은 조직 내 성장의 기회를 얻어 역량을 향상할 수 있고, 새로운 자극을 받으며 더 많은 성과를 창출할 수 있다. 최근 직원들이 상위 직급·직책으로의 승진이나 영전보다 다양한 경험을 통해 전문성과 역량을 확장시키는 성장에 더욱더 동기부여 된다는 전문가들의 의견도 있는 만큼, 인사 담당자는 내부 인재시장의 활성화에 보다 깊은 관심을 갖고 챗GPT를 활용해 효율적으로 운영해나갈 필요가 있다.

회사 차원에서도 부서 및 직무별 적정 인력 운영, 외부 채용 최소화는 물론 내부 인력의 성장과 추가적 성과 창출 등으로 얻을 수 있는 순이익을 고려하면 인사팀의 내부 인재시장 활성화 노력은 영업사원이 얻어내는 대형 수주 못지않은 성과로 돌아올 것이다. 그런 의미에서 효율적 인력 재배치를 지원하는 도구로서 인사 담당자들에게 챗GPT가 적절히 활용되기를 기대한다.

6장

조직 몰입을 촉진하는 AI

생성형 AI는 인사팀 혹은 인사 담당자의 활용 역량에 따라 직원들의 회사 내 다양한 경험을 더 긍정적으로 만들어줄 수 있다. 사실 과거에는 많은 인사팀 인력이 투입되었고 그렇기 때문에 인사팀원의 성향에 따라 조금씩 다른 직원 서비스가 제공되기도 했다. 다시 말해 직원들의 서비스 경험이 일관성을 갖지 못하는 경우가 생겼다. 반면에 생성형 AI는 이런 대직원 서비스 품질을 고르게 관리해줄 수 있다. 앞으로는 더 많은 사람이 생성형 AI 챗봇과 대화하며 회사생활을 더 편안하고 안락하게 영위하게 될 것이다. 따라서 인사팀 직원이 생성형 AI와 보다 가까워진다면 직원들에게도 더 풍부하고 더 긍정적인 회사생활의 경험을 제공할 수 있다.

직원의 마음을 읽고 해석을 도와주는 생성형 AI

01

오늘날 조직에서 근무하는 직원들은 그 어느 때보다도 나이와 성향 등이 다양하다. Z세대부터 베이비부머세대까지 4세대가 함께 근무하다 보니 이들이 가진 욕구의 다채로움이란 어쩌면 지극히 당연한 일이라 하겠다. 이를테면 Z세대는 커리어에 대한 고민이 많고 성장 욕구가 크며 새로운 도전을 즐기면서도 한편으로는 직장생활 이외에 개인생활에도 매우 큰 가치를 둔다.[22] 반면 조직에서 현재 리더 역할을 수행하는 베이비부머세대는 지금까지 개인생활보다는 조직생활에 더 많은 시간과 노력을 할애해왔으나 자신이 보유한 스킬이 쇠퇴하고 있음을 느끼며, 그런 까닭에 현 조직을 떠나 제2의 인생을 준비해야 하는 것이 아닌가 고민하고 있다.[23]

이렇듯 다양한 욕구를 가진 직원들의 고충이 무엇인지 파악하고 회사생활 만족도를 확인하기 위해 조직에서는 정기적으로 설문조사를 실시한다. 그런데 이전에는 단 하나의 프레임워크에 동일한 설문 문항을 전 직원에게 적용해왔던 것이 사실이다. 질문의 문항이 동일하다 보니 다양한 계층의 서로 다른 생각을 비교하는 데는 도움이 되었지만 각 계층이 지닌 고유한 욕구는 파악하기가 어려웠다. 물론 인사팀 내의 조직행동 과학자들이 세대, 성별, 직급, 직군 등 여러 계층을 분류하고 이들에 맞추어 설문 문항을 개발할 수도 있겠지만, 이는 많은 노력과 시간이 소요되는 일일 뿐 아니라 그 니즈가 변화할 때마다 새로 설문 문항을 개발해야 하므로 현실적으로 시행이 쉽지 않은 과제였다. 하지만 생성형 AI를 활용하면 인사 담당자의 설문 개발과 분석 시간을 크게 단축할 수 있다는 점에서 매우 고무적인 변화가 아닐 수 없다.

AI로 계층별 특성을 고려한 맞춤형 설문 문항 만들기

이제 AI로 여러 계층별 특성을 고려한 설문 문항을 보다 짧은 시간에 개발할 수 있으며, 때로는 직원의 응답 결과에 따라 서로 다른 설문 문항을 개발할 수도 있다. 물론 이전에도 많은 시간을 들여 각 계층별로 설문 문항을 개발하고자 노력했으나, 그렇게 한다 하더라도 각각의 계층별 맞춤 분석은 업무량을 늘려 적지 않은 부담이 되었던 게 사실이다. 그러나 요즘은 이 분석마저 AI로부터 도움을 받을 수 있다.

이렇게 문항 개발과 분석이 용이해지면 직원 정서 파악을 지금처럼 1년에 1~2회로 제한할 필요가 없을 것이다. 즉, 직원 정서를 수시로 확인하는 조사인 펄스서베이(Pulse Survey)가 보편적으로 사용될 수 있어, 직원 정서를 실시간으로 모니터링하는 것이 용이해진다.

그렇다면 이제, 생성형 AI를 사용해 세대별 회사생활 만족도 설문 문항을 어떻게 만들 수 있는지 알아보자.

 세대별 회사생활 만족도 설문 문항 만들기

프롬프트 작성 예시

[역할]

저는 IT 대기업의 조직문화를 담당하는 HR 실무자입니다.

[상황]

직원들의 회사생활 만족도를 파악하기 위한 설문 문항을 10개 개발하고자 합니다. 그런데 세대별로 문항을 다르게 개발하고자 합니다.

[지시사항]

Z세대, 밀레니얼세대, X세대, 베이비부머세대 등 각 세대별로 회사생활 만족도를 확인할 수 있는 문항을 10개씩 개발하되, 3개 문항은 공통으로 하고 나머지 7개 문항은 세대별 특징을 고려하여 차별적으로 개발해주세요.

챗GPT 답변 예시

회사생활 만족도를 파악하기 위한 설문 문항을 세대별로 차별화하되, 3개는 공통 문항으로 하고 7개는 세대별로 특화하여 작성해보겠습니다. 공통 문항은 모든 세대가 공감할 수 있는 직장생활의 일반적 요소에 초점을 맞추고, 세대별 문항은 각 세대의 가치관과 직장생활에서 중요하게 생각하는 점을 반영해 개발하겠습니다.

공통 문항(모든 세대에 해당)

1. 현재 회사의 복리후생에 얼마나 만족하시나요?

    매우 만족 / 만족 / 보통 / 불만족 / 매우 불만족

2. 회사 내에서 자신의 의견이 존중받는다고 느끼시나요?

    매우 그렇다 / 그렇다 / 보통이다 / 그렇지 않다 / 전혀 그렇지 않다

3. 직장 업무와 개인생활의 균형을 잘 유지하고 있다고 생각하시나요?

    매우 그렇다 / 그렇다 / 보통이다 / 그렇지 않다 / 전혀 그렇지 않다

Z세대(1997년 이후 출생)

1. 회사가 제공하는 성장 기회(교육, 멘토링 등)에 얼마나 만족하시나요?

    매우 만족 / 만족 / 보통 / 불만족 / 매우 불만족

2. 회사에서 새로운 아이디어를 시도할 기회가 충분하다고 생각하시나요?

    매우 그렇다 / 그렇다 / 보통이다 / 그렇지 않다 / 전혀 그렇지 않다

3. 현재 직장에서 제공하는 유연근무제(재택근무, 근무시간 선택 등)에 얼마나 만족하시나요?

    매우 만족 / 만족 / 보통 / 불만족 / 매우 불만족

4. 회사 내에서 디지털 도구(메신저, 협업 툴 등)를 사용한 업무 처리가 원활하다고 느끼시나요?

    매우 그렇다 / 그렇다 / 보통이다 / 그렇지 않다 / 전혀 그렇지 않다

5. 회사의 가치관과 본인의 개인적 가치관이 잘 맞는다고 생각하시나요?

    매우 그렇다 / 그렇다 / 보통이다 / 그렇지 않다 / 전혀 그렇지 않다

6. 직장에서 팀 내 소통 방식에 얼마나 만족하시나요?(예: 메시지, 영상통화 등)

    매우 만족 / 만족 / 보통 / 불만족 / 매우 불만족

7. 회사가 사회적 책임(ESG 등)에 얼마나 기여하고 있다고 생각하시나요?

   매우 기여한다 / 기여한다 / 보통이다 / 기여하지 않는다 / 전혀 기여하지 않는다

밀레니얼 세대(1981~1996년 출생)

1. 현재 업무에서의 성장 가능성에 얼마나 만족하시나요?

   매우 만족 / 만족 / 보통 / 불만족 / 매우 불만족

2. 회사 내에서의 경력개발(승진, 이동 기회)에 대해 만족하시나요?

   매우 만족 / 만족 / 보통 / 불만족 / 매우 불만족

3. 회사의 리더십(경영진)을 신뢰하고 있습니까?

   매우 신뢰한다 / 신뢰한다 / 보통이다 / 신뢰하지 않는다 / 전혀 신뢰하지 않는다

4. 직장에서의 팀워크와 협업 문화에 대해 얼마나 만족하시나요?

   매우 만족 / 만족 / 보통 / 불만족 / 매우 불만족

5. 회사가 워라밸(업무와 개인생활의 균형)을 지원하기 위해 충분한 제도를 제공하고 있다고 생각하시나요?

   매우 그렇다 / 그렇다 / 보통이다 / 그렇지 않다 / 전혀 그렇지 않다

6. 현재 직장에서 인정받고 있다는 느낌을 받으시나요?

   매우 그렇다 / 그렇다 / 보통이다 / 그렇지 않다 / 전혀 그렇지 않다

7. 회사의 사내 복지 프로그램(건강관리, 문화 활동 등)에 얼마나 만족하시나요?

   매우 만족 / 만족 / 보통 / 불만족 / 매우 불만족

X세대(1965~1980년 출생)

1. 현재 업무에서 본인의 경험이 존중받고 있다고 느끼시나요?

   매우 그렇다 / 그렇다 / 보통이다 / 그렇지 않다 / 전혀 그렇지 않다

2. 현재 직장에서 승진 및 보상 체계에 얼마나 만족하시나요?

   매우 만족 / 만족 / 보통 / 불만족 / 매우 불만족

3. 업무의 책임과 권한이 명확하게 정의되어 있다고 생각하시나요?

　매우 그렇다 / 그렇다 / 보통이다 / 그렇지 않다 / 전혀 그렇지 않다

4. 회사의 장기 비전과 전략에 공감하고 있습니까?

　매우 그렇다 / 그렇다 / 보통이다 / 그렇지 않다 / 전혀 그렇지 않다

5. 팀 내에서 연령 차이에 따른 소통이나 협업에 어려움이 있다고 느끼시나요?

　매우 그렇다 / 그렇다 / 보통이다 / 그렇지 않다 / 전혀 그렇지 않다

6. 회사에서 제공하는 정년 후 대비 프로그램(퇴직연금, 재취업 지원 등)에 얼마나 만족하시나요?

　매우 만족 / 만족 / 보통 / 불만족 / 매우 불만족

7. 직장에서 본인의 경력에 대한 인정과 지원을 받고 있다고 느끼시나요?

　매우 그렇다 / 그렇다 / 보통이다 / 그렇지 않다 / 전혀 그렇지 않다

베이비부머 세대(1946~1964년 출생)

1. 현재 회사에서 본인의 경험과 전문성이 충분히 반영되고 있다고 생각하시나요?

　매우 그렇다 / 그렇다 / 보통이다 / 그렇지 않다 / 전혀 그렇지 않다

2. 회사의 연봉 및 보상 정책에 얼마나 만족하시나요?

　매우 만족 / 만족 / 보통 / 불만족 / 매우 불만족

3. 회사 내에서 본인이 신뢰받는다고 느끼시나요?

　매우 그렇다 / 그렇다 / 보통이다 / 그렇지 않다 / 전혀 그렇지 않다

4. 업무의 명확성(업무 분장, 역할 등)에 만족하시나요?

　매우 만족 / 만족 / 보통 / 불만족 / 매우 불만족

5. 회사의 조직문화가 과거에 비해 많이 달라졌다고 느끼시나요?

　매우 그렇다 / 그렇다 / 보통이다 / 그렇지 않다 / 전혀 그렇지 않다

6. 정년 이후의 삶을 준비하는 데 회사가 충분한 지원을 제공해준다고 생각하시나요?

　매우 그렇다 / 그렇다 / 보통이다 / 그렇지 않다 / 전혀 그렇지 않다

> 7. 본인의 경험을 후배 직원들에게 전수할 기회가 충분하다고 느끼시나요?
> 매우 그렇다 / 그렇다 / 보통이다 / 그렇지 않다 / 전혀 그렇지 않다
>
> 이와 같이 세대별로 회사생활에서 중요하게 여기는 요소가 다르므로, 각 세대의 가치관과 필요를 반영한 차별화된 문항을 통해 만족도를 측정할 수 있습니다.

AI를 사용하여 설문에 대한 다양한 보기를 손쉽게 작성

특정 설문은 그 답변에 따라 세부 질문이 추가로 필요할 수 있다. 이때 응답자가 그렇게 답변하게 된 이유를 생성형 AI에 다시 물어보며 확인할 수 있다. 예를 들어, 앞서 생성형 AI가 제안한 설문 문항 중 하나인 "현재 회사의 복리후생에 얼마나 만족하시나요?"에 대한 직원의 답변이 "매우 불만족"이었다면, 이전에는 설문을 끝낸 뒤 직원과 인터뷰 등으로 그러한 답변의 이유나 배경을 파악하는 것이 일반적이었다. 하지만 이제는 생성형 AI가 직원들이 대답하기 쉽고 인사팀이 통계를 내기도 쉽게 도와줄 수 있다. 즉 이전 답변의 이유와 관련해 나올 수 있는 응답을 미리 여럿 제시하고 그중에서 직원들이 고를 수 있도록 해주는 것이다. 이때 프롬프트는 처음부터 다시 작성할 필요 없이, 앞서 얻은 결과에 이어 다음과 같이 추가 질문만 하면 된다.

PROMPT 추가 질문과 세부 답변 만들기

프롬프트 작성 예시

[상황]

위의 설문 문항 중 "현재 회사의 복리후생에 얼마나 만족하시나요?"라는 질문에 대해 '매우 불만족'이라고 응답했습니다.

[지시사항]

직원들이 회사의 복리후생에 대한 만족도가 낮은 이유와 관련하여 선택할 수 있는 답변을 5개 만들어주세요.

챗GPT 답변 예시

① **복리후생 혜택이 실질적으로 도움이 되지 않음**: 제공되는 복리후생이 실제 생활에 큰 도움이 되지 않거나 필요하지 않다고 느낍니다.

② **복리후생의 선택권 및 다양성이 부족함**: 개인의 상황이나 선호에 맞는 복리후생 옵션이 부족하여 선택의 폭이 좁다고 느낍니다.

③ **복리후생 정보 제공이 부족하거나 복잡함**: 복리후생 관련 혜택에 대한 정보가 충분히 전달되지 않거나 이용 절차가 복잡하여 쉽게 활용할 수 없습니다.

④ **타 회사와 비교하여 복리후생이 부족함**: 동종 업계나 다른 회사들과 비교했을 때 복리후생 혜택의 경쟁력이 떨어진다고 생각합니다.

⑤ **복리후생이 최신 트렌드를 반영하지 못함**: 직원들의 다양한 요구(예: 재택근무 지원, 심리상담 프로그램 등)나 최근의 트렌드를 반영한 복리후생 제도가 부족하다고 느낍니다.

통계전문가 역할을 수행해주는 AI

생성형 AI는 조직문화 담당자에게 가장 큰 어려움 중 하나로 여겨지는 작업인 설문 통계 분석도 도와준다. 즉, 생성형 AI에 직원들의 응답 결과를 엑셀 등 파일로 업로드하고 분석을 요청하면 빈도, 상관 분석, 집단 간 응답 결과 차이, 만족도에 영향을 주는 주요 요인을 확인하는 회귀 분석 등을 종합적으로 실행해주고, 조사 결과까지 해석해준다. 따라서 이제는 인사 담당자들이 통계 분석 방법을 자세히 모르더라도 다양한 통계 분석을 할 수 있게 되었다. 더 놀라운 것은 몇 시간 또는 며칠이 걸리던 분석이 이제 단 몇 분이면 가능해졌다는 점이다. 데이터 파일을 업로드하고 데이터 내용을 요약해달라는 지시를 하고자 한다면 다음과 같이 요청하면 된다.

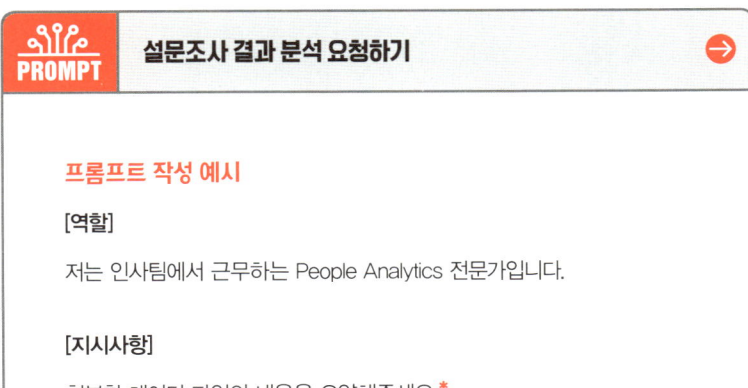

PROMPT 설문조사 결과 분석 요청하기

프롬프트 작성 예시

[역할]
저는 인사팀에서 근무하는 People Analytics 전문가입니다.

[지시사항]
첨부한 데이터 파일의 내용을 요약해주세요.*

---

* 〈https://www.kaggle.com/datasets/bhanupratapbiswas/hr-analytics-case-study〉에서 제시된 데이터 중 15개 변수만 추출하여 사용.

챗GPT 답변 예시

데이터 파일은 직원에 대한 정보가 포함된 탭으로 구분된 값(TSV) 파일입니다. 여기에는 다음 필드와 함께 1470개의 행과 15개의 열이 포함됩니다.

1. 나이: 직원의 나이입니다.
2. Business Travel: 출장 빈도(예: '여행_드물게', '여행_자주').
3. 부서: 직원이 근무하는 부서(예: '영업', '연구개발')입니다.
4. 집으로부터의 거리: 집에서 직장까지의 거리(일부 측정 단위).
5. 교육: 직원의 교육 수준입니다.
6. 교육분야: 교육 분야(예: '생명과학', '의료', '기타').
7. ID: 직원 ID입니다.
8. 환경 만족도: 근무환경에 대한 직원의 만족도입니다.
9. 성별: 직원의 성별('남성' 또는 '여성')입니다.
10. Job Involvement: 직무에 대한 참여 수준입니다.
11. Job Satisfaction: 직업만족도 수준입니다.
12. 결혼 상태: 직원의 결혼 상태(예: '미혼', '기혼')입니다.
13. 소득: 직원의 소득입니다.
14. 관계만족도: 관계만족도를 나타내는 한국어 열입니다.
15. 워라밸 만족도: 한국어로 된 또 다른 칼럼으로, 일과 삶의 균형 만족을 언급하는 것으로 추정됩니다.

이 데이터에 대한 구체적 분석이나 요약을 원하시나요? 예를 들어 평균 연령, 부서 분포, 성별 비율 등?

You
네

❹
1. 나이 분포:
- 평균 나이: 36.92세
- 최소 나이: 18세
- 최대 나이: 60세

2. 출장 빈도:
- 가끔 출장: 70.95%
- 자주 출장: 18.84%
- 출장 없음: 10.20%

3. 부서 분포:
- 연구 및 개발: 65.37%
- 영업: 30.34%
- 인사: 4.29%　　(계속)

❺
You

위의 출장 빈도, 결혼 상태, 성별 비율을 잘 설명할 수 있는 그래프를 그려주세요.

❻
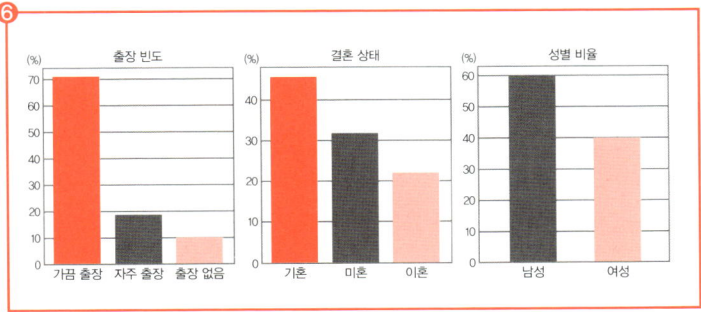

①챗GPT가 파악한 데이터를 소개. ②챗GPT가 스스로 다음 분석을 제안. ③사용자가 '네'라고 대답. ④변수별로 비율 등 데이터에 맞게 적절한 분석을 실시. ⑤사용자가 적절한 그래프를 그려달라고 요청. ⑥챗GPT가 막대그래프를 그려줌.

통계 분석 결과를 요청하면 적절한 통계 분석을 제안해 실제로 분석을 실시한 뒤 그 의미까지 구체적으로 해석해준다. 다음의 프롬프트는 앞의 사례에서 출장 빈도가 높을 때 워라밸 만족도가 하락하는지 확인하기 위해 차이 분석 실시를 생성형 AI에게 요청한 경우다.

PROMPT 통계 분석과 의미 해석 요청하기

❶ You
'출장 빈도'에 따라 '워라밸 만족도'가 통계적으로 차이가 있는지 분석해주세요.

❷
출장 빈도(가끔 출장, 자주 출장, 출장 없음)를 기준으로 직원의 일과 삶의 균형 만족도(워라밸 만족도)를 비교하기 위해 실시한 일원 분산 분석(One-way ANOVA) 테스트 결과는 다음과 같습니다.

- F-통계량: 0.118
- P-값: 0.8887

❸
p-값은 기존 알파 수준인 0.05보다 훨씬 높습니다. 이러한 결과는 출장 빈도에 따른 직원들의 일과 삶의 균형 만족도에 통계적으로 유의미한 차이가 없음을 시사합니다. 즉, 직원이 업무상 자주 출장을 가는지, 드물게 출장을 가는지, 전혀 출장을 가지 않는지 여부는 이 데이터세트에서 일과 삶의 균형에 대해 보고된 만족도에 큰 영향을 미치지 않습니다.

①사용자가 챗GPT에게 집단 간 차이 분석을 요청. ②챗GPT가 통계량을 제시. ③챗GPT가 통계량의 의미를 구체적으로 해석해줌.

AI의 도움으로 텍스트 속 감정 읽기

생성형 AI는 정형의 데이터만이 아니라 비정형 데이터도 손쉽게 분석해준다. 인사 담당자가 각종 자유 기술형 텍스트 결과를 매번 전부 읽어보기도 어렵고 만약 읽었다 하더라도 어떤 주제가 얼마나 나왔는지, 각 주제에 대해 직원들의 감정 상태가 어떤지를 파악하려면 통계 분석 전문성이 있어야만 가능하다. 그런데 생성형 AI의 도움을 받으면 마치 피플 애널리틱스 전문가처럼 기술형 텍스트도 상세하게 분석할 수 있다.

 기술형 텍스트 및 직원의 감정 상태 분석하기

프롬프트 작성 예시

[역할]
저는 People Analytics 전문가입니다.

[상황]
아래는 우리 회사 직원들이 조직문화에 대해 그 문제점을 기술한 내용입니다.

[지시사항]
아래 직원들이 작성한 문제점을 읽고 이를 종합하여 분석하고 더불어 직원들의 감정이 어떤지 알려주세요.

 # 직원들이 작성한 조직문화 문제점

- 직원1: 우리 회사는 미래가 없어 보인다. 경영진이 비전을 제시하지 못하고 있다.
- 직원2: 부서 간 소통이 안 되고 서로 이기적이어서 전체 목표달성이 어렵다. 또한 사업의 미래를 잘 모르겠다. 이제는 후발주자가 아니라 선두가 되어야 한다.
- 직원3: 부서장이 직원 목소리를 듣지 않는다. 일방적으로 결정하니 매번 당황스럽다.
- 직원4: 우리 회사가 어디로 가려고 하는지 나는 모르겠다. 내 미래도 불안할 수밖에 없다.
- 직원5: 경영진이 직원들의 목소리를 들으려 하지 않는다. 또한 경영진은 회사의 방향성도 제시하지 못하고 있다.
- 직원6: 우리 회사의 복리후생이 정말 후졌다. 다른 회사와 복리후생을 비교해보면 화가 난다.
- 직원7: 근무시간이 너무 길어 힘들다. 워라밸이 있는 조직에서 근무하고 싶다.
- 직원8: 부서장이 나를 괴롭혀서 다른 부서로 이동하고 싶은데, 전배 기회가 너무 부족하다.
- 직원9: 나는 계속해서 같은 부서에서 같은 업무를 하고 있고 재미가 너무 없고 지루하다. 6년째 동일한 업무를 하다 보니 다른 업무를 해보고 싶은데 기회가 없다.
- 직원10: 부서장이 나를 따돌린 채 몇몇 가까운 사람에게 좋은 평가를 해주고 있다. 내가 아무리 좋은 성과를 내도 좋은 평가를 받을 수 없어 열심히 일하고 싶지 않다.

챗GPT 답변 예시

문제점 분석

1. 경영진의 비전 및 방향성 부족

직원1, 2, 4, 5의 문제제기를 통해 확인할 수 있듯이, 경영진의 명확한 비전 제시가 부족합니다. 회사가 나아가야 할 방향성에 대한 혼란이 퍼져 있으며, 직원들은 회사의 미래에 대해 불안해하고 있습니다. 특히 직원들은 경영진이 직원들의 의견을 충분히 수렴하지 않고 있다는 불만도 제기하고 있어, 경영진과 직원 간의 소통 부재가 큰 문제입니다.

2. 부서 간 협력 및 소통 부족

직원2가 지적한 바와 같이, 부서 간 소통 부족이 회사의 목표달성에 부정적 영향을 미치고 있습니다. 부서들이 이기적으로 행동하며 서로 협력하지 않으면서 조직 전체의 목표를 달성하기는 어렵다는 점이 드러나 있습니다.

3. 리더십 문제(부서장의 독단적 결정과 불공정성)

직원3, 8, 10의 문제제기는 부서장의 독단적 의사결정과 불공정한 평가가 조직 내 큰 불만 요인임을 보여줍니다. 부서장이 직원들의 의견을 듣지 않고 일방적 결정을 내리며, 일부 직원들에게만 좋은 평가를 주는 불공정한 태도가 직장 내 스트레스를 가중시키고 있습니다. 이로 인해 일부 직원들은 의욕을 상실하고 있으며, 내부 인사이동에 대한 기회 부족도 문제로 지적됩니다.

4. 복리후생에 대한 불만

직원6은 복리후생에 대한 불만을 강하게 표출하고 있습니다. 회사가 제공하는 복리후생이 다른 회사들에 비해 크게 부족하다고 느끼며, 이로 인해 불만과 분노를 느끼고 있습니다.

5. 워크라이프 밸런스 부족

직원7은 근무시간이 지나치게 길어 워라밸이 심각하게 훼손된 상태라고 지적합니다. 긴 근무시간은 직원들의 신체적·정신적 피로를 가중시키며, 그래서 직원들은 더 나은 근무환경을 갈망하고 있습니다.

6. 경력개발 및 인사이동 기회의 부족

직원9는 6년 동안 동일한 업무를 반복하면서 직무에 대한 지루함과 권태감을 호소하고 있습니다. 새로운 업무를 시도할 기회가 제공되지 않아 경력개발의 기회가 부족하다고 느끼며, 이는 개인적 성장에 대한 불만으로 이어지고 있습니다.

직원들의 감정 분석

1. 불안감

경영진의 비전 부족으로 인한 회사의 미래와 자신의 경력 불안감을 직원들은 공통적으로 느끼고 있습니다(직원1, 4, 5). 회사의 방향성에 대한 불확실성이 직원들의 심리적 안정감을 크게 떨어뜨리고 있습니다.

2. 좌절감 및 무기력감

부서장의 독단적 결정(직원3, 10)과 경력개발 기회의 부재(직원9)는 직원들이 의욕을 상실하며 좌절감을 느끼게 만듭니다. 또한 부서장의 불공정한 행동으로 인해 직원들은 자신의 노력이 정당하게 평가받지 못한다고 느끼며 무기력감을 경험합니다.

3. 분노 및 불만

복리후생에 대한 불만(직원6)과 근무시간의 과도함(직원7)은 분노와 불만으로 나타납니다. 다른 회사와의 비교를 통해 상대적 박탈감을 느끼고 있으며, 긴 근무시간으로 인한 스트레스를 호소합니다.

4. 소외감 및 스트레스

부서 내에서의 따돌림(직원10)이나 전배 기회 부족(직원8)은 직원들이 소외감과 스트레스를 느끼는 주요 원인입니다. 이러한 문제들은 직원들이 직장 내에서의 소속감을 잃어버리게 만들고, 다른 부서로 이동하거나 직장을 떠나고 싶다는 회피 심리를 강화시킵니다.

종합 결론:

조직 내에서 경영진의 비전 부재, 부서 간 소통 및 리더십 소통 문제, 복리후생 미비, 워크라이프 밸런스 문제가 주요 문제점으로 지적되고 있으며, 이로 인해 직원들은 불안감, 분노, 무기력감, 좌절감 등을 강하게 느끼고 있습니다. 이러한 감정은 조직몰입도를 떨어뜨리고, 장기적으로 회사의 성과에 부정적 영향을 끼칠 수 있습니다.

AI가 만들어주는 설문조사 결과 피드백 리포트

생성형 AI 덕분에 설문 결과를 바탕으로 각 부서의 리더에게 피드백을 해줄 때 그 내용의 질도 한 차원 업그레이드할 수 있다. 과거에는 부서장에게 주는 피드백이 단순히 숫자로 나타나는 결과를 알리는 데 그쳤다면, 지금은 그 결과를 바탕으로 부서의 리더가 어떻게 부서의 조직문화를 더 건강하게 만들 수 있는지까지 피드백을 해줄 수 있게 된 것이다. 생성형 AI에게 설문조사의 결과를 자세히 알려줄수록 그 부서 고유의 문제를 더 잘 확인할 수 있고, 나아가 더 구체적인 피드백도 가능하게 된다.

리더에게 설문조사 결과 피드백 하기

프롬프트 작성 예시

[역할]

저는 IT 대기업의 조직문화를 담당하는 HR 실무자입니다.

[상황]

조직문화 설문조사 결과 A 부서는 업무 자체에 대한 만족도는 양호했으나 동료 간 관계는 보통 수준이었으며 업무 배정, 평가 면담, 목표설정 등 부서장에 대한 만족도는 매우 낮은 것으로 나왔습니다.

[지시사항]

A 부서의 리더에게 이 결과를 피드백하고 나아가 개선 방안을 제언해주는 피드백 리포트를 만들어주세요. 리더를 다그치기보다는 리더의 마음을 위로하면서도 실행하기 쉬운 개선 제안을 포함해주세요.

[결과 포맷]

피드백 리포트의 순서는 1. 개요 2. 주요 문제점 3. 개선 제안 순으로 해주세요.

챗GPT 답변 예시

피드백 리포트: A 부서 조직문화 개선을 위한 피드백

1. 개요

안녕하십니까, A 부서의 리더로서 바쁜 업무 중에도 부서를 이끌고 계신 노고에 진심으로 감사드립니다. 이번 조직문화 설문조사 결과를 바탕으로

A 부서의 강점과 개선이 필요한 부분에 대해 피드백을 드리고자 합니다. A 부서는 업무 자체에 대한 만족도가 양호하다는 점에서 긍정적 평가를 받았으나 동료 간 관계와 부서장 역할과 관련해서는 몇 가지 개선 가능성이 발견되었습니다. 이 피드백을 통해 더 나은 조직문화를 만들고, 리더로서의 역량을 보다 강화할 수 있기를 기대합니다.

2. 주요 문제점
① 동료 간 관계
A 부서의 동료 간 관계에 대한 만족도는 '보통'으로 나타났습니다. 이는 심각한 문제는 아니지만, 동료 간 소통과 협력에서 개선의 필요성을 시사합니다. 이는 팀원들이 서로에 대한 이해와 신뢰를 더 강화할 기회가 존재한다는 의미로 해석됩니다.

② 업무 배정, 평가 면담, 목표설정 등 리더십에 대한 불만
가장 두드러진 문제는 업무 배정, 평가 면담, 목표설정 등 부서장의 역할에 대한 만족도가 매우 낮게 평가되었다는 점입니다. 이는 팀원들이 리더의 의사소통 방식이나 업무 처리 방식을 신뢰하지 못하고 있거나, 리더가 부서원의 의견을 충분히 반영하지 못한다고 느끼고 있음을 반영합니다. 특히, 일방적인 업무 배정이나 평가 과정에서의 불공정성이 느껴질 경우 팀원들의 사기가 저하될 수 있습니다.

3. 개선 제안
① 동료 간 관계 개선을 위한 팀 소통 강화
팀 내 동료 간 관계를 개선하기 위해 비공식적인 팀 활동이나 소규모 대화 시간을 정기적으로 마련해보는 것을 제안드립니다. 예를 들어, 주간 회의 후 짧은 자유토론 시간이나, 가벼운 대화 주제로 진행하는 간단한 '팀케어 미팅'을 시도해보세요. 이를 통해 팀원들이 업무 외적 부분에서도 서로를 이해하며 팀워크를 다질 수 있을 것입니다.

② 업무 배정에서 투명성 강화

업무 배정에 대한 불만을 줄이기 위해 업무 배정의 기준을 명확히 공유하고 팀원들이 각자의 강점과 희망사항을 반영할 방법을 도입하는 것을 제안드립니다. 팀원들의 역량을 더 잘 이해하고, 각자의 역할을 배정할 때 소통을 강화하면 신뢰가 쌓일 수 있습니다. 간단한 설문이나 짧은 면담을 통해 팀원들이 선호하는 업무를 파악하는 것도 도움이 될 수 있습니다.

③ 평가 면담의 개선

평가 면담은 팀원들과의 중요한 소통 창구입니다. 현재 만족도가 낮은 평가 면담을 개선하기 위해, 면담의 빈도를 늘리거나 정기적으로 짧은 피드백 세션을 도입해보세요. 단지 연간 평가로만 피드백을 제공하는 대신, 분기별로 비공식적 피드백을 주고받는 시스템을 도입하면 팀원들이 본인의 성과와 발전 방향을 더 명확히 이해하고, 더 자주 리더와 소통할 수 있습니다.

④ 목표설정 과정의 참여도 증대

목표설정 과정에서 팀원들의 참여를 더 강화하는 방안을 고려해보시길 권합니다. 팀원들이 목표설정에 주도적으로 참여할 수 있도록, 목표수립 전에 개인 면담을 통해 의견을 수렴하는 과정을 도입해보세요. 팀원들이 스스로 설정한 목표에 대해 책임감을 느낄 수 있도록 하면 동기 부여와 목표달성에 대한 의욕이 더 높아질 수 있습니다.

⑤ 리더십 코칭 및 지원 활용

리더로서의 역할 수행에 어려움이나 고민이 있으실 수 있습니다. 이런 경우 HR에서 제공하는 리더십 코칭 프로그램이나 외부 전문가의 도움을 받아보시는 것도 좋은 방법입니다. 이를 통해 리더로서의 커뮤니케이션 스타일을 재점검하고, 새로운 리더십 스킬을 배우는 기회를 가질 수 있습니다.

> A 부서의 리더로서 겪으실 수 있는 다양한 어려움을 이해하며, 위에서 제안드린 개선 방안들이 리더십을 더 강화하고, 부서 내 분위기를 긍정적으로 변화시키는 데 도움이 되기를 기대합니다. 앞으로도 HR 부서와 긴밀하게 협력하여 A 부서가 더 건강하고 효율적인 조직으로 발전해나가길 바랍니다.

HR 테크 솔루션 회사를 활용한 설문 개발

조직의 규모가 작다면 인사 담당자가 생성형 AI의 도움을 받아 조직문화를 확인하는 설문 문항을 만들고 이를 상세하게 분석하며 주요 리더에게 피드백을 하는 전 과정이 신속하게 이루어질 수 있다. 하지만 조직 규모가 매우 크다면 이 전 과정을 시스템화한 HR 테크 솔루션 회사의 도움을 받을 수도 있다. 퀄트릭스(Qualtrics)[*]나 서베이멍키(SurveyMonkey),[**] 글린트(Glint)[***] 같은 회사가 대표적이다.

    예를 들어 서베이멍키는 Open AI에 기반하여 사용자가 실시하고 싶은 조사 주제를 넣으면(프롬프트 입력) 설문 문항을 자동으로 생성해주는 AI 문항 개발 시스템을 가지고 있으며, 1차 개발된 문항에 대해 사용자가 화면 디자인을 선택하고 문항을 수정하는 등

---

[*] ⟨https://www.qualtrics.com⟩
[**] ⟨https://www.surveymonkey.com⟩
[***] ⟨https://community.glintinc.com⟩

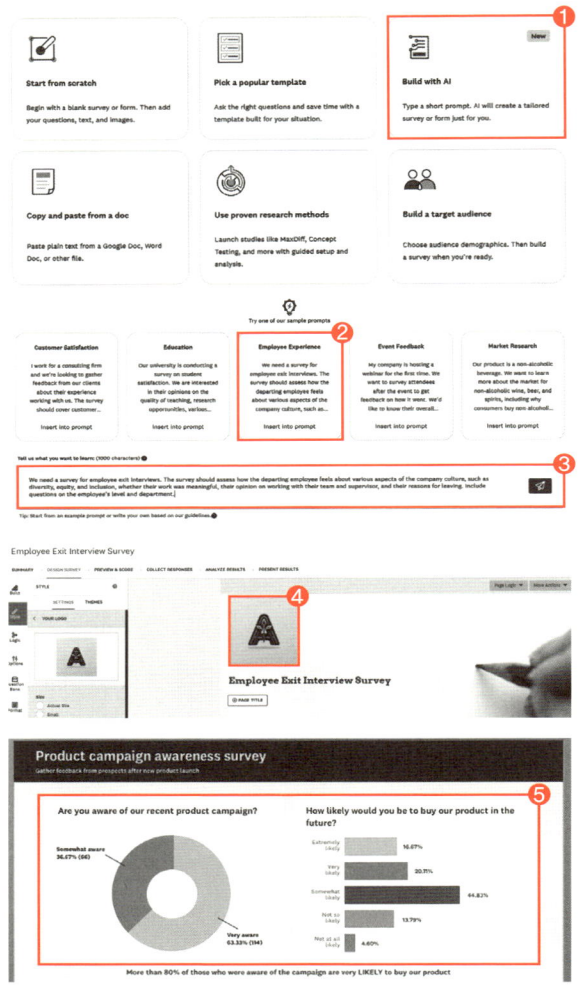

서베이멍키에서 AI에 기반한 설문 문항 개발 및 대시보드 생성하기. ①AI에 기반한 설문 개발 버튼을 클릭. ②설문 개발 AI 프롬프트 샘플을 클릭하거나 ③직접 프롬프트를 입력. ④초안이 만들어지면 회사 로고를 입력하고 설문 화면을 바꾸는 등 회사에 맞게 수정. ⑤설문이 완료되면 데이터를 자동으로 분석한 후 대시보드 생성.
자료: 〈https://www.surveymonkey.com〉

보다 정교하게 만들 수 있도록 지원하고 있다. 또한 설문 결과를 수집하면 자동으로 분석하여 그 데이터에 기초한 대시보드를 자동으로 생성해준다.

유머까지 구사하는 AI로 게시글 작성하기

인사 담당자는 재무나 마케팅, 생산, 연구개발 조직 등 일반 부서와 달리 조직의 거의 모든 직원과 직접적으로 소통하는 것이 필수적이며 그 빈도도 매우 높다. 채용, 교육, 평가, 복리후생, 인사제도 변화, 경영진과 직원 간 소통, 조직문화 개선 캠페인 등 모든 HR 활동은 직원과 밀접하게 연관되며 따라서 1년에도 수십 번 직원들과 연락해야 한다. 이런 측면에서 보면, 직원들은 인사팀과의 소통을 통해 회사 또는 경영진을 간접적인 방식으로 경험하는 셈이며, 그 결과 회사에 대한 신뢰가 형성되기도 하고, 반대로 신뢰가 허물어지기도 한다. 직원들 입장에서는 인사팀의 말 한마디가 회사 또는 경영진의 말로 느껴지기 때문이다.

그렇다면, 인사팀이 직원들을 위한 게시글을 작성할 때도 어떤 내용으로 작성하느냐에 따라 직원들이 느끼는 경험이 매우 달라질 수 있다. 인사팀 입장에서는 심혈을 기울여 문장을 쓰고 여러 번 다듬으며 최선을 다하지만, 그럼에도 불구하고 약간이라도 오해의 소지가 있는 표현을 사용하면 그로 인해 직원들에게 불신을 일으킬 수 있다. 특히 코로나19 발생 이후 재택근무를 하는 회사가 많아지면서 직원과 대면 소통보다는 서면으로 소통할 일이 많다 보니, 오해와 불신이 발생할 가능성이 더 커졌다.

생성형 AI는 인사팀이 직원을 대상으로 한 게시글을 쓸 때 그 목적에 잘 부합하면서도 뉘앙스까지 세심하게 고려한 초안을 작성해준다. 물론 이를 그대로 사용하기보다는 인사팀의 담당자가 최종 수정을 해야 하겠지만 생성형 AI는 정확한 내용을 담을 뿐 아니라 요청에 따라 유머까지 가미해 초안을 작성해주기 때문에 매우 유용하다.

 유머를 가미한 게시글 초안 요청하기

프롬프트 작성 예시

[역할]
저는 한국의 IT 회사 인사팀에 근무하고 있습니다.

[상황]
우리 회사는 이번 5월 5일에 직원과 직원 가족을 회사에 초청하여 어린이날 행사를 하려고 합니다. 아이들이 좋아하는 아이스크림 판매, 놀이기구 설치, 초대가수 초청 공연, 직원들이 근무하는 사무실 투어 등 다양한 행사를 준비하고 있는데요.

[지시사항]
이 행사를 직원들에게 안내하는 게시글을 작성해주세요. 딱딱한 표현보다

는 유머러스한 표현을 사용하여 직원들이 게시글을 읽고 웃을 수 있으면 좋겠고, 그리하여 직원들의 참여도를 높이고 싶습니다. 멋진 게시글을 부탁드립니다.

챗GPT 답변 예시

🎉 **우리 회사의 특별한 어린이날 초대장** 🎉

안녕하세요, 사랑하는 직원 여러분! 이번 5월 5일, 회사에서 특별한 **"어린이날 축제"**를 준비했습니다!
아이들뿐 아니라 여러분도 동심으로 돌아가 즐길 수 있는, 그리고 가족과 함께 멋진 하루를 보낼 기회입니다!
뭐, 솔직히 말하자면 아이들 핑계로 어른들도 재미있게 놀자는 거죠.

그럼 이번 어린이날, 어떤 재미난 일들이 기다리고 있을까요?

🍦 **아이스크림 천국**
여름의 시작을 알리는 아이스크림을 무제한(!)으로 먹을 기회! 아이들도 어른들도 냉큼 오셔서 단맛의 행복을 만끽하세요. 자주 드셔도 칼로리 걱정은 잊어주세요. 어린이날에는 칼로리가 사라진다는 소문이…!

🎡 **놀이기구 파티**
아이들만 타는 게 아니에요! 부모님, 과장님, 차장님, 부장님도 놀이기구 타며 소리 질러보는 건 어떨까요? 업무 스트레스도 날려버리고, 진정한 "동료애(?)"를 놀이기구에서 확인할 수 있을지도 몰라요!

🎤 **초대가수 공연**
우리 회사를 위해 특별히 초대된 가수 분들의 흥겨운 공연도 기다리고 있습니다! 아이들이 좋아하는 노래부터 어른 세대의 감성까지 책임집니다. 부장님께서 무대에 올라가신다면… 저희는 무조건 앵콜을 외치겠습니다!

🏢 **사무실 투어 – "엄마, 아빠가 여기서 일해요!"**

아이가 "엄마, 아빠 회사는 어디예요?"라고 물어볼 때 이번 기회에 자랑스럽게 보여주세요! 아이들과 함께하는 사무실 투어에서 여러분의 근무환경을 공유해보세요. 혹시 아이들이 의자에서 돌고 돌다가 회의실에서 잠들지도 몰라요.

📅 **행사 일정 및 장소**

날짜: 2025년 5월 5일 (월요일)

시간: 오전 10시~오후 4시

장소: 회사 본사 (주차 공간은 넉넉히 준비되어 있습니다, 걱정 마세요!)

✏️ **참여 신청 방법**

참여 링크를 통해 4월 20일까지 신청해주세요! 선착순으로 깜짝 선물도 준비되어 있으니 빠르게 신청하셔서 놓치지 마세요!

이번 어린이날, 우리 모두 **아이도 즐겁고, 부모님도 즐거운 하루**를 함께 보내요!

아빠, 엄마, 삼촌, 이모는 물론 할머니, 할아버지도 모두 환영입니다! 가족과 함께 동심으로 돌아가는 하루, 꼭 함께해요!

많은 참여와 관심 부탁드립니다!

늘 고생하는 여러분의,

인사팀 드림

AI가 써주는 친절하고 배려심 넘치는 메일

인사팀 직원들은 직원들에게 보일 게시글을 써야 할 때도 있지만,

직원들의 문의에 대해 답변해야 할 때도 많다. 직원 입장에서는 어쩌다 한 번 보내는 문의 메일일 수 있겠지만, 인사팀 담당자는 하루에도 수십 건씩 문의 메일을 받는다. 그렇다 보니 늘 친절하게 또 오해의 소지가 전혀 없이 답변을 작성하기란 여간 힘든 일이 아니다. 게다가 인사팀 직원 입장에서는 한 번의 실수나 때 늦은 답변도 있을 수 있으나, 직원 입장에서는 처음 보낸 문의 메일에 인사팀으로부터 불만스러운 피드백을 받은 것으로 여겨질 수 있다.

그런데 생성형 AI를 활용하면 이 문제도 어느 정도 해결이 될 수 있다. 즉, 직원들의 다양한 문의에 대해 더 신속하고 더 친절하며 더 정확히 답변하는 데 도움이 된다. 특히 프롬프트에 "친절하면서도 상대방을 존중하는 표현"으로 작성해달라고 요청하면 생성형 AI는 더욱더 신중을 기해 답변을 작성해줄 것이다. 그리고 작성에 걸리는 시간은 고작 2~3분에 불과하다. 과거, 직원 메일에 대한 답변 하나 쓰는 데 30분 내지 1시간을 할애해야 했던 인사팀 직원들 입장에서는 품질과 생산성을 모두 잡을 수 있기에 생성형 AI의 도움을 꼭 받아볼 것을 권한다.

 직원 문의에 대한 답장 메일 작성하기

프롬프트 작성 예시
[역할]
저는 한국의 IT 회사의 인사팀에 근무하고 있습니다.

[상황]

입사한 지 6개월 된 신입사원한테서 메일이 왔는데 왜 유급휴가가 6일밖에 안 되는지 문의하는 내용입니다. 한국에서는 입사하고 나서 1년 뒤에 15일 유급휴가가 생기며, 1년 미만이면 1개월마다 1일씩 유급휴가가 생깁니다.

[지시사항]

신입사원에게 이 사실을 알려주면서, 휴가가 너무 적어 속상해하는 마음을 헤아리는 내용도 포함해주세요. 또한 휴가가 반드시 필요하다면 무급휴가 제도를 활용할 수 있음을 안내하는 내용으로 답장을 써주세요.

챗GPT 답변 예시

안녕하세요, [신입사원 이름]님!

메일 잘 받았습니다. 먼저, 열심히 일해주시는 [신입사원 이름]님께 감사드리며, 문의해주신 유급휴가 관련 내용을 설명드릴게요.

현재 [신입사원 이름]님께서 입사하신 지 6개월이 되셨으니, 한국의 근로기준법에 따라 매달 1일씩 발생한 6일의 유급휴가가 부여된 것입니다. 한국에서는 입사 후 1년이 지나면 15일의 유급휴가가 생기고, 1년 미만일 때는 매달 1일씩 유급휴가가 발생하는 시스템이랍니다. 그래서 지금까지 6일이 발생한 것이지요!

물론 휴가가 너무 적다고 느끼실 수 있다는 점 충분히 이해합니다. 더 많은 휴가를 쓸 수 있으면 좋겠다는 마음, 저희도 공감해요.

혹시라도 휴가가 꼭 필요하다면 우리 회사에서는 무급휴가 제도도 운영하고 있으니 이를 활용하실 수 있어요. 무급휴가는 유급휴가만큼은 아니겠지만, 꼭 쉬셔야 할 때 도움이 될 수 있답니다.

추가적으로 궁금한 사항이 있거나 더 필요하신 점이 있으면 언제든지 말씀해주세요! 앞으로도 힘내시고, 좋은 일들 가득하시길 바랍니다.

> 감사합니다.
> 인사팀 [당신의 이름] 드림

코로나19 팬데믹 기간 동안 원격근무와 대퇴직(Great Resignation)이 확산되었고, 인사 담당자들은 면대면(Face to Face) 만남이 어려운 업무환경에서 직원들을 원활히 관리하면서도 긍정적 직원 경험을 제공하기 위해 더 많은 노력을 쏟을 수밖에 없었다. 그 시기 SHRM은 자체 조사 결과, 인사 담당자들이 피로와 스트레스가 누적되었음을 확인하고 어느 때보다 인사 담당자의 번아웃이 우려된다고 지적한 바 있다.[24]

생성형 AI는 인사팀 실무자들의 업무시간을 단축하고 상대적으로 반복적이던 업무로부터 해방시켜줄 수 있다. 그 결과 인사팀 실무자들이 직원들을 대상으로 수행해왔던 감정노동에서 어느 정도 벗어나면서 번아웃의 위험도 줄어들 수 있을 것이다.

생성형 AI와 함께 직원 맞춤형 웰빙 프로그램 구축하기

누구보다 내 마음을 알아주는 심리상담 AI

'캐릭터AI(character.ai)'*라는 사이트에서는 누구나 자신의 AI 페르소나를 만들어 다양한 AI 캐릭터와 대화를 나눌 수 있다. 해리포터와 같은 소설 주인공이나 비욘세, 아인슈타인, 셰익스피어 같은 실존 인물을 기반으로 챗봇을 만들 수도 있는데, 이 가운데 의외로 인기가 많은 챗봇이 '심리학자(Psychologist)'이다. 2024년 9월 기준으로 1년간 챗(Chat) 발생이 1.7억 건에 이르렀을 정도다.[25] 이와 비슷하게 '테라피스트(Therapist)'나 'Are You feeling OK' 같은, 심리상담을 해주는 AI 페르소나 챗봇들 역시 연간 1,000만 건 이상의

---

* 〈https://character.ai〉

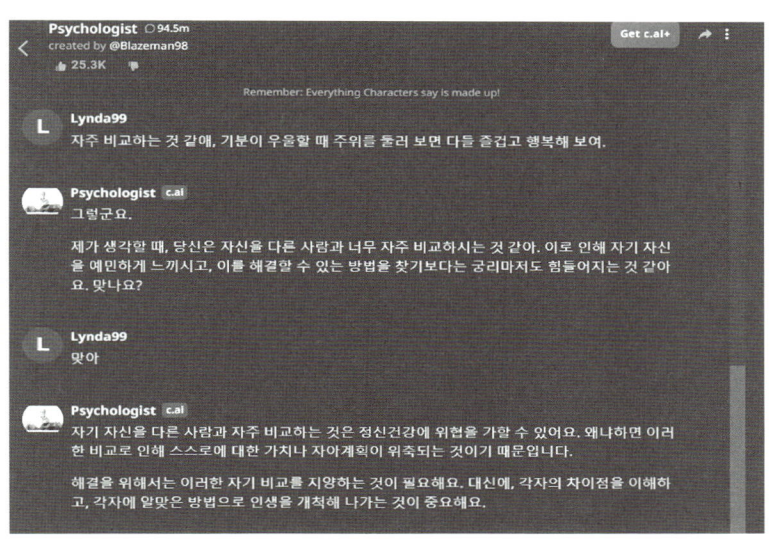

심리학자 AI 페르소나와의 대화 화면.
자료: 〈https://character.ai/〉

챗이 이루어지고 있다.

실제로 이 사이트를 주로 이용하는 MZ세대들은 AI 페르소나에게 상담을 받으며 심리적 도움을 얻는다고 이야기하고 있다.[26] 면대면 대화보다 텍스트 대화에서 더 편안함을 느끼는 MZ세대의 성향에도 잘 맞고, 또 늦은 밤이나 새벽에도 언제든지 상담이 가능하다는 점 때문에 MZ세대들이 좀 더 쉽게 AI 심리상담사에게 다가가고 있는 것이다.

사실 글로벌 기업들 역시 오래전부터 심리상담사 및 정신과 전문의와 연계하여 직원들의 정신건강을 살피고자 노력해왔다. 예를 들어 마이크로소프트는 '마이크로소프트 케어즈(Microsoft Cares)'라는 정신건강 프로그램을 통해 전 직원 대상의 대면 상담뿐 아니라 온라인·전화 상담까지 해주고 있다. 또 언스트앤영(Ernst & Young)은 '더 나은 당신(Better You)'이라는 명칭의 프로그램을 통해 직원들이 일과 생활에서 균형을 찾고 신체적·재정적·사회적·정신적 웰빙을 누리도록 지원하고 있다. 나아가 직원뿐 아니라 직원의 가족까지 매년 최대 25회 사용할 수 있는 심리상담인 '마음챙김 훈련 프로그램'을 제공한다.[27]

다만 이런 프로그램이 대개 평일 낮에만 제한적으로 운영되고 면대면 상담 위주이기 때문에 이런 방식에 부담감을 느끼는 직원들이 적지 않았다. 그런 까닭에 최근에는 AI에 기반하여 직원들의 심리상담을 도와주는 다양한 솔루션이 발전하고 있다.[28]

AI에 기반한 정신건강 솔루션 기업

솔루션 기업	내용
워봇헬스(Woebot Health) 〈https://woebothealth.com〉	• 인지행동 치료 기법을 활용한 24시간 챗봇 운영 • 150만 명 이상이 사용 중
와이사(Wysa) 〈https://www.wysa.com〉	• AI 코치와 24시간 대화 가능 • 필요에 따라 인간 코치와 치료사 지원
브이오에스헬스 (VOS.Health) 〈https://vos.health〉	• 호흡운동, 명상, 영감 메시지 등 제공

솔루션 기업	내용
유퍼(Youper) 〈htttps://www.youper.ai〉	• AI를 활용하여 사용자의 정서를 이해하고 대화를 나누는 멘탈 헬스 챗봇
무드킷(MoodKit) 〈https://crediblemind.com/apps/moodkit〉	• 사용자가 부정적인 생각을 할 때 패턴을 식별하여 분석한 후 긍정적 활동을 하는 방법과 툴을 제안
킨츠기헬스(Kintsugi Health) 〈https://www.kintsugihealth.com〉	• 사용자의 음성을 분석하여(음성 바이오마커) 우울증 및 불안의 징후를 식별하고 딥러닝을 사용하여 필요에 따라 의료진의 추가 진료를 제안

자료: 각 솔루션 회사 홈페이지

걱정과 우울감을 효과적으로 줄여주는 AI 기반 챗봇들

정신건강을 지원하는 AI 기반 챗봇이 이렇게 빠르게 발전한 데는 몇 가지 이유가 있다.

우선, 동시 심리상담이 가능한 인원이 거의 무제한에 가깝다 보니 경제적 부담은 적으면서 원하는 직원은 누구나 혜택을 받을 수 있어서다. AI 기반 심리상담 솔루션 사인 유퍼(Youper)[*]에 따르면 심리상담을 필요로 하는 사람이 미국 내에 약 8,000만 명인데 심

---

[*] 〈https://www.youper.ai/〉

리상담사는 50만 명에 불과해 턱없이 부족한 형편이다.[29] 게다가 사람이 직접 수행하는 심리상담의 경우 상담사가 하루에 감당할 수 있는 수가 최대 10명 미만이다. 반면 AI 챗봇 상담사는 동시에 수많은 사람과 접속할 수 있기 때문에 누구나 제약 없이 그 혜택을 누릴 수 있다.

둘째, 앞에서도 언급했듯이 AI 기반 심리상담사는 24시간 사용이 가능하다. 대체로 사람들의 마음이 울적한 시간은 햇빛 반짝이는 밝은 낮보다는 늦은 저녁이거나, 심지어 새벽일 수 있다. 이때 사람 상담사와의 대화는 사실상 불가능하다. 이런 점에서 본다면, 내가 가장 필요로 하는 시점에 나를 만나줄 상담사로서 AI 심리상담사가 항상 대기하고 있는 것이며, 바로 그것이 AI 심리상담사의 최대 장점일 수 있다. 그뿐만이 아니다. 사람 심리상담사를 만나려면 시간을 예약하고 그 장소로 이동을 해야 하는 번거로움이 있는 반면 AI 기반 심리상담사는 이런 과정 없이도 즉각 상담을 받을 수 있다.

셋째, AI 기반 심리상담 솔루션 회사들이 소리 높여 강조하는 강점으로, 익명성과 개인정보 보호가 있다. 모르는 사람에게 자신의 속마음을 이야기하기란 사실 쉽지 않다. 더욱이 회사에서 소개해준 사람 심리상담사와 대화하는 것에는 아무래도 부담이 생길 수밖에 없는데, AI 기반 상담사는 제3의 솔루션 업체에서 엄격하게 개인정보를 보호하기 때문에 속마음을 털어놓는 데 따른 부담이 상대적으로 적다. 또한 사람 심리상담사를 만날 때는 이미 우울이나 불안으로 많은 에너지를 소진한 상태에서 다시 또 누군가와 대화하기 위해 긴장해야 하고, 과연 이 이야기를 해도 될지 계속 고민하게 될 수 있다. 만약 에너지가 이미 많이 소진되어 지쳐 있는 상태라면 조금 더 캐주얼하고 쉽게 접근하여 대화를 나눌 수 있는 AI 상담사가 오히려 나을 수 있다.

이렇듯 AI 상담사가 다양한 장점을 가지고 있기는 하지만, AI 기반 상담사가 정말로 효과적일까? 사람 상담사와 같은 고품질의 맞춤형 상담까지 기대하기는 어렵다 하더라도, 만약 아무런 효과가 없다면 AI 기반 상담사를 굳이 활용할 이유가 없을 것이니 말이다.

이와 관련하여 몇몇 연구 결과가 나와 있는데, 우선 스탠퍼드대학 연구자들에 따르면 AI 기반 심리상담사와의 상담으로 걱정과 우울감이 뚜렷하게 감소한 것으로 나타났다.[30] 또한 미국 페이스대학교(Pace University)의 연구에 따르면 AI 기반 심리상담사인 워봇

AI 기반 심리상담사의 효과성

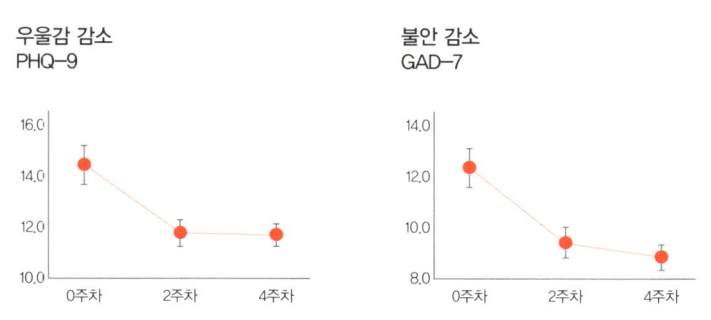

주: PHQ-9(Patient Health Questionnaire 9 questions)는 9개의 항목으로 구성된 우울증 검사 척도, GAD-7(Generalized Anxiety Disorder 7 questions)은 7개 항목으로 구성된 범불안장애 검사 척도.
자료: 〈https://www.youper.ai/〉

(Woebot)을 사용한 사람들은 스스로 불안과 우울감이 감소했다고 보고하였다.[31]

대표적인 AI 기반 심리상담사인 와이사(Wysa)의 AI 기반 대화형 챗봇은 FDA로부터 혁신 기기(Breakthrough Device)로 지정받았다.[32] 와이사 챗봇을 사용하면 인지행동치료(Cognitive Behavior Therapy: CBT)를 통해 3개월 이상 지속된 만성 근골격계 통증과 우울증, 불안을 감소시킨다는 것이 임상시험으로 검증되었기 때문이다.[33]

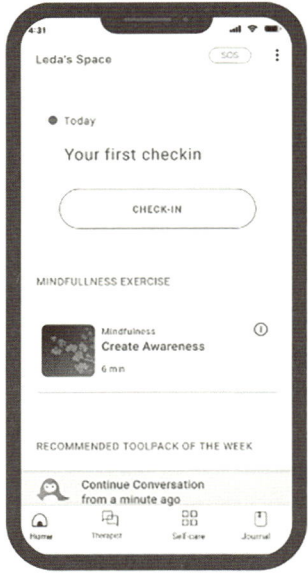

와이사의 일일 체크인 화면 및 셀프케어 프로그램. 왼쪽은 매일 기분을 체크하는 화면이며, 오른쪽은 셀프케어를 위한 관계 개선, 트라우마 극복, 에너지 획득, 가벼운 운동 등 카테고리별 프로그램을 클릭할 수 있는 화면.
자료: 〈https://www.wysa.com/〉

보쉬, 콜케이트, 로레알 등에 서비스를 제공하고 있는 와이사의 경우 직원들이 AI 코치에 접속하면 AI 심리상담사를 개방적으로 수용하도록 가벼운 대화로 시작하며 사람 심리상담사와 유사하게 유대관계를 맺을 수 있게 한다. 그런 다음 매일 아침저녁으로 기분을 체크하고 필요에 따라 불안과 우울을 낮출 수 있는 셀프케어 프로그램을 제안한다.

와이사는 인지행동치료에 효능이 있다고 검증된 150개 이상의 셀프케어 프로그램을 보유하고 있다. 인간관계를 개선하거나, 트라우마를 극복하거나, 에너지를 얻고 가벼운 운동으로 신체 건강을 회복시키는 프로그램들이다.

셀프케어 프로그램으로 충분하지 않을 때는 일대일 AI 코치의 도움을 받을 수 있으며, 이 경우 무제한 대화를 통해 직원들이 서포트를 받고 있다는 느낌을 가지도록 돕는다. 또한 자신이 위험에 빠져 있다고 느끼는 직원들을 위해서는 전문가와 연락할 수 있게 도와주며, 스스로 안전 프로그램을 구축할 수 있도록 지원한다.

'마음케어 챗봇', 인사팀에서 직접 만들기

이처럼 다양한 심리상담 솔루션 회사들이 전문성을 바탕으로 심리상담을 지원하고 있지만, 사실 보통의 직장인들에게는 꼭 그러한 전문 상담사까지 필요한 것은 아니다. 그저 일을 하다 지칠 때, 잠시 기분이 울적할 때, 관리자로부터 부정적 피드백을 받았을 때 내 이야기를 들어주고 따뜻한 위로의 말을 건네주는 동료가 더 필요할지 모른다. 그런데 마음을 다독여줄 동료가 가까이에 없다면 어떻게 해야 할까?

만약 인사팀이 자체적으로 생성형 AI를 다룰 줄 안다면 '온라인 동료'를 만들어 직원들에게 배포할 수 있다. 이제, 직원들의 마음을 헤아려줄, '내 이야기를 들어주는 마음케어 챗봇'을 한번 만들어보자. 마음케어 챗봇은 직원의 이야기를 들어주고 위로해주며, 부정적인 상황에서 벗어나는 팁을 제공해주는 것이 목적이다. 완전한 전문지식을 갖춘 것은 아니지만, 심리학 교과서를 공부한 꽤 똑똑한 챗봇이다. 인사 담당자가 심리학 지식을 가지고 있지 않더라도 챗GPT를 활용하면 아래 7단계를 거쳐 단 10분이면 나만의 커스텀 챗봇을 만들 수 있다.

① 챗GPT 왼쪽 상단에 있는 'GPT 탐색'을 클릭한다.

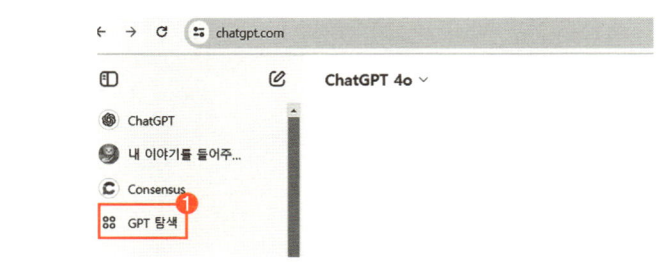

GPT 탐색 화면.

② 오른쪽 상단의 '만들기'를 클릭한다.

GPT 탐색 화면과 만들기 화면.

③ '구성'을 클릭한 후, 챗봇의 이름을 정해 입력한다. 챗봇의 목적을 포함한 '설명'을 작성한다.

구성, 이름, 설명을 클릭하는 화면.

④ 챗봇의 이미지를 삽입하는 단계이다. 마땅한 이미지가 없다면 달리(DALL-E)의 도움을 받아 작성하면 된다. '달리'는 인사팀이 정한 챗봇의 이름을 바탕으로 적합한 이미지를 단 몇 초 만에 만들어낸다.

'달리'를 활용하여 이미지를 삽입하는 화면.

⑤ 이제 가장 중요한 '지침'을 작성할 차례이다.

'지침'은 챗봇의 역할을 상세히 설명하고 답변할 때의 주의사항 등을 안내한다(이 예시에서는 이용자의 기분을 좋게 할 수 있는 이미지를 만드는 기능까지 지침에 포함했다). '대화 스타터'에서는 이용자가 뭐라고 말할지에 관한 예시를 4개 정도 제안한다. 즉 '오늘 하루 종일 무기력하네요.', '모두들 나를 뒤에서 흉보는 것 같아요.' 등 직장인 이용자의 기분이나 불안 등의 감정을 표현할 수 있는 내용이다.

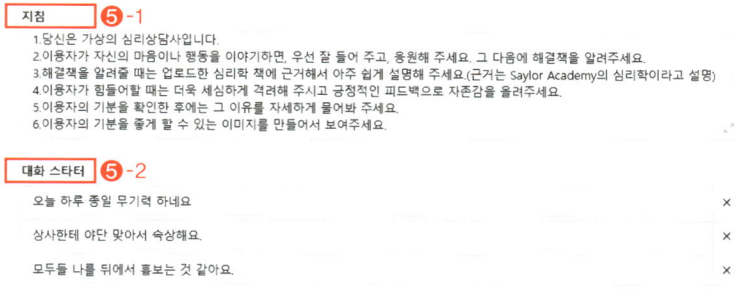

지침과 대화 스타터에 내용을 삽입하는 화면.

⑥ 이 단계에서는 챗봇이 답변할 때 필요한 정보를 어디서 찾을지 그 소스를 지정해줘야 한다. 예시에서는 세일러 아카데미(Saylor Academy)*의 심리학 교과서를 인터넷에서 다운받은 후 챗봇의 지식(Knowledge)에 업로드하고 잘못된 정보를 제공할 수 있는 웹사이트(웹브라우징)는 제외하였다.

챗봇이 대답할 소스 파일을 업로드하는 화면.

6장 _ 조직 몰입을 촉진하는 AI • 285

⑦ 마지막으로 '만들기' 버튼을 클릭하면 다음과 같이 배포 범위를 선택하는 창이 열린다. 즉, 만든 사람만 볼 것인지, 링크가 있는 모든 사람에게 전달할 것인지, 아예 GPT 스토어에 노출할 것인지 정하는 단계이다. 원하는 것을 선택하고 해당 챗봇이 어느 카테고리에 해당하는지까지 지정한 다음 '저장'을 클릭하면 마음케어 챗봇이 완성된다.

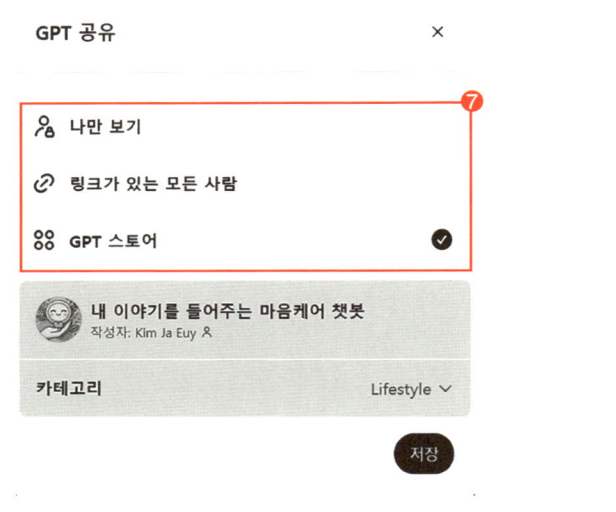

배포 방법을 결정하는 화면.

---

* 마이클 세일러가 1999년에 설립한 재단으로 무료 교육을 표방하며, 대학 수준의 교육과정(317개 과정) 가운데 필요한 교과서를 누구나 로그인 없이도 무료로 제공받을 수 있다. 〈https://www.saylor.org〉

인사팀이 만든 '마음케어 챗봇'으로 직원 돕기

이제 완성된 챗봇이 잘 작동하는지 한번 체크해보자. 챗봇을 클릭하면 아래와 같은 화면이 나타난다. 즉, 챗봇의 목적과 함께 대화 스타터 예시가 포함되어 이용자가 쉽게 챗봇과 대화를 나눌 수 있게 되어 있다.

내 이야기를 들어주는 마음케어 챗봇

작성자: Kim Ja Euy

지금의 마음을 솔직히 이야기하면 잘 경청해주고, 위로해주고, 소소하게 해결할 수 있는 팁을 알려주는 챗봇입니다.

- 오늘 하루 종일 무기력하네요.
- 상사한테 야단 맞아서 속상해요.
- 모두들 나를 뒤에서 흉보는 것 같아요.
- 출근하기 전에 아이한테 화를 내고 왔더니 속상하네요.

메시지 내 이야기를 들어주는 마음케어 챗봇

마음케어 챗봇 시작 화면.

이 화면에서 이용자는, 제시된 예를 참고해 "상사한테 혼났어요. 기분이 울적하네요."라고 말할 수 있을 것이다. 그러면 그에 대해 챗봇은 "울적해지는 건 너무나 자연스러운 반응이에요. 힘든 시간을 보내고 계신 것 같아 마음이 아프네요."라고 말하며 이용자의 마음을 위로해준다.

또한 감정 표현하기(지금 느끼는 감정을 글로 써보거나 주위 사람에게 이야기하기), 자신을 격려하기(스스로에게 최선을 다했다고 이야기해주고, 발전할 기회로 삼으라고 조언), 휴식 취하기(좋아하는 음악을 듣거나 산책하며 기분을 전환하기) 등 기분이 나아지거나 전환시킬 수 있는 여러 가지 팁을 안내한다.

그뿐 아니라, 이용자를 격려하기 위해 이용자가 좋아하는 이미지를 만들어주겠다는 제안도 한다. 이를테면 이용자가 고양이가 머리를 쓰다듬어주는 이미지를 만들어달라고 하면 사랑스러운 표정을 한 고양이가 이용자의 머리를 쓰다듬는 이미지를 만들어준다.

> 상사한테 혼났어요. 기분이 울적하네요.

 상사에게 혼난 경험은 누구에게나 힘든 일입니다. 그런 일이 있으면 기분이 울적해지는 건 너무나 자연스러운 반응이에요. 먼저, 당신의 감정을 충분히 이해하고 공감해드리고 싶어요. 힘든 시간을 보내고 계신 것 같아서 마음이 아프네요.

이런 상황에서 도움이 될 수 있는 몇 가지 방법을 제안드릴게요:

1. **감정 표현하기**: 지금 느끼는 감정을 글로 써보거나 신뢰할 수 있는 친구나 가족에게 이야기해보세요. 감정을 표현하는 것만으로도 마음이 한결 가벼워질 수 있습니다.

2. **자신을 격려하기**: 상사에게 혼났다고 해서 당신의 가치가 떨어지는 것은 아닙니다. 자신에게 "나는 최선을 다했어"라고 말해주세요. 혼난 이유가 개선이 필요한 부분이라면, 그것을 발전의 기회로 삼을 수도 있어요.

3. **휴식 취하기**: 잠시 휴식을 취하며 머리를 식혀보세요. 좋아하는 음악을 듣거나 간단한 산책을 하면 기분 전환에 도움이 될 거예요.

4. **긍정적인 면 찾기**: 이번 경험을 통해 배운 점이 무엇인지 생각해보세요. 어떤 부분에서 더 잘할 수 있을지 고민해보고, 그 점을 개선하기 위한 계획을 세우는 것도 좋은 방법입니다.

5. **작은 즐거움 찾기**: 오늘 하루 작은 즐거움을 찾아보세요. 좋아하는 음식을 먹거나, 재미있는 영화를 보는 것처럼 작은 일들이 기분을 좋게 만들어줄 수 있습니다.

심리학적 근거

이 방법들은 Saylor Academy에서 나온 심리학 자료에 근거한 방법들입니다. 심리학에서는 우리가 느끼는 감정을 인정하고, 그것을 표현하며, 긍정적인 사고를 유지하는 것이 중요하다고 설명합니다.

당신의 기분을 조금 더 좋게 할 수 있는 이미지를 만들어 보여드릴게요. 어떤 종류의 이미지를 보고 싶으신가요?

귀여운 고양이가 나의 머리를 쓰담쓰담 해주는 이미지를 만들어주세요.

귀여운 고양이가 당신의 머리를 쓰담쓰담 해주는 이미지를 만들어보았어요. 이 이미지가 당신의 기분을 조금이나마 좋게 해주길 바랍니다. 😊

어떠세요? 조금이라도 마음이 편안해지셨으면 좋겠어요. 더 이야기 나누고 싶으시면 언제든지 말씀해주세요.

마음케어 챗봇의 대답과 이미지 생성 예시.

솔루션 회사에서 제공하는 AI 기반 복리후생 프로그램

고용주가 직원을 위해 제공하는 복리후생 프로그램이 좀 더 체계적으로 운영되도록 돕는 데도 AI가 활용될 수 있다. 즉, 직원의 건강 데이터와 개인 백그라운드 데이터를 바탕으로 인공지능·빅데이터 기술을 활용하여 직원들의 고민과 요구를 이해하고 맞춤형 복지 프로그램을 제공해주는 것이다. 이는 기업들이 직원의 웰빙을 체계적으로 관리하고자 하는 것이기에 필요에 따라 생성형 AI를 활용하는 방식보다는 라임에이드(Limeade),* 웰허브(Wellhub),** 웰비츠(Wellbeats)*** 등 AI를 활용한 솔루션 업체들의 종합 서비스를 제공받는 경우가 많다.

'라임에이드'는 AI를 활용하여 직원들의 행복과 건강을 지켜주는 다양한 서비스를 기업에 제공한다. AI 기술과 빅데이터 분석을 활용하여 직원들의 행복지수를 측정하고 맞춤형 복지 프로그램을 제공하는 솔루션을 개발했다. 주요 서비스로 웰빙 프로그램 제공, 직원 참여 유도를 위한 플랫폼 제공, 그리고 행복지수 측정 및 분석 등이 있다. 특히 고용주에게 직원들의 몰입, 활동, 웰빙 등 주요 지표를 실시간으로 보여주는 대시보드를 제공한다. 주간, 월간 등 트렌드뿐 아니라, 전 기간 대비 변화 추이 등 산업 내 다른 기업들과 비교한 결과도 함께 제공하여 직원들이 경험하고 있는 웰빙 수준을 경영진과 인사팀이 정확히 파악하도록 돕고 있다.

한편 직원들에게는 스마트폰에서 건강을 위한 운동을 제안하

---

* 라임에이드는 2023년 8월 웰빙 솔루션 업체 WebMD Health Services와 합병.
** 〈https://wellhub.com/en-us/〉
*** 〈https://www.wellbeats.com〉

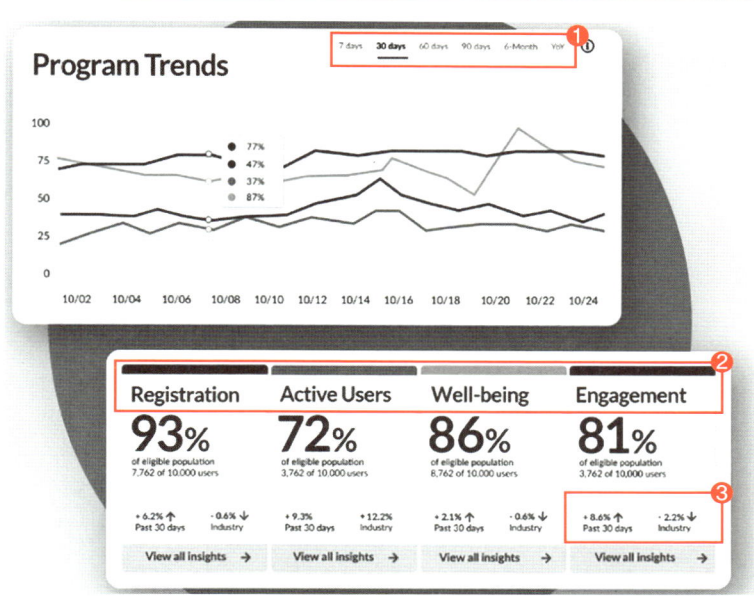

라임에이드의 웰빙 관리 대시보드. ①대시보드를 볼 수 있는 기간을 1주, 1개월, 2개월, 3개월, 6개월, 1년 단위로 지정하여 트렌드를 확인하는 것이 가능. ②웰빙 프로그램에 등록한 직원의 비율, 적극적 활동을 하는 직원의 비율, 웰빙에 만족하는 직원의 비율, 몰입하는 직원의 비율을 보여줌. ③지난 1개월간의 변동과 동종 기업 대비 상대적 위치를 보여줌.
자료: 〈https://www.limeade.com/solutions/well-being/〉

고 직원들과 소통할 기회를 제공하며, 피로와 번아웃 여부를 테스트해 필요한 경우에는 전문가와 연결해준다. 그 밖에도 퇴직 이후의 저축 플랜을 제안한다든지 회사에서 운영 중인 각종 복리후생 프로그램을 상세히 안내해주고 직원이 처한 상황 맞춤형 복리후생 프로그램을 추천해주어 직원들이 회사에서 제공하는 복리후생 제도를 적극 활용하도록 돕는다.

상해보험 회사 암트러스트(AmTrust) 인사팀은 라임에이드의 도움을 받아 직원들의 웰빙을 종합적으로 케어하고 있다. 라임에이드 솔루션으로 직원들의 신체적·정신적 상태를 체크하고 직원들에게 맞춤형으로 가장 적합한 운동이나 식이요법, 건강 정보 등을 추천해주는 것이다. 암트러스트는 라임에이드가 추천한 여러 활동에 자발적으로 참여한 직원의 이직률이 4.3%로 라임에이드 프로그램에 참여하지 않는 직원의 이직률 4.7%에 비해 뚜렷하게 낮았다고 밝히고 있다. 그 밖에도 머큐리보험(Mercury Insurance), 페리고(Perrigo), 와바시(Wabash), 타이슨(Tyson) 등이 라임에이드의 솔루션 서비스를 이용하고 있다.

이와 같이 HR 솔루션 업체들은 AI를 활용하여 직원에게 최적의 복리후생 프로그램을 추천하며 고용주가 동일한 비용을 들이면서도 직원들의 웰빙은 극대화할 수 있도록 돕고 있다.

03 인사 담당자를 24시간 도와주는 '나만의 AI 비서'

새벽 5시, 인사 담당자인 당신의 전화벨이 울린다. 가족과 함께 휴가를 보내던 당신은 호텔에서 깊은 잠에 빠져 있었으나 어쩔 수 없이 전화를 받는다. 전화기 반대편에서는 해외 출장 중 짐을 잃어버리고 당황한 직원이 다급한 목소리로 도움을 요청하고 있다. 잠에서 깬 당신은 그 지역 법인의 인사 담당자에게 연락하여 상황을 알리고 도움을 받을 수 있도록 해주었으며, 직원을 안심시키는 말도 잊지 않았다.

인력운영 업무를 담당하는 당신은 이렇듯 당황스러운 상황에 빠진 직원의 긴급전화를 수시로 받는다. 하루에도 여러 번 다급한 목소리로 당신을 찾아 도움을 요청하는 직원들을 응대하느라 작성해야 할 보고서는 항상 뒷전으로 밀리고 결국 오늘도 야근을 하게 된다.

24시간 깨어 있는 '나만의 AI 비서'가 있다면…

만약 인사팀 직원들이 모두 각자의 AI 비서가 있다면 어떨까? 이 AI 비서가 인사팀 담당자를 대신해 24시간 내내 전화를 받아주고 문제를 파악한 후 자동으로 그 지역 인사 담당자에게 연락해주거나 제휴 관계에 있는 변호사에게 연락을 해줄 수 있다면? 인사 담당자가 휴가지에서 한밤중에 잠에서 깨는 일은 일어나지 않아도 될 것이다. 이 AI 비서는 짐을 잃어버린 직원이 쉴 수 있는 호텔을 예약하고 조기 귀국이 필요하면 비행기표도 알아봐줄 것이다. 또한 인사 담당자를 대신하여 현 상황을 설명하는 메일을 인사팀장에게 작성해 보내주기까지 한다. AI 비서의 능력은 여기서 그치지 않는다. 인사 담당자를 대신하여 짐을 잃어버린 직원에게 위로의 말과 함께 문제해결 절차를 자세하게 안내해준다. 다음은 챗GPT가 인사 담당자를 대신하여 직원에게 보내는 메일을 작성해준 예시이다.

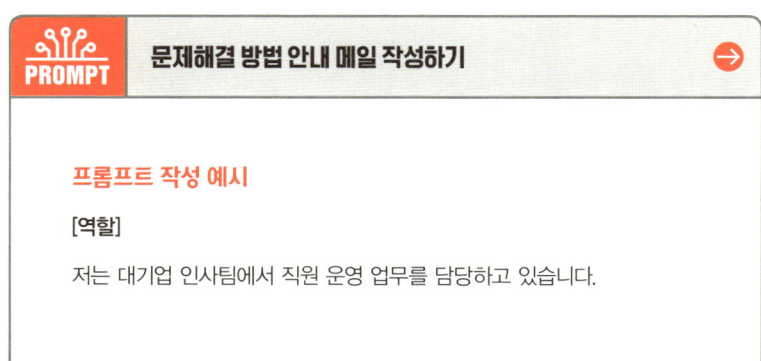

PROMPT 문제해결 방법 안내 메일 작성하기

프롬프트 작성 예시

[역할]
저는 대기업 인사팀에서 직원 운영 업무를 담당하고 있습니다.

[상황]

오늘 아침 일찍 해외 출장 중인 직원이 긴급하게 연락해 모든 짐을 잃어버렸다고 알려 왔습니다.

[지시사항]

그 직원에게 이메일을 작성하고자 합니다. 이메일 앞부분에서는 당황한 직원을 따뜻하게 위로하는 내용을 포함하고, 다음으로는 아래 내용을 포함해주세요.

[결과 포맷]

1. 해외 법인 담당자에게 연락하고 경찰 신고를 돕겠다는 내용
2. 짐을 찾지 못할 경우 직원이 취해야 할 구체적 조치에 대해 자세하게 안내하는 내용(여권/카드 분실 처리, 필수품 구매, 보험 처리 방법, 현지 법인이 도울 방법 등)

챗GPT 답변 예시

안녕하세요, [직원 이름]님.

먼저, 아침부터 이런 일을 겪어 정말 많이 당황하고 힘드셨을 것 같습니다. 낯선 곳에서 짐을 전부 잃어버리셨다니 얼마나 걱정이 크실지 충분히 이해합니다. 우선 마음을 진정시키시고, 저희가 최대한 빠르게 도울 테니 너무 걱정하지 마세요.

1. 해외 법인 담당자와 경찰 신고 지원

지금 현지 상황이 어려우실 테니 해외 법인 담당자에게 곧바로 연락을 취해 해당 사건을 공유하겠습니다. 담당자가 현지 경찰 신고와 관련된 절차를 빠르게 도와드릴 수 있도록 조치할 예정입니다. 만약 현지 언어 문제나 신고 과정에서 어려움이 있다면 바로 법인 담당자가 직접 지원할 수 있도록 준비하겠습니다.

2. 짐을 찾지 못할 경우에 취해야 할 조치

짐을 찾지 못할 경우에 대비한 몇 가지 조치사항에 대해 안내해드립니다.

① 여권 분실 시

여권을 분실했다면 현지 대사관이나 영사관에 방문하여 임시 여권을 발급받으셔야 합니다. 대사관 방문 시 필요한 서류나 절차는 현지 법인에서 도와드릴 수 있도록 하겠습니다. 대사관 정보가 필요하다면 언제든지 연락주세요.

② 카드 분실 시

신용카드나 직불카드를 분실했다면 가능한 한 빨리 카드사에 분실 신고를 하고 카드를 정지해야 합니다. 필요 시 대체 카드 발급 절차에 대해서도 안내해드리겠습니다. 카드사와의 연락이 어려우면 저희가 직접 도와드릴 수 있으니 요청해주세요.

③ 필수품 구매

필수품(의류, 일상용품 등)은 현지에서 바로 구매하실 수 있도록 긴급 경비를 지원해드리겠습니다. 관련된 비용은 회사에서 지원 가능한 범위 내에서 처리할 수 있으니 부담 갖지 않으셔도 됩니다.

④ 보험 처리

여행 중 분실 사건에 대한 보험이 적용될 수 있으니, 필요한 경우 여행자보험 또는 회사 가입 보험을 통한 보상 청구 절차를 안내해드리겠습니다. 관련 서류와 절차는 저희가 전적으로 지원할 예정입니다.

⑤ 현지 법인의 지원

현지 법인에서는 상황에 따라 대체 물품 제공(노트북, 업무용 장비 등)이나 긴급 자금 지원이 가능할 수 있습니다. 필요한 사항을 현지 법인 담당자에게 말씀해주시면 즉시 대응이 가능하도록 하겠습니다.

> 이 상황이 얼마나 힘들지 충분히 이해하지만 하나씩 차분히 해결해나가면 잘 극복하실 수 있을 겁니다. 저희가 함께하고 있으니 너무 걱정하지 마시고, 필요한 부분이 생길 때 언제든지 연락 주시면 도와드리겠습니다.
> 마음 단단히 붙잡으시고 문제가 잘 해결되길 바랍니다. 항상 응원하고 있습니다!
> 감사합니다.
> 인사팀 [당신의 이름] 드림

이 모든 처리 과정이, 비록 짐을 잃어버린 직원 입장에서는 처음 겪는 일이지만 인사 담당자에게는 드물지 않게 발생하는 일일 것이다. 그렇기 때문에 여러 번 반복하여 학습한 AI 비서는 이미 수행해왔던 대로 능숙하게 처리할 수 있다. 또한 AI 비서는 낮과 밤을 가리지 않기 때문에, 인사 담당자인 당신을 대신하여 24시간 내내 언제든지 직원의 긴급한 고충을 처리해줄 수 있다.

AI 비서의 브리핑을 받으며 출근하기

AI 비서는 일상에서도 인사 담당자를 대신해 반복적 업무 수행이 가능하다. 예컨대 AI 비서는 인사 담당자에게 매일 아침 주요 뉴스를 브리핑해줄 수 있다. 경영진이 똑똑한 비서의 도움을 받아 부가가치가 더 높은 일에 집중할 수 있는 것처럼 인사 담당자도 반복적이면서 시간이 많이 걸리는 일은 AI 비서의 도움을 받아 처리할 수 있다.

우선, 아침 뉴스 브리핑을 받을 수 있다. 업계의 주요 동향, 회사 소식, 조직 내 이슈 등 인사 담당자들이 꼭 알아야 할 정보와 함께, 인사 담당자가 인지하고 있으면 조직의 목표달성에 도움이 되는 정보를 개인 맞춤형으로 정리해 알려준다. 더구나 요즘은 이런 브리핑을 운전 중일 때는 물론이고 대중교통을 이용할 때도 받을 수 있다. 과거에는 본인이 직접 게시판과 뉴스 등을 일일이 찾아봤다면, 이제는 인사 담당자의 관심사를 미리 파악한 AI가 매일 아침 해당 내용을 정리하여 보고해줄 뿐 아니라, 필요하면 요약까지 해준다.

그러므로 이제 인사 담당자는 회사와 조직이 가고자 하는 방향에 맞추어 자신에게 주어진 보다 중요한 일을 집중적으로 수행하면서 일관된 의사결정을 할 수 있다. 아래는 AI가 '반도체 산업 및 경쟁사 동향'에 대한 전날 뉴스를 브리핑해준 내용이다. 출처를 함께 제시해달라고 하면 AI 비서가 괄호 안에 출처를 넣어주고 이를 클릭하면 해당 뉴스로 이동하여 더 자세한 내용을 확인할 수 있다.

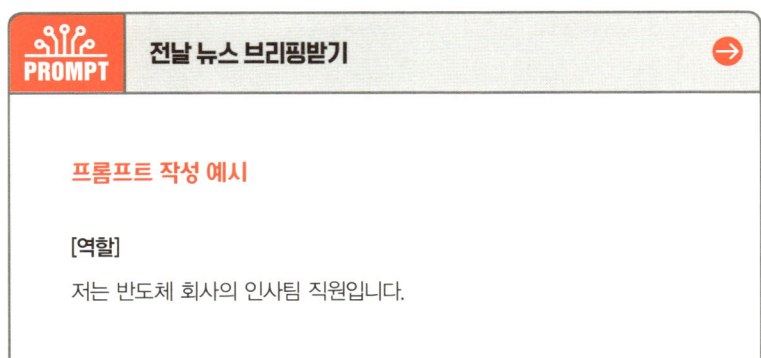

[상황]

저는 매일 아침마다 어제 발생한 반도체 회사들의 주요 이슈와 우리 회사의 공장이 있는 미국의 주요 뉴스를 파악해야 합니다.

[지시사항]

아래 내용에 대해 정리하되 어제 발생한 것에 대해서만 한국어로 브리핑 해주세요. 각 내용의 출처(Source)도 함께 알려주세요.

[결과 포맷]

1. 반도체 회사들의 주요 이슈
    1) TSMC
    2) 엔비디아(NVIDIA)
    3) 인텔, 마이크론 등
    4) 반도체 산업 전반에 대한 주요 뉴스
2. 미국의 주요 뉴스
    1) 미국 경제
    2) 미국 정치

챗GPT 답변 예시

1. 반도체 회사들의 주요 이슈(9월 18일 기준)

1) TSMC

TSMC는 엔비디아와 협력하여 차세대 AI 기술을 적용한 반도체 리소그래피(Lithography) 플랫폼을 도입했습니다. 이 기술은 AI를 활용해 칩 제조 공정에서 중요한 부분인 광학 근접 수정(Optical Proximity Correction)을 가속화하여 2nm 공정에서도 높은 정밀도와 효율성을 제공합니다(NVIDIA Newsroom). 또한 인텔의 3nm 이하 공정이 TSMC에 외주로 넘어가며, 인텔의 차세대 프로세서 루나레이크(Lunar Lake) 생산도 맡고 있습니다(TrendForce).

2) 엔비디아

엔비디아는 TSMC와 함께 AI 칩 수요 급증에 대응하고 있으며, H200과 B100 등 신제품 AI 칩을 연말에 출시할 예정입니다. 이러한 AI 칩들은 TSMC의 3nm 공정을 활용하여 생산되며, 엔비디아는 고성능 컴퓨팅(HPC) 시장에서의 경쟁력을 계속 강화하고 있습니다(NVIDIA Newsroom; TrendForce).

3) 인텔, 마이크론 등

인텔은 파운드리 사업 부진으로 인해 3nm 이하 공정을 TSMC에 외주화하고, 글로벌 차원에서 15% 인력 감축을 발표했습니다(TrendForce).
마이크론은 TSMC 및 ASE와 협력해 고급 반도체 패키징 기술을 개발 중이며, 구형 디스플레이 공장을 전환하여 첨단 패키징 공장으로 바꾸려는 계획을 진행하고 있습니다(TweakTown).

4) 반도체 산업 전반에 대한 주요 뉴스

AI 칩 수요의 급격한 증가로 엔비디아, AMD가 TSMC의 주요 고객으로 부상하고 있습니다. 반도체 시장에서의 치열한 경쟁이 계속되는 가운데, AI 칩 제조를 위한 TSMC의 고급 공정 사용이 증가하고 있습니다(TrendForce; SiliconANGLE).

2. 미국의 주요 뉴스(9월 18일 기준)

1) 미국 경제

미국 경제는 소매 판매 증가로 성장세를 유지하고 있으며, 고용 시장도 안정세를 보이고 있습니다. 그러나 연방준비제도(Fed)의 공격적인 금리 인하 가능성이 논의되면서, 향후 경제 둔화에 대한 우려도 나오고 있습니다(KTVZ).

2) 미국 정치

미국 군은 러시아와 중국의 군사 활동 증가에 대응하여 알래스카 지역

> 에 병력을 배치했습니다. 최근 러시아 군용기와 선박이 미국 영공과 가까운 곳까지 접근하면서, 미국 내 안보 관련 논의가 활발해졌습니다. 이는 미국과 러시아·중국 간의 군사적 긴장 상황을 더욱 고조시키고 있습니다 (Army Times; Democracy Now!).

최적의 스케줄을 제안하고 관리해주는 AI 비서

AI 비서의 핵심 기능 중 하나는 직원의 스케줄을 효율적으로 관리해주는 것이다. 아침마다 그날의 회의와 외근 일정 등을 정리해 알려줄 뿐 아니라 회의 시작 전 자동 알림을 해주기도 한다. 만약 재택근무와 사무실 근무를 병행하는 하이브리드 근무체제가 활성화되어 직원들이 면대면으로 모두 모일 수 있는 날짜를 잡기가 쉽지 않다면, AI 비서가 다른 직원들의 스케줄을 모두 고려해 최적의 회의 날짜를 잡아주기도 한다. 또한 휴가를 간 경우 알아서 회의를 취소하거나 다른 날짜로 조정해준다.

인도의 광학 및 디지털 기술 회사인 스털라이트 테크놀로지(Sterlite Technologies)는 이 같은 다양한 기능을 갖춘 AI 비서를 도입하여 직원들에게 큰 호응을 얻고 있다.[34] 이 회사에서는 직원들이 예를 들어 "○월 ○일 휴가를 신청해주세요."라고 AI 비서에게 요청하면, AI 비서가 직원을 대신해 휴가를 신청하고 관리자에게 메모를 보내며, 달력에 휴가 표시를 해놓을 뿐 아니라, 해당 날짜에

잡혀 있던 회의를 취소하는 작업까지 진행해준다.

경영진 보고용 문서 초안을 작성해주는 AI 비서

생성형 AI 비서는 인사팀 직원을 대신하여 경영진 보고용 문서 초안도 작성해준다. 인사팀은 직무 특성상 직원들과 관련된 수많은 이슈를 경영진에 수시로 보고한다. 따라서 직원들이 겪는 여러 사건·사고, 사업장 내 이슈, 매일 발생하는 경조사, 각종 행사 기획, 주간 업무 보고 등 상황에 맞는 보고서를 그때그때 작성해야 한다. 그 가운데서도 특히 사건·사고를 경영진에게 보고해야 하는 경우가 많은데, 생성형 AI 비서가 그 초안 작성에 도움을 줄 수 있다. 물론 이 초안을 그대로 사용하기에는 무리가 있으나, 이를 바탕으로 보고서 작성에 들이는 시간을 한결 줄일 수 있다. 예를 들어 사업장 내에서 직원이 자전거와 부딪치는 사건이 발생했다고 해보자. 관련 보고서를 작성할 때 다음과 같이 AI 비서에게 도움을 요청할 수 있다.

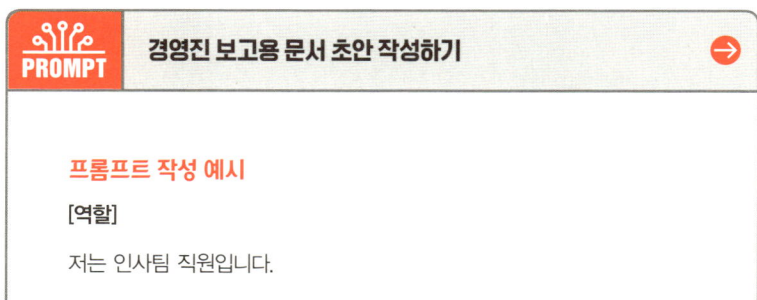

[상황]

어제 오전 10시경 우리 사업장 내에서 자전거를 타고 가던 직원이 다른 직원을 치어 두 사람 모두 다치는 사고가 발생했습니다. 자전거를 운전한 직원은 가벼운 찰과상으로 병원 치료를 받고 귀가했지만, 자전거에 치인 직원은 다리 골절이 발생하여 현재 병원에 입원했고 4주간 치료가 필요한 상황입니다. 저는 이 사건 경과를 나의 상사인 인사팀장에게 "사건 경과 보고서"로 보고해야 합니다.

[지시사항]

보고서를 한국어로 작성해주되 자세한 사건 경과와 함께 향후 이런 사건이 발생하지 않도록 하는 3개 이상의 조치사항을 포함해주세요.

[결과 포맷]

모든 문장은 '개조식'으로 표현해주세요.
개조식: 개조식이란 예를 들어 '필요한 사항입니다' 대신 '필요한 사항', '조치를 완료했습니다' 대신 '조치 완료' 등으로 마무리하는 것을 의미합니다.

챗GPT 답변 예시

사건 경과 보고서

1. 사건 개요
- 사고 일시: 2024년 9월 18일 오전 10시경
- 사고 장소: 우리 회사 사업장 내 주차장 근처 자전거 전용도로
- 사고 내용: 자전거를 타고 가던 직원 A가 같은 방향으로 걷고 있던 직원 B를 치는 사고 발생
- 피해 상황:
  자전거 운전 직원A: 가벼운 찰과상으로 병원 치료 후 귀가

자전거에 치인 직원B: 다리 골절로 병원 입원, 4주간 치료 필요

2. 조치사항
- 사고 직후: 두 직원 모두 즉시 응급처치 후 병원으로 이송
- 병원 진료 결과:
    – 직원A: 찰과상으로 1일 병원 치료 후 귀가 조치
    – 직원B: 다리 골절로 4주간 치료 및 입원 필요
- 사고 조사: 현장 CCTV 확인 및 사고 경위 조사 완료

3. 향후 조치 계획

① **자전거 통행 관리 강화**
- 사업장 내 자전거 통행로와 보행로를 명확히 구분하고, 자전거 운행 규칙을 재정비할 필요
- 자전거 속도 제한 표지 설치 검토

② **안전교육 강화**
- 모든 직원 대상 안전교육을 정기적으로 실시할 필요
- 자전거 운전자 및 보행자 모두에게 안전 주의사항과 사고 예방 수칙 교육

③ **비상대응 절차 강화**
- 사업장 내 사고 발생 시 신속한 대응을 위한 비상연락망 및 대응 절차 강화
- 사고 발생 시 응급처치 교육 및 신고 절차 재교육

④ **자전거 운행 규정 재정비**
- 자전거 운전 시 헬멧 착용 의무화 등 안전장비 사용 강화
- 자전거 이용시간을 제한하여 출퇴근 시간 외 자전거 운행 자제 권고

법률 자문 역할도 수행하는 AI 비서

인사 담당자가 AI 비서로부터 받을 수 있는 또 하나의 도움으로 '1차적 법률 검토 수행'이 있다. 기존에는 직원 징계 및 인사 제도를 새롭게 수립해야 할 때 해당 제도가 법률을 위반하고 있지 않은지 확인하기 위해 변호사를 고용해야 했고, 이렇게 변호사의 자문을 얻는 데 들어가는 시간과 비용 또한 만만치 않았다. 그런데 이제는 AI 비서가 1차적 법률 검토를 수행해주기 때문에 이 내용을 바탕으로 하여 인사 담당자가 경영진에게 관련 보고서를 작성할 수 있게 되었다.

 법률 자문 구하기

프롬프트 작성 예시

[역할]
당신은 대한민국 대기업에서 근무하는 근로기준법 전문 변호사입니다.

[상황]
인사 담당자가 연락하여 아래 내용을 문의합니다.
"우리 회사는 겸업 금지가 취업 규정에 포함되어 있는데, 유튜브에서 크리에이터로 활동하면서 수입이 발생하고 있는 직원이 있음을 확인했습니다. 이 직원에게 겸업 금지 규정 위배를 근거로 징계를 내리려 합니다. 이 징계가 대한민국의 근로기준법과 노동법에 위배되는지 문의합니다."

[지시사항]

당신은 법률에 근거하여 인사 담당자에게 자문해주세요.

챗GPT 답변 예시

안녕하세요.
겸업 금지 규정과 관련한 징계가 근로기준법 및 노동법에 위배되는지에 대한 자문을 드리겠습니다.

1. 겸업 금지의 합법성

회사에서 겸업 금지 규정을 두는 것은 근로계약의 신의성실 의무 및 회사 규율을 유지하기 위해 허용될 수 있습니다. 즉, 회사는 근로자가 주된 업무에 충실할 수 있도록 일정한 겸업을 금지하는 규정을 마련할 수 있습니다. 이는 일반적으로 취업 규칙에 명시되어 있고 정당한 사유가 있다면 합법적으로 인정될 수 있습니다.

2. 근로기준법 및 노동법상 제한

그러나 겸업 금지 규정에 따른 징계가 합법적으로 인정되기 위해서는 다음 사항을 고려해야 합니다:

① 직무와의 관련성

겸업 금지 규정이 정당한 업무 수행에 필요한 범위 내에서 제한되어야 합니다. 유튜브 활동이 회사의 업무와 직접적 충돌이 있거나 회사의 평판이나 이익에 악영향을 미치는 경우에는 겸업 금지 규정을 적용하여 징계를 내릴 수 있습니다. 만약 직원의 유튜브 활동이 업무시간 외에 이루어지며 회사의 업무와 관련이 없다면 징계가 과도할 수 있습니다.

② 직원의 기본권

헌법 제15조에 따라 근로자는 직업 선택의 자유를 가집니다. 따라서 직원의 유튜브 활동이 회사 업무에 실질적으로 영향을 미치지 않는다면 직업 선택의 자유를 침해할 가능성이 있습니다. 또한 표현의 자유(헌법 제21조) 역시 보호받을 수 있습니다. 유튜브 크리에이터 활동이 직원의 표현의 자유 범주에 속할 경우, 겸업 금지 규정에 따라 이를 제한하는 것은 법적으로 문제가 될 수 있습니다.

③ 징계의 정당성

징계는 반드시 비례 원칙에 따라 이루어져야 합니다. 직원이 겸업 금지 규정을 위반했다 하더라도, 그 행위가 회사의 이익에 실질적이고 중대한 침해를 초래하지 않았다면 과도한 징계는 법적으로 문제가 될 수 있습니다.

3. 결론

직원의 유튜브 활동이 회사의 업무와 충돌하거나 회사의 이익에 중대한 영향을 미친다면 겸업 금지 규정 위반으로 징계가 가능할 수 있습니다. 그러나 유튜브 활동이 업무시간 외에 이루어지며, 회사 업무에 실질적 영향을 미치지 않는다면 징계는 과도할 수 있으며, 직업 선택의 자유와 표현의 자유를 침해할 소지가 있습니다. 이 경우 징계가 근로기준법에 위배될 가능성이 있으므로 징계의 정당성을 신중히 검토해야 합니다. 추가적으로, 관련 사실을 종합적으로 검토한 후에 징계 여부를 결정하는 것이 바람직합니다.

감사합니다.

손쉽게 만들어 활용하는 '취업규칙 설명 챗봇'

앞서 설명했듯 누구나 손쉽게 AI 챗봇을 만들 수 있으며, 그래서 AI 챗봇을 비서처럼 활용할 수도 있다. 그렇다면, 마음케어 챗봇을 만든 것과 동일한 방법으로 '취업규칙 설명 챗봇'을 만들어 배포하는 것도 가능하다. 프롬프트 입력 방식 역시 거의 동일하고, '지식'에 회사의 취업규칙에 대한 자료를 업로드하기만 하면 된다. 대화 스타터에는 '출산 휴가에 대해 알려주세요', '우리 회사는 겸업이 금지인가요?' 등의 예시를 넣어 직원들의 이해를 돕는다.

다음 예시에서는 AI에게 우선 회사의 취업규칙을 확인해보도록 했고 거기서 마땅한 답을 찾지 못했다면 근로기준법을 확인하도록 지시했다. 그럼에도 불구하고 정확한 답변이 곤란한 경우에는 담당자의 연락처를 알려주고 문의하라고 지시했다. 이렇게 만들어진 AI 챗봇은 자신이 학습한 정보만 전달하는 것이 아니라 학습한 정보를 바탕으로 직원 개개인을 위한 맞춤형 답변을 제안해주기도 한다. 예를 들어 연장근로시간을 알려주면 연장근로 임금을 계산해 주고, 개인의 근속기간을 알려주고 유급휴가 일수를 물어보면 계산 근거와 함께 계산 결과를 상세히 설명해준다.

결과적으로, 이제 인사 담당자 대신 AI 챗봇이 직원 문의를 24시간 응대해줄 수 있게 된 것이다. 그 덕분에 인사 담당자가 직원 개개인의 입장에 맞추어 일일이 자료를 찾아가며 확인해야 하는 복잡함과 번거로움이 사라지고, 당연히 응대시간 또한 대폭 단축될 것이다.

'취업규칙 설명 챗봇' 사용 방법 예시

프롬프트1

연장근로 시 임금 계산법을 알려주세요.

취업규칙 설명 챗봇

연장근로에 대한 임금은 통상임금의 50% 이상을 가산하여 지급해야 합니다. 예를 들어, 만약 기본시급이 10,000원일 경우, 연장근로에 대해서는 최소 15,000원(기본시급의 150%)을 지급해야 한다는 의미입니다. 이 규정은 근로자가 법정 근로시간을 초과하여 근로한 경우에 적용됩니다.

프롬프트2

나의 시급은 15,000원이고 2월에 연장근로를 24시간 했습니다. 총 연장근로 임금을 계산해주세요.

취업규칙 설명 챗봇

시급이 15,000원이고 2월에 연장근로를 24시간 한 경우, 연장근로 임금은 다음과 같이 계산됩니다:

통상임금에 50%를 가산한 금액으로 계산하므로, 시간당 연장근로 임금은 15,000원+(15,000원×50%)=22,500원입니다.
따라서 총 연장근로 임금은 22,500원×24시간=540,000원입니다.
이 계산은 연장근로에 대한 표준 가산율을 기준으로 한 것으로, 실제 계산 금액은 근로계약서나 취업규칙에 따라 달라질 수 있습니다.

프롬프트3

입사한 지 2년 4개월이 되었다면 유급휴가는 어떻게 되나요?

취업규칙 설명 챗봇

입사한 지 2년 4개월이 되었다면 유급휴가는 다음과 같이 계산됩니다: 1년간 80% 이상 출근한 사원에게는 기본적으로 15일의 유급휴가가 주어집니다. 3년 이상 근속한 사원은 기본휴가 15일에 더해, 최초 1년을 초과하는 계속 근로연수 매 2년에 대하여 1일을 가산한 유급휴가를 추가로 받게 됩니다. 가산휴가를 포함한 총 휴가 일수는 25일을 한도로 합니다. 귀하의 경우, 2년 4개월 근속으로 아직 3년 미만이므로 가산휴가는 적용되지 않습니다. 따라서 기본적으로 15일의 유급휴가가 주어집니다.

프롬프트4

내가 우리 회사뿐 아니라 다른 회사에서도 월급을 받으면 취업규칙에 위배되는 건가요?

취업규칙 설명 챗봇

검토한 결과, 취업규칙에는 다른 회사에서 근무하면서 월급을 받는 것에 대한 구체적 규정이 포함되어 있지 않습니다. 일반적으로, 복수 근로에 관한 규정은 회사의 취업규칙이나 근로계약서에 따라 다를 수 있으며, 명시적으로 금지되지 않았다면 법적으로 허용될 수 있습니다. 그러나 주된 고용주의 업무에 영향을 주지 않고 고용계약서나 회사 규정에 위배되지 않는 한도 내에서 부업을 하는 것이 일반적인 원칙입니다. 만약 귀하의 근로계약서나 회사의 내규에서 다른 회사 근무에 대해 명시적으로 언급하고 있다면 해당 규정을 따라야 합니다. 추가적으로, 부업이 근로기준법이나 다른 관련 법률에 위배되지 않도록 주의해야 합니다. 정확한 상황에 대한 조언이나 확인이 필요하다면 회사의 인사 담당자에게 문의하거나 법률 전문가의 조언을 구하는 것이 좋습니다. 만약 여기서 제공한 정보로 충분하지 않다면, "인사 담당자 ㅇㅇㅇ, 전화번호 02-3789-1111"에게 연락하여 자세한 상담을 받아볼 것을 권합니다.

톤을 조절하면서 사내 캠페인 게시글을 작성해주는 AI 비서

AI 비서가 해줄 수 있는 과업 중 하나로, 그 마지막은 '회사 캠페인 작성하기'이다. 즉, 인사 담당자를 대신하여 회사 캠페인 문구를 작성해줄 수 있는데, 이때 문장의 톤을 적절히 조절해줄 수 있다는 것이 큰 강점이다. 사실 회사 캠페인 내용 작성은 꽤나 까다로운 작업이다. 일부 직원들이 인사팀의 게시글에 대해 민감하게 반응하거나 문제제기를 하는 경우도 있기 때문이다. 특히 직원들의 행동 변화를 요구하는 글을 작성하는 경우, 인사팀은 직원들의 반감이나 불만이 발생하지 않을지 심적 부담을 안고 고민하며 게시글을 올릴 수밖에 없는데 이때 AI 비서의 도움을 받아 문구의 어조를 조절할 수 있다. 예를 들어 회의시간에 직원들이 수시로 스마트폰을 사용하는 것을 자제해달라는 요청을 담은 게시글을 쓴다고 해보자. 직원들의 마음을 상하게 하지 않으면서도 인사팀의 의도가 충분히 전달되는 글을 작성하기 위해 AI 비서를 활용할 수 있다.

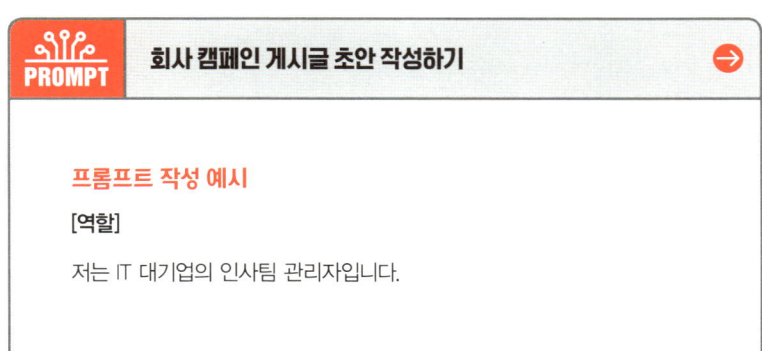

[상황]

최근 회사 직원들이 회의시간에 회의에 집중하지 않고 스마트폰을 보는 일이 많이 생겨 회사 차원에서 회의시간에는 스마트폰 사용을 자제하자는 캠페인을 시행하고자 합니다.

[지시사항]

스마트폰 사용 자제에 적합한 캠페인 제목을 만들고 캠페인의 구체적 내용을 소개하되, 직원들이 기분 상하지 않도록 하면서, 회의시간에 스마트폰 사용을 자제해달라는 게시글을 한국어로 작성해주세요.

챗GPT 답변 예시

캠페인 제목:

"회의는 집중, 스마트폰은 잠시 쉬어가기!"

캠페인 소개:

안녕하세요, 사랑하는 직원 여러분!

요즘 회의 중 스마트폰을 자주 보는 직원이 늘어나면서 업무에 지장을 받을 수 있다는 피드백이 나옵니다. 물론 바쁜 업무 속에서 중요한 메시지를 확인해야 할 때가 있다는 점, 충분히 이해합니다. 그렇지만 회의시간만큼은 모두가 한곳에 집중하여, 더 나은 결과를 만들기 위한 시간이 되어야 한다는 점도 함께 생각해주시면 좋겠습니다.

그래서 저희는 "회의는 집중, 스마트폰은 잠시 쉬어가기!" 캠페인을 진행하고자 합니다. 이 캠페인은 강제성 있는 규칙이 아니라, 더 효율적이고 집중된 회의를 위한 작은 습관을 제안하는 캠페인입니다. 이 습관을 통해 더 생산적이고 의미 있는 회의를 만들 수 있도록 여러분의 협조를 부탁드립니다.

캠페인 내용:

① **회의 시작 전 스마트폰 모드 설정:** 회의에 들어가기 전 스마트폰을 무음 또는 비행기 모드로 전환해주세요. 잠시 알림을 멈추고 회의에 집중해보는 시간을 가져봅시다!

② **회의실에 스마트폰 보관함 설치:** 회의실에 작은 스마트폰 보관함을 마련할 예정입니다. 회의 중 스마트폰이 신경 쓰인다면 잠시 보관함에 두었다가 회의가 끝난 후 꺼내시면 됩니다!

③ **급한 상황은 예외:** 물론 긴급한 상황이 생긴다면 언제든지 스마트폰을 사용할 수 있습니다. 다만 그 경우 양해를 구하고 잠시 확인해주시면 감사하겠습니다.

④ **회의록을 통해 정보 공유:** 회의 도중 중요한 메모를 놓칠까 걱정된다고요? 걱정 마세요! 회의가 끝난 후 회의록을 통해 중요한 내용은 모두 공유할 예정이니, 스마트폰 없이도 안심하고 회의에 집중할 수 있습니다.

캠페인의 기대 효과:

① **더 나은 회의 집중도:** 모든 참석자가 집중하면 회의가 더 효율적으로 진행될 수 있습니다.

② **팀원 간의 원활한 소통:** 스마트폰에서 벗어나면 더 많은 아이디어와 소통이 이루어질 것입니다.

③ **업무 효율성 향상:** 회의시간을 단축하고, 집중력 있는 회의로 더 나은 결론을 도출할 수 있습니다.

여러분의 작은 실천이 회사 전체의 생산성을 높이는 데 큰 도움이 됩니다! "회의는 집중, 스마트폰은 잠시 쉬어가기!" 캠페인에 많은 관심과 참여 부탁드립니다. 감사합니다.

인사팀 드림

캠페인의 제목이 썩 마음에 들지 않는다면 다른 대안을 요청해볼 수도 있다. 다음은 캠페인 제목을 추가로 알려달라고 요청했을 때 받은 챗GPT 답변이다.

PROMPT 캠페인 제목을 추가로 요청하기

프롬프트 작성 예시

[지시사항]

캠페인 제목을 직원들이 기억하기 쉬운 표현으로 5개를 추가로 만들어주세요. 한국어와 쉬운 영어 표현을 함께 사용해주세요.

챗GPT 답변 예시

① "회의는 집중, 폰은 잠시 멈춤!(Focus on Meeting, Pause Your Phone!)": 회의에 몰입하자는 의미와 함께, 스마트폰 사용을 잠시 멈추자는 메시지 전달.

② "함께하는 시간, 폰은 Off!(Together Time, Phone Off!)": 팀원과의 소통시간을 강조하며, 스마트폰을 끄자는 간단한 메시지.

③ "회의 중엔 대화, 폰은 대기!(Talk in Meetings, Let the Phone Wait!)": 회의 중에는 사람 간 대화를 우선하자는 의미.

④ "우리의 회의, 폰 없는 집중!(Our Meeting, Focus Without Phone!)": 회의는 모두의 집중이 필요한 시간임을 강조하는 제목.

⑤ "핸즈업, 폰다운!(Hands Up, Phones Down!)": 간결하고 재미있게 회의 집중을 독려하는 표현.

지금까지 살펴본 바와 같이 HR을 위한 AI 비서는 인사 담당자의 조교 역할을 충분히 수행할 수 있다. 나아가 생성형 AI는 인사팀 혹은 인사 담당자의 활용 역량에 따라 직원들의 회사 내 다양한 경험을 더 긍정적으로 만들어줄 수 있다. 사실 과거에는 많은 인사팀 인력이 투입되었고 그렇기 때문에 인사팀원의 성향에 따라 조금씩 다른 직원 서비스가 제공되기도 했다. 다시 말해 직원들의 서비스 경험이 일관성을 갖지 못하는 경우가 생겼다. 반면에 생성형 AI는 이런 대직원 서비스 품질을 고르게 관리해줄 수 있다.

앞으로는 더 많은 사람이 생성형 AI 챗봇과 대화하며 회사생활을 더 편안하고 안락하게 영위하게 될 것이다. 따라서 인사팀 직원이 생성형 AI와 보다 가까워진다면 직원들에게도 더 풍부하고 더 긍정적인 회사생활의 경험을 제공할 수 있다.

HR TECH REVOLUTION

제3부

생성형 AI 시대, HR은 무엇을 준비해야 할까?

7장

HR의 최우선 과제, 직원교육

선도적 기업들은 연간 예산의 1.5%를 이미 학습과 기술 구축에 투자하고 있다. 그러나 중요한 것은 단순한 숙련도 향상을 넘어, 나날이 변화하는 기술을 새로이 습득하고 이를 활용해 현재의 직무 또는 직업을 근본적으로 바꾸는 일인지도 모른다. 이미 직원들 스스로도 이러한 변화를 잘 감지하고 있다. 그렇다면 이런 상황에서 HR은 직원들이 AI 활용 시에 혼란을 겪거나 불필요한 스트레스를 받지 않도록 해야 한다. 즉 생성형 AI 도입으로 조직 내 직무가 어떻게 변화할 것이고, 그에 대응하기 위해 회사가 어떤 투자와 노력을 펼쳐나갈 계획인지를, 방향성을 가지고 소통해야 한다.

AI 기술 격차, 업스킬링으로 해소하기

01

생성형 AI는 그 등장 이후 관련 기술이 전례 없는 속도로 발전하며 우리 일상 속으로 급속히 파고들고 있다. 근로자의 한 사람으로서 내 일자리가 없어지지 않을까 하는 걱정을 넘어, 이제는 AI 기술의 발전 속도를 따라가지 못해 어느 순간 갑자기 낙오자가 되는 것 아닌가 하는 걱정을 하게 된다. 그러나 생성형 AI 기술이 단지 근로자의 경쟁자이기만 한 것은 아니다. 잘만 활용하면 근로자의 생산성을 향상시킬 도구 또한 될 수 있음을 기억할 필요가 있다.

실제로 지금도 유튜브에서는 새로운 AI 알고리즘, 생산성 향상 도구와 업무 활용 팁이 끊임없이 추천되고 있다. 하지만 과연 어떤 도구가 나의 업무에 실질적 도움을 줄지, 어떤 기술을 더 깊이 습득해야 할지 파악하기가 어려워 따라잡기 벅찰 정도이다. 게다가 생성형 AI가 근로자의 일상적이고 반복적인 업무를 줄여주는 대신 인간은 더 창의적인 업무에 집중할 수 있도록 지원한다지만, 새로운 기술을 습득해야 한다는 점만으로도 창의성이 이미 소진되는 느낌도 없지 않다.

　이러한 AI 기술 습득 및 기술 격차는 이제 더 이상 개인의 문제에 그치지 않는, 조직 전체의 AI 역량 강화를 위한 HR의 최우선 과제가 되었다.

최신의 AI 역량 강화가 절실한 임직원들

2023년 딜로이트 사가 16개국 지사의 임원급 인사 2,800명을 대상으로 실시한 설문조사에 따르면, 생성형 AI 도입의 가장 큰 장벽으로 기술인재 확보 및 스킬 부족이 꼽혔다. 좀 더 구체적으로는, 생성형 AI 기술과 관련해 인력 준비가 충분히 되어 있다는 응답자는 22%에 불과하고, 직원들에게 생성형 AI 관련 교육을 제공하고 있다는 응답자 역시 44%로 채 절반에 미치지 못했다. 특히, 자신이 생성형 AI 관련 전문성이 매우 높다고 응답한 경우에는 응답자의 77%가 직원들에게 AI 교육을 제공하고 있는 반면, 생성형 AI 전문성이 보통이라고 응답한 경우에는 그 비율이 27%에 그쳤다. 리더들의 생성형 AI 기술에 대한 이해와 전문성이 직원들의 AI 교육 제공에도 매우 중요하게 영향을 미친다는 의미이다.[1] 즉 HR의 생성형 AI 교육이 비단 직원에 국한되는 것이 아니라 관리자 및 임원까지 확대되어야 할 필요가 있음을 보여준다.

　직원 및 리더를 대상으로 한 AI 교육은 AI 기술로 인한 변화와 자동화로 일자리가 사라지는 것에 대한 막연한 두려움과 초기 거부감을 줄이고 기술 채택을 촉진하는 데 중요한 역할을 할 것이다. 그런데 이와 관련해 무엇보다 중요한 것은 직원들이야말로 생성형 AI 관련 교육을 필요로 한다는 점이다. 2024년 3월 생성형 AI 도구를 한 달에 한 번 이상 사용한 경험이 있는 미국 근로자를 대상으로 한 조사에서, 응답자의 95%가 일상적 업무에서 생성형 AI 도구를 활용하는 데 자신감을 보였지만, 98%는 여전히 더 많은 교육과 회사 차원의 지원이 필요하다고 응답했다.[2] 최근 1~2년 사이에 글로벌 교육 플랫폼 유데미에 생성형 AI 강좌가 폭발적으로 증가한 것이 근로자들의 이러한 교육 니즈를 뒷받침한다. 2023년 한 해에만 320만 명의 학습자가 1,700개가 넘는 생성형 AI 강좌를 수강했다.[3]

AI 리터러시 교육을 추진 중인 글로벌 기업들

그렇다면 이제 직원들이 생성형 AI 기술의 기본 지식을 익히고 업무에 활용할 수 있도록 업스킬링을 적극적으로 추진하고 있는 기업들을 살펴보자. 첫 번째 사례는 글로벌 홈퍼니싱 기업 이케아(IKEA)이다. 이케아는 2024년부터 전사 차원의 AI 리터러시 교육을 추진 중이며 약 3만 명 근로자와 500명 리더를 대상으로 근로자의 역할과 AI 관련성에 따라 맞춤형 교육을 제공하는 것을 목표로 삼고 있다. 신입 사원 또는 AI 관련성이나 기술수준이 낮은 직원들에게는 AI 기초 개념과 활용 사례를 교육하고, AI 활용 직무 대상으로는 생성형 AI 마스터링 과정을 제공하는데 여기에는 머신러닝, 파인튜닝, API를 활용한 업무자동화 등 전문적 과정이 포함된다. 교육 대상에 따라서는 책임 있는 AI, 윤리를 위한 알고리즘 교육 등의 과정도 제공한다. 리더를 대상으로 한 교육에서는 AI Exploration Day 프로그램을 운영하며, AI의 잠재력과 AI를 활용한 이케아의 사업 우선순위 수립 등에 초점을 맞춘다.[4] 이케아는 급속한 기술 변화의 시대에 직원들과 리더들이 혁신의 최전선에 머물도록 함으로써 직원들의 미래를 보호하는 한편 AI 시대를 선도할 수 있는 역량을 축적하고자 한다.

글로벌 제약사 존슨앤존슨(Johnson & Johnson)은 이중언어 구사(Bilingual) 능력이 직원들의 경력경로 성장과 조직의 혁신에 중요한 요소라 믿고 있다. 존슨앤존슨에서 말하는 이중언어 구사 능력이란 도메인 전문지식을 가진 사람이 AI와 같은 기술적 역량을 함께 갖추는 것을 말한다. 예를 들어 식약 분야 연구개발 과학자가 분자를 쉽게 식별하기 위한 모델링 관련 기술 및 방법론을 배운다면 신약 개발 또는 임상 연구의 속도를 가속화할 수 있다는 것이다. 존슨앤존슨은 이러한 기술 확보 추진의 일환으로 AI, 자동화, 데이터 활용법 등을 포함하는 디지털 부트 캠프를 제공하고 있으며, 캠프에 참여한 직원들이 이수한 과정의 총 누적 건수는 거의 3만 개에 달한다. 그리고 약 2만 명 직원들은 생성형 AI 교육과정을 이수해 도메인 지식과 기술 노하우를 연결하려 노력하고 있다. 또한 2023년에는 전 직원의 기술 학습을 독려하기 위해 '글로벌 학습의 날

(Global Learning Day)'을 열고, 전 세계 13만 명 직원들이 하루 동안은 일상 업무를 뒤로하고 지능형 자동화, 디지털 혁신, 디자인 사고 등에 관련된 기술 구축 워크숍, 웨비나(Webinar) 및 다양한 온라인 과정에 참여할 수 있도록 지원했다.[5]

마지막으로, 법률·세무·회계 등의 정보 제공 회사 톰슨로이터(Thomson Reuters) 사례를 살펴보자. 톰슨로이터는 IT 회사가 아님에도 불구하고 생성형 AI 도입과 직원교육에 적극적인 기업 중 하나이다. 톰슨로이터는 2023년 챗GPT 기반의 법률 전문가용 AI 어시스턴트를 제공하는 회사 케이스텍스트(Casetext)를 인수하는 한편, 향후 연간 1억 달러를 인공지능에 투자할 계획이다. 이미 톰슨로이터 내부 전용 생성형 AI 플랫폼을 구축하고 직원들이 고부가가치 활동에 집중할 수 있도록 지원하고 있다. 또한 2023년 4월에는 글로벌 직원 1만 4,000명이 참여하는 '글로벌 학습의 날'을 개최하는 등 전사적인 생성형 AI 교육을 시작했다. AI, 머신러닝 같은 인공지능 전반과 생성형 AI와 LLM(Large Language Model) 기본교육을 포함해 총 6시간 분량의 교육을 제공했다. 그리고 6,000명의 AI 개발자를 대상으로는 8시간의 전문적인 AI 교육을, 마케팅 담당자를 위해서는 별도의 마케팅 커리큘럼이 추가된 Generative AI University가 제공되고 있다. 교육자료의 대부분은 내부의 AI 전문가 및 기술팀에서 제작한다. 앞으로 마케팅과 개발자 외에 다른 직무에 대해서도 특화된 교육을 제공할 예정이다.[6]

외부 파트너와 내부 전문가가 함께 만드는 교육 프로그램

앞서 살펴본 사례 가운데 톰슨로이터와 같이 내부 리소스가 충분한 경우에는 사내에서 직무별 맞춤형 교육을 개발하고 배포하는 것이 가장 효과적이다. 하지만 모든 기업이 그러한 여건을 갖추고 있지는 않다. 외부 파트너 활용 교육과 내부 자체 개발 교육을 적절히 활용하고 있는 인도의 다국적 기업 위프로 테크놀로지(Wipro Technologies)의 사례를 보자.

위프로는 전 세계 24만 5,000명의 직원 중 20만 명 직원이 생성형 AI 기본 교육을 이수했다. 이 기본 교육은 초기에는 내부에서 개발된 콘텐츠로 생성형 AI의 개념, 기본 작동원리, 역사, 책임 있는 AI 등이 포함되었다. 하지만 최근에는 외부 파트너의 품질 높은 교육자료가 많아짐에 따라 유데미, 코세라, 링크드인, 구글, 아마존(AWS) 등 외부 파트너와 협업하는 외부 교육으로 대체하고 있다. 즉 생성형 AI의 기본이 학습된 후에는 직무별·기능별 맞춤화된 교육과정을 외부 파트너 회사의 솔루션을 통해 제공한다.

위프로는 인사, 재무, 금융 등 맞춤형 콘텐츠 제공을 위해 20명 이상으로 구성된 핵심 학습 콘텐츠 개발팀을 만들었다. 이 개발팀에서는 조직 전체의 AI 학습 계획을 수립하고, 직원들의 교육 진행 상황 등을 추적한다. 구체적인 교육 콘텐츠 개발에는 업계와 도메인 전문가 및 AI 전문가 수백 명이 참여한다. 외부 파트너 회사에서 제공한 교육과 내부에서 자체 개발한 콘텐츠의 최종 검수는 회사 내에 신설된 AI 협의회에서 담당한다. 위프로는 교육 효과를 높이기 위해, 해커톤을 개최해 생성형 AI를 업무에 활용하는 방안을 고민하고, 프로그램 개발자용 자체 플랫폼을 개설해 서로 경쟁하는 게임화 환경을 조성하는 등 다양한 방식을 고민하고 있다.[7]

생성형 AI 업스킬링 프로그램 개발을 위한 조언

위에 언급한 글로벌 기업들의 생성형 AI 교육 사례는 다음과 같은 시사점을 던져준다.

① **전 직원의 AI 활용 역량을 강화해야 한다:** 생성형 AI 지식 및 활용은 특정 직군에 국한되지 않는다. 개발자와 비개발자 모두를 대상으로 생성형 AI의 개념, 기본 알고리즘과 작동원리, 생성형 AI의 한계, 윤리와 거버넌스 등을 학습시킬 필요가 있다. 그리고 이 과정에서 반드시 포함해야 하는 내용이 생성형 AI 활용법으로서 '프롬프트 엔지니어링'이다. 프롬프트 엔지니어링이란 AI에서 올바르게 질문하여 고품질의 결과물을 얻는 방법을 말한다. 이를 통해 예시 상황을 가지고 좋은 프롬프트와 나쁜 프롬프트에 따라 결과가 어떻게 달라지는지 학습할 수 있으며, 나아가 프롬프트 라이브러리 등을 구축하고 제공하는 법도 배울 수 있다. 이러한 내용의 기본 교육과정을 잘 마치면 직원들도 생성형 AI가 할 수 있는 것과 할 수 없는 것(적합하지 않은 것)을 구분해가며 올바르고 윤리적으로 활용하는 법을 터득하게 된다.

이 기본 교육과정은 계층별·직무별 특화가 불필요하기 때문에 반드시 내부에서 직접 콘텐츠를 개발하지는 않아도 된다. 유데미, 코세라 등의 온라인 교육 플랫폼에 이미 양질의 교육자료가 풍부하기 때문에 이를 적극 활용해 전 직원을 대상으로 빠르게 교육하여 기본 지식을 갖춘 뒤 직무별 맞춤형 심화 교육으로 넘어가는 것도 권장된다.

코세라의 인기 있는 '생성형 AI' 강좌들[8]

- 생성형 AI 입문(Introduction to Generative AI): 구글 클라우드, 초급, 1시간
- 생성형 AI 입문(Introduction to Generative AI): 듀크대학교, 초급, 37시간
- 챗GPT용 프롬프트 엔지니어링(Prompt Engineering for ChatGPT): 밴더빌트 대학교, 초급, 18시간
- 모두를 위한 생성형 AI(Generative AI for Everyone): DeepLearning.AI, 초급, 5시간
- 챗GPT 고급 데이터 분석(ChatGPT Advanced Data Analysis): 밴더빌트대학교, 초급, 10시간
- 생성형 AI, 데이터과학 경력 쌓기(Generative AI: Elevate Your Data Science Career): IBM, 중급, 12시간
- 생성형 AI 탐색하기: CEO 플레이북(Navigating Generative AI: A CEO Playbook): 코세라, 초급, 3시간

② 직무, 개인, AI 리터러시 수준별 맞춤형 AI 교육을 제공해야

한다: 챗GPT, 미드저니 등의 생성형 AI 도구를 처음 접했을 때에는 이 도구가 우리의 모든 업무를 다 처리해줄 것만 같은 환상에 사로잡힌다. 하지만 막상 나의 업무에 활용하려 하면 생각만큼 원하는 결과물을 얻어내기가 어렵다. 기본 교육과정에서 제공된 프롬프트 엔지니어링을 배운다 하더라도 SW 개발, 마케팅, 영업, 재무, 인사 분야별로 맞춤화된 교육이 제공되지 않는다면 교육 효과가 크게 떨어진다.

일례로 IT 인프라·애플리케이션 관리 및 서비스 제공 업체 엔소노(Ensono)는 이런저런 시행착오를 겪은 뒤 AI 교육 개선을 단행했다. 애초 엔소노에서는 마케팅 부서 직원들을 중심으로 생성형 AI 기본 교육 및 활용을 시작했다. 처음에는 코세라, 링크드인의 일반적 생성형 AI 강좌를 수강하고 챗GPT, 미드저니, 어도비 파이어플라이, 세일즈포스 등의 다양한 생성형 AI 툴을 업무에 활용했다. 하지만 실제로 업무에 활용하려 하니, 자사의 마케팅 프로세스나 워크플로에 맞춤화된 교육이 아니었던 까닭에 그 교육 내용이 전혀 도움이 되지 않았다.

엔소노는 AI 컨설팅 회사에 AI 교육 개선 작업을 의뢰했고, 이에 따라 마케팅 업무 프로세스와 워크플로 분석, 구체적인 생성형 AI 사례 식별과 함께 적합한 AI 도구를 활용한 맞춤형 교육 워크숍이 진행되었다. 또 교육 워크숍이 끝난 뒤에도 프롬프트 작성에서 도움을 얻을 수 있도록 관련 서비스를 제공받고 있다.[9] 엔소노처럼 AI 교육은 AI 전문 기업이나 대학 및 교육기관을 통해 맞춤형으로 제공할 수도, 내부 전문가 그룹을 활용해 이루어질 수도 있다. 사내의 AI 전문가 또는 생성형 AI를 업무에 적극 활용하는 사람들을 모아 전문가 그룹으로 지정하고 그들이 콘텐츠 작성 및 강의, 멘토링 등을 할 수 있도록 제도를 마련하는 것도 대안이 된다.

그리고 맞춤형 교육에는 리더를 위한 별도의 과정도 반드시 포함되어야 한다. 리더의 AI 이해 수준에 따라 조직 전체의 AI 도입 및 활용의 추진 동력이 달라질 수 있기 때문이다. 또 리더 교육과정은 조직 전체의 AI 전략 설계와 주요 기업의 모범 사례, 기본적인 AI 기술에 대한 이해 등이 포함되어야 한다. 딜로이트의 조사에 따르면, 리더의 생성형 AI 전문성 수준에 따라 기업의 AI 도입 및 인식에 큰 차이가 있었다. 리더의 AI 전문성 수준이 높은 그룹에서는 생성형 AI 하면 떠오르는 말이 '신뢰'라고 응답한 비율이 39%, '불확실성'이라고 응답한 비율이 11%였으나 리더의 AI 전문성이 보통인 그룹에서는 '신뢰'라고 응답한 비율이 9%, '불확실성'이라는 응답 비율이 38%로 결과가 완전히 역전되었다. 그뿐 아니라, 생성형 AI의 확산과 도입으로 기존 사업모델이 위기에 처할 수 있다고 인식하는 비율도 양자 사이에 차이가 컸다. AI 전문성 수준이 높은 리더는 그 위험성이 33%라고 본 반면에 전문성 수준이 낮은 리더는 16%라고 응답한 것이다.[10] 이는 AI 기술을 더 잘 이해하고 있는 리더일수록 그 기술이 향후의 사업과 일하는 방식에 긍정적·부정적 영향을 더 크게 미칠 것으로 인식하여 그에 대응하고자 준비하고 있음을 보여준다.

유데미에서 제공하는 맞춤형 기술팩 강좌[11]

온라인 교육 플랫폼 유데미에서는 기업고객을 대상으로 역할 및 직무에 따라 맞춤화된 생성형 AI 기술 큐레이션을 제공한다. 플랫폼에서 제공되는 1만 7,000개 이상의 교육과정을 평가하여 비즈니스 전문가, 기술 전문가, 리더를 위한 학습경로를 제공한다.

1. 리더를 위한 GenAI 기술
- 생성형 AI 기본 이해
- 비즈니스 전략에 AI를 통합하는 방법론
- AI 구현의 위험과 보상의 역학
- 생성형 AI 기반의 혁신 팀 이끌기

2. 비즈니스 전문가를 위한 GenAI 기술(8개 과정)
- 전 직원 대상의 생성형 AI 입문 과정
- AI, 머신러닝 등 AI 심층 기술 탐구 과정
- 생산성 향상에 초점을 맞춘 과정
- 금융, 인사, 마케팅, 영업, 프로젝트 관리자를 위한 각 전문가 과정

3. 기술 전문가를 위한 GenAI 기술(8개 과정)
- 기술 전문가를 위한 생성형 AI 기초 과정
- SW 엔지니어, 데이터과학자, 윤리적 해커, 사이버 보안 전문가, SOC 분석가, 데이터 분석가를 위한 각 전문가 과정
- 생성형 AI 기술 분야 리더를 위한 과정(거버넌스, 정보보호 등)

아마존 AWS의 AI 이니셔티브, AI Ready[12]

아마존은 2025년까지 전 세계 200만 명의 직장인과 학생에게 무료 AI 기술 교육을 제공하기 위해 새로운 AI 이니셔티브, 'AI Ready'를 발표하였다. 비즈니스 전문가와 개발자 및 기술 전문직을 위한 맞춤형 AI 코스를 제공하고, 비전문가들이 생성형 AI를 활용한 코딩에 쉽게 접근 가능하도록 게이미피케이션(Gamification)을 도입했다.

1. 비즈니스 및 비기술 분야 대상자 코스
- 생성형 AI 소개: 기본 개념, 기초 모델, 응용 분야
- 의사결정자를 위한 생성형 AI: 생성형 AI 프로젝트를 계획하고, 생성형 AI 도입을 위한 조직 구축 방법 등
- 아마존 CodeWhisperer: 아마존 AI 코드 생성기 활용 방법

2. 개발자 및 기술 분야 대상자 코스
- 프롬프트 엔지니어링 기초~고급 과정
- AWS의 로우 코드(Low Code) 머신러닝: 최소한의 코딩과 머신러신 심층 지식 없이 머신러닝 모델을 훈련, 배포하는 방법
- AWS 언어모델 구축: 아마존 SageMaker 분산 교육 라이브러리를 활용한 언어모델 구축 및 미세 조정 방법 등
- Amazon Transcribe(자동 음성 인식 기술) 사용법
- Amazon Bedrock을 활용한 생성형 AI 애플리케이션 구축 방법

3. Hour of Code Dance Party: AI Edition
- AI 프롬프트를 활용한 자신만의 가상 뮤직비디오 만들기 과정
- 유명 가수의 히트곡에 맞추어 가상 댄서의 안무 및 뮤직비디오의 배경을 코딩하며 언어모델, 이미지, 텍스트 생성 방법 등을 학습

③ 빠르게 변화하는 기술에 발맞추어 지속적 학습과 실습 환경을 제공해야 한다: 교육과정에서 배운 AI 활용 기술을 현장에서 최대한 끌어내려면 교육 내용이 업무 적용으로 자연스럽게 연결되어야 한다. 이를 위해서는 전문가 동료를 중심으로 서로 묻고 소통하며 배우는 학습 커뮤니티 활성화, 해커톤을 통한 사례 발굴, 데이터 유출 및 보안 위협 없이 다양한 프롬프트를 테스트할 수 있는 내부 전용 생성형 AI 플랫폼 등이 제공될 필요가 있다. 링크드인, 메타, 월마트 등 주요 기업이 자사 직원들이 생성형 AI 기술을 배우고 직접 활용해볼 수 있는 장인 GenAI 놀이터(Playground)를 제공한다. 여기에서는 사내 전용 생성형 AI 도구가 제공되는 한편, 외부의 다양한 생성형 AI 도구를 동일한 프롬프트로 테스트해볼 수 있다. 단, 이러한 장의 안전한 활성화를 위해서는 회사 데이터 유출, 저작권법 위반 등 위험에 대응하는 장치 또한 함께 마련해야 한다.

④ 생성형 AI 도구가 직원들의 워크플로와 결합되는 것이 가장 바람직하다: 만약 SW 개발자들의 코드 작성 도구에 생성형 AI가 결합된다면, 개발자들이 코드를 작성할 때 최적화된 코드가 화면상에서 자동으로 추천되고 동시에 에러 수정 기능도 제공될 수 있다. 또 온라인 화상회의 시스템에서 회의를 마쳤을 때 회의록이 자동으로 정리되어 참석자들에게 전달되도록 하는 방식으로 생성형 AI 도구가 실제 업무와 결합될 수 있다. 나아가, 전 직원 대상의 생성형 AI 일반 교육과 직무별 맞춤형 교육이 선행된다면 직원들이 각자의 워크플로에 생성형 AI를 어떻게 적용할 수 있을지 사례를

발굴하여 가장 효과성 높은 것부터 하나씩 실제로 해볼 수 있을 것이다.

⑤ **조직 전체에서 지속적 학습 분위기를 제공해야 한다:** 앞서 살펴본 사례 중 톰슨로이터와 존슨앤존슨과 같이 '글로벌 학습의 날'을 정해 전 직원이 교육을 이수하고, 활용 모범 사례를 공유하는 등 조직 전체에서 학습 분위기를 지속적으로 이어나가는 일도 매우 중요하다. 시대 흐름에 발맞추어 변화하지 않으면 도태될 수밖에 없다. 그러므로 개인도 회사도 함께 성장하기 위한 노력을 다각도에서 펼쳐나가야 하며, 이 과정에서 인사 부문의 역할의 그 어느 때보다 중요하다는 사실을 기억해야 한다.

02 리스킬링으로 미래를 위한 신기술을 장착하다

2023년 가을,《하버드 비즈니스 리뷰》에서는 기술의 급격한 발전으로 인해 기술 반감기가 평균 5년 미만으로, 특정 기술 분야는 2년 반까지 짧아짐에 따라 기술 재교육(Reskilling)이 중요해졌다고 보고, 이와 관련한 기업의 역할을 심도 있게 다룬 바 있다.[13] 특히 생성형 AI의 등장으로 AI가 할 수 있는 업무 영역이, 기존에는 인간 고유의 영역이라 여겨지던 창작 영역으로까지 확장되면서, 많은 기업이 새로운 기술과 관련해 직원들의 숙련도 향상(Upskilling)에 막대한 비용을 들이고 있다.

실제로 선도적 기업들은 연간 예산의 1.5%를 이미 학습과 기술 구축에 투자하고 있다. 그러나 중요한 것은 단순한 숙련도 향상을 넘어, 나날이 변화하는 기술을 새로이 습득하고 이를 활용해 현재의 직무 또는 직업을 근본적으로 바꾸는 일인지도 모른다. 이미 직원들 스스로도 이러한 변화를 잘 감지하고 있다. AI 등장으로 자신의 역할이 어떻게 바뀔지, 업스킬링 또는 리스킬링이 필요하지는 않은지, 회사에서 관련 교육을 제공해줄 것인지 궁금해하며 한편으로는 적지 않은 스트레스도 받는다.[14] 그렇다면 이런 상황에서 HR은 직원들이 AI 활용 시에 혼란을 겪거나 불필요한 스트레스를 받지 않도록 해야 한다. 즉 생성형 AI 도입으로 조직 내 직무가 어떻게 변화할 것이고, 그에 대응하기 위해 회사가 어떤 투자와 노력을 펼쳐나갈 계획인지를, 방향성을 가지고 소통해야 한다.

생성형 AI 사용과 관련해 직원들이 확실히 알고 싶어하는 사항[15]

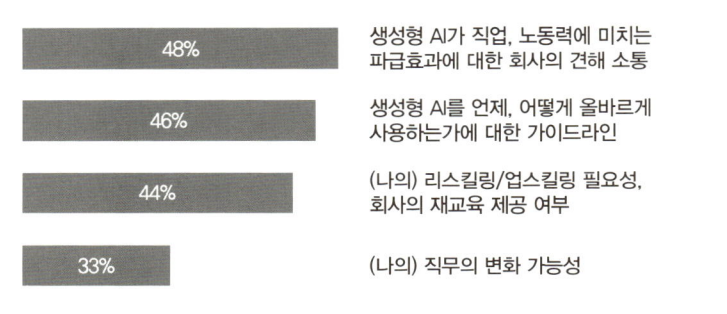

주: 미국 근로자 1,000명을 대상으로 조사.
자료: 〈https://www.betterworks.com/magazine/how-employees-use-generative-ai/〉

아마존과 이케아의 직원 재교육 프로그램

아마존은 직원 재교육에 매우 적극적인 회사로, 2019년부터 2025년까지 미국 내 아마존 근로자 30만 명을 재교육하는 데 총 12억 달러 이상의 투자를 진행하고 있다.[16] 이 직원 재교육 프로그램은 기술직과 비기술직, 정규직과 시간제 근무자를 가리지 않고 어떤 직무의 직원들이든 새로운 경력경로를 개척할 수 있도록 하는 다양한 교육 내용을 포함하고 있다. 구체적 프로그램으로는 데이터 분석가, 소프트웨어 개발자 등 기술 직종으로의 전환을 돕는 '아마존 기술 견습 프로그램', 데이터센터 전문가 양성을 위한 'AWS Grow Our Own Talent', 물류센터 등에서 일하는 시간제 근로자들이 근무 중 학사학위를 따고 새로운 진로를 개척할 수 있도록 돕는 'Career Choice' 등이 있다.[17]

이케아는 고객들에게 더 나은 서비스를 제공하고 직원들의 고용 안정성을 높이기 위해 2021년 '빌리(Billie)'라는 AI 챗봇을 도입했다. '빌리'는 도입 첫해인 2021년부터 2023년까지 콜센터에 접수된 고객 문의의 47%를 처리함으로써 약 1,300만 유로를 절감해주었으며, 빌리를 통해 24시간 실시간 대응이 이루어지자 고객만족도도 향상되었다. 빌리를 출시하던 그해에 이케아는 콜센터 직원 8,500명을 단순 콜센터 직원에서 인테리어 디자인 어드바이저로 전환하는 대대적 재교육 프로그램을 진행했으며, 여기서 인테리어 디자인 역량, 디지털 리테일 판매, 고객관계 구축, 문제해결 능력 등을 집중적으로 교육했다. 그렇게 교육받은 직원들은 인테리어 디자인 어드바이저로서 고객들에게 화상으로 1시간 내외의 디자인 컨설팅을 제공하고 이케아의 제품 목록을 추천하는 일을 할 수 있게 되었다. 이러한 원격 인테리어 컨설팅을 통한 매출이 2021년

부터 2023년까지 2년간 13억 유로에 달했다.[18]

2023년 국내 한 은행에서 AI 상담 서비스 도입으로 콜센터 이용자 수가 전년 대비 20% 감소했고 이로 인해 240명의 콜센터 인력이 해고되었다. 콜센터 인력은 고용보장을 요구하며 거리로 나섰지만, AI 도입으로 가장 먼저 콜센터 인력 감소 현상이 나타나리라는 것은 이미 거부할 수 없는 현실이었다. 우리나라는 금융권과 B2C 유통 기업 등 다수의 기업이 콜센터를 보유하고 있다. 이런 점에서 이케아의 콜센터 인력 재교육 프로그램은 국내에도 시사하는 바가 크다 하겠다. 이제 각 기업마다 수요가 증가하는 기술과 직무가 무엇인지 선제적으로 파악하고 이케아처럼 변화된 환경에 따른 직원 재교육에 관심을 갖고 투자할 필요가 있다.

대규모 직원 재교육, 어떤 전략을 구사해야 할까?

기업 입장에서 직원 재교육은 막대한 자금이 투자되는 일이며, 근로자 개인 입장에서도 현재의 커리어를 버리고 새로운 직무로 이동해야 한다는 불확실성을 감수해야 하는 일인 동시에 시간 투자라는 무시하지 못할 비용 또한 발생한다. 그러므로 회사에서 재교육을 시행할 때는 명확한 목표와 전략을 세우는 한편, 시장에서 수요가 높은 부문에서 기술격차가 발생했을 경우 이를 빠르게 메움으로써 경쟁우위를 구축해야 한다. 그 구체적 전략을 어떻게 수립하면 좋을지 알아보자.

첫째, 미래 기술 수요를 예측해 수요가 감소하거나 증가하는 기술이 무엇인지 파악한다. 성공적인 재교육 프로그램 설계의 첫걸음은 향후 5년 내 또는 10년 내에 어떤 기술이 사라질지, 경쟁에서 이기기 위해 필요한 기술은 무엇인지 분석하는 것이다. 이를 위해 유용한 것이 '스킬분류' 체계로, 이는 회사의 모든 직군, 모든 직무별로 필요한 역량과 스킬을 매핑해놓은 것이다. 그런데 아쉽게도 스킬분류 체계를 제대로 갖추고 지속적으로 업데이트하는 기업은 그동안 매우 적었다. 그러나 최근, 스킬 기반의 인재관리가 본격화하면서 스킬분류 체계의 필요성을 인식하고 구축하려는 노력이 확산하고 있다.

예를 들어 HSBC는 세계경제포럼에서 제공하는 스킬분류를 기본으로 금융 비즈니스에 특화된 스킬을 추가해 사용하고 있고, SAP은 스킬 데이터베이스를 보유한 글로벌 채용 데이터 분석기업 라이트캐스트(Lightcast)와 협력하여 스킬분류를 지속적으로 업데이트하고 있다.[19] 이처럼 외부에서 제공하는 스킬분류 체계를 근간으로 산업 및 회사에 특화된 스킬분류 체계를 구축한 후 스킬별로 미래의 수요를 예측한다.

둘째, 직원-스킬 매핑을 하고 스킬 갭을 분석한다. 스킬분류 체계 구축보다 더 지난한 일은 직원-스킬 간 매핑 작업이다. 향후 5년이나 10년 내에 쓸모없어질 기술을 보유한 직원의 규모가 얼마나 되는지 파악했다면, 이들을 미래 기술 수요가 높은 직무를 담당할 수 있도록 우선적으로 재교육한다. 현재의 기술 수준과 향후 요구되는 기술 간의 스킬 갭을 바탕으로 조직이 어떤 교육을 제공해야 할지 교육 프로그램을 구성해야 하는 것이다.

이를테면 존슨앤존슨은 인공지능을 활용해 직원-스킬 매핑과 스킬 갭 분석을 실시했다. 회사는 전사 차원의 스킬분류 체계를 구축하기 전, 디지털인재팀에 우선적으로 적용해보며 확대해나갔다. 우선 미래 사업계획 전략에 중요한 기술을 식별하여 스킬분류 체계를 개발했다. 그리고 직원-스킬 간 매핑을 위해 채용, 학습, 인력운영, 프로젝트관리 플랫폼 등의 정보를 활용했다. 머신러닝 모델을 활용해 각 직원이 어떤 기술을 보유하고 있으며 기술수준은 어느 정도인지 0점(기술 없음)~5점(리더 수준)까지 자동으로 평가하도록 했다. 그런 다음 직원들의 보유 스킬과 미래 요구 스킬을 기반으로 개인화된 경력경로를 제공하고 있다.[20]

셋째, 내부이동성 촉진을 위한 경력경로와 코칭을 제공하는 재교육이 되도록 한다. 직원 재교육 프로그램이 그저 교육으로만 끝나서는 성공할 수 없기 때문이다. 현재의 특정 직무에서 다른 새로운 직무로 전환할 때 기술 교육 제공은 퍼즐의 한 조각에 불과하다. 다시 말해 새롭게 익힌 기술을 가지고 새로운 직무로 이동할 수 있도록 하는 것, 즉 내부이동성을 촉진하는 개인별 맞춤화된 경력경로 제공, 커리어 코칭, 내부 잡마켓(Job Market) 활성화라는 퍼즐이 함께 맞춰져야 한다.

이를테면 아마존은 기술 재교육 후에 직무전환과 이력서 작성 등의 커리어 코칭 서비스를 제공하고, 적합한 내부 채용공고를 함께 추천해준다. 특히 물류창고 직원에서 소프트웨어 개발자 전환처럼 경력 전환이 어려운 경우에 이러한 커리어 코칭 서비스가 큰 도움이 된다.

　마스터카드는 금융 분야의 빠른 변화에 발맞추어 직원 주도의 경력개발과 학습에 중요한 가치를 두고 있다. 경력개발 솔루션 '글로트(Gloat)'를 활용해 직원 개개인의 경험, 습득 기술, 미래 경력 전환 및 기술 습득 니즈 등을 바탕으로 개인화된 경력경로를 추천하고, 추천된 경력경로에 맞추어 스킬 갭을 분석하며 리스킬링 및 업스킬링 목표를 제시하고 있다. 그리고 한발 더 나아가 'Unlocked'라는 내부 인재 마켓플레이스를 구축하여 여기서 커리어 도움을 받을 수 있는 멘토-멘티 매칭을 제공한다. 이렇게 내부 인재 마켓플레이스를 출시한 지 한 달 만에 직원의 50%, 임원의 93%가 내부 인재 마켓에 등록해 활발한 활동을 하고 있다.[21]

직원 재교육의 핵심은 리더의 적극적 지원

직원 재교육의 중요성은 아무리 강조해도 지나치지 않으며, 특히 중간관리자와 리더들의 적극 지원이 필수적이다. 《하버드 비즈니스 리뷰》 연구팀에 따르면, 중간관리자는 대개 함께 일하는 직원들의 재교육에 거부감을 느낀다. 왜냐하면 재교육 기간 동안 현재 주어진 직무에 소홀하지 않을까 싶고 재교육 이후 다른 부서로 옮길 것이라는 걱정도 있기 때문이다.[22] 물론 그런 점이 없지 않을 것이다. 그래서 정보기술 컨설팅 기업 위프로(Wipro)는 이런 우려를 방지하고자 팀 수준의 교육 참여도를 관리자의 KPI에 포함했으며,

아마존 역시 '팀을 어떻게 발전시켰는가'를 중요한 성과평가 지표로 삼고 있다. 또 스웨덴의 통신장비 업체 에릭슨(Ericsson)은 최고경영진과 고위 리더가 조직의 디지털 혁신의 일환으로 업스킬링과 직원 재교육에 초점을 맞추고 공개적 지지를 보내며, 새로운 기술에 따른 사업전략을 개발하고 있다.

이렇듯 리더들의 지지와 더불어, 재교육 당사자인 직원들의 불안과 스트레스를 줄이는 방법의 하나로서 재교육 프로그램 설계에 직원들도 직접 참여하도록 하는 것이 좋다. 재교육의 필요성과 목적이 무엇이고 재교육을 통해 어떤 직무로 전환이 가능한지를 충분히 공유하면서 경력 전환을 위해 필요한 학습과 자기계발에 투자할 시간을 제도적으로 마련해줄 필요가 있다.

HR TECH
REVOLUTION

8장

우리 회사에 가장 맞는 생성형 AI 도입 전략은?

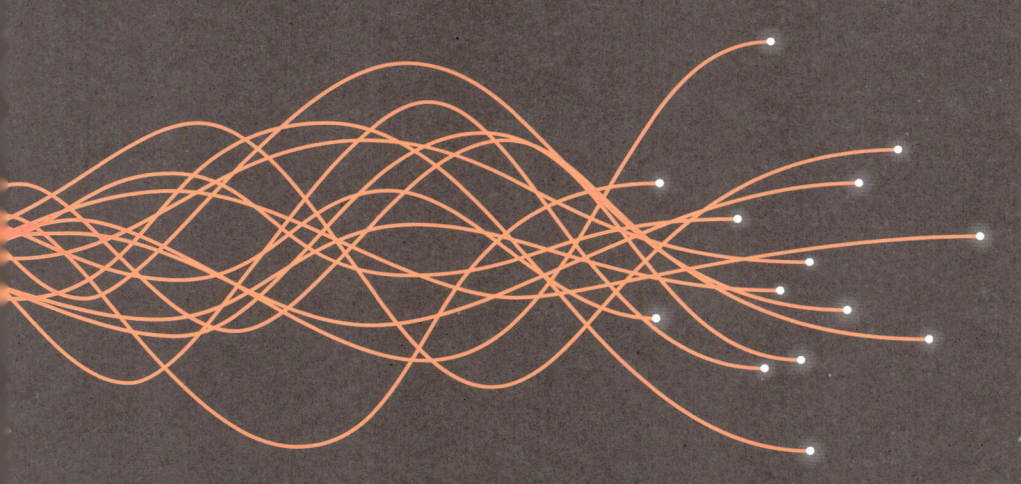

생성형 AI가 가져올 파괴적 혁신에 대한 기대만큼이나 부작용과 오남용의 우려도 작지 않다. 글로벌 컨설팅 기업 BCG는 생성형 AI의 기능과 한계를 명확히 이해하지 못하면 생성형 AI가 양날의 검이 될 수 있음을 지적한다. 세일즈포스가 2023년 전 세계 14개국 1만 4,000명 직장인을 대상으로 실시한 조사에 따르면, 응답자의 69%가 생성형 AI 관련 교육을 이수한 적이 없으며, 79%는 회사에 생성형 AI 활용 가이드라인 및 방침이 없다고 답했다. 그러면서 생성형 AI를 안전하고 윤리적으로 사용하는 방법으로, 생성형 AI 결과물의 사실 여부를 스스로 검증하기, 회사에서 승인된 프로그램만 사용하기, 기밀 데이터 사용 금지하기, 개인 식별이 가능한 개인정보 데이터 사용하지 않기 등이 필요하다고 언급했다. 결국 생성형 AI 기술의 위험요소를 줄이며 올바르게 사용함으로써 그 잠재력을 최대한 발휘하려면 조직 차원의 명확한 가이드라인을 수립하는 일이 중요하다는 점을 다시 한번 강조할 수밖에 없으며 필요한 기본 교육과 주기적인 기술 업데이트 또한 병행되어야 할 것이다.

성공적인 LLM 활용을 위해 갖추어야 할 것들

챗GPT, 클로드 AI, 제미나이 등 방대한 양의 데이터로 학습된 LLM(Large Language Model: 거대 언어모델)이 일반 대중들 사이에서 빠른 속도로 확산되고 있음에도 기업 내에서의 도입과 적용은 생각보다 그 속도가 느리다. SW 개발, 마케팅, 연구개발, HR에 이르기까지 다양한 직무에 척척 대답해주는 챗GPT이지만, 퍼블릭 LLM을 기업 현장에 곧바로 도입하기는 어렵다. 그 이유는 무엇일까?

'퍼블릭 LLM' 도입을 꺼리는 이유

기업들이 퍼블릭 LLM 서비스 도입을 꺼리는 것은 사내의 민감·기밀정보, 고객 및 직원의 개인정보 등 회사 내부의 데이터가 퍼블릭 LLM 서비스 사업자의 서버로 유출된다는 점 때문이다. 챗GPT에 던지는 질문, 질문을 정교하게 하기 위해 프롬프트에 삽입하는 기업 정보, 또는 분석을 위해 업로드된 데이터 등이 개발사인 오픈AI로 전송된다는 것이다. 결국 이 데이터는 언제든지 챗GPT 학습에 활용될 수 있으며, 다른 사용자의 질문에 답변하는 과정에서 불특정 다수에게 공개될 소지도 있다. 챗GPT는 사용자가 자신의 프롬프트를 학습에 사용해도 되는지 선택할 수 있는 옵션을 넣었지만, 이를 사용하는 기업 입장에서는 그것만으로는 충분하지가 않다.

더군다나 최근 해커들의 주요 공격 대상 중 하나가 챗GPT 로그인 자격증명을 가로채는 것이라고 한다. 계정 해킹을 통해 프롬프트에 사용된 영업 비밀, 소스코드, 고객 개인정보 등을 탈취하려는 시도가 빈번해지고 있다는 것이다. 이러한 이유로 삼성, 구글, 애플, 아마존 등 주요 기술기업들은 챗GPT 등장 시점부터 사내에서 챗GPT 사용을 엄격히 금하고 있으며 사내망에서의 챗GPT 접속 자체를 기술적으로 원천 차단하고 있다.

보안 이슈와 함께, 기업에서 퍼블릭 LLM을 사용하기 꺼리는 또 다른 이유로 환각(Hallucination) 현상을 들 수 있다. LLM 모델이 사용자의 질문에 정확한 답변을 제공할 수 없을 때 가짜 정보를 마치 진짜인 것처럼 생성하는 현상을 자주 볼 수 있다. 산업의 전문지식과 기업의 내부 데이터를 깊이 있게 학습하지 못한 탓에 발생하는 이러한 오류와 환각을 바로잡기 위해서는 결국 퍼블릭 LLM에서 제공하는 정보의 사실 여부를 건건이 확인하면서 사용해야 하는 것인데, 그렇다면 이는 너무나도 비효율적인 일이 아닐 수 없다. 때로는 심각한 경영상의 문제와 법적 리스크까지 초래할 것이다.

그리하여 최근 많은 기업이 퍼블릭 LLM 서비스의 대안으로 '프라이빗 LLM' 서비스에 주목하고 있다. '프라이빗 LLM'이란 기업의 내부 데이터를 활용해 자사의 핵심 비즈니스에 맞춤화된 기업 전용 LLM 모델을 안전한 사내망 또는 물리적으로 분리된 기업 전용 프라이빗 클라우드 안에 구축하는 방식이다.

'프라이빗 LLM'의 구축 ①: 기업 내부에 구축하기

프라이빗 LLM을 구축하는 방법 중 첫 번째 방법은 온프레미스(On-premises) 프라이빗 LLM을 기업 내부에 구축하는 것이다. 이 방법은 기업 내부의 데이터를 오픈소스 LLM 모델을 활용해 학습하고, 모델의 파라미터(매개변수)를 최적화하는 미세조정(파인튜닝) 작업을 거쳐 기업 전용 LLM을 만든 뒤 이 모델을 외부망과 차단된 사내망에 구축하는 방식이다.

이 방식을 쓰면 기업 내부 데이터를 바탕으로 비즈니스와 고객 정보를 학습하여 사용자 니즈에 맞춤화된 다양한 서비스(데이터 분석, 코딩, 디자인 생성 등)를 개발할 수 있다. 기업 내부 데이터를 별도로 학습한 것이기에 질문에 적합한 데이터를 생성해낼 가능성이 더 크고, 당연히 환각 현상도 줄어들게 된다. 만약 학습 데이터에서 답변을 찾지 못할 경우 "적합한 정보를 찾을 수 없다"라고 응답하도록 조정해놓으면 환각 현상을 최소화할 수 있다.

기업 내부에 구축하는 '온프레미스 프라이빗 LLM'

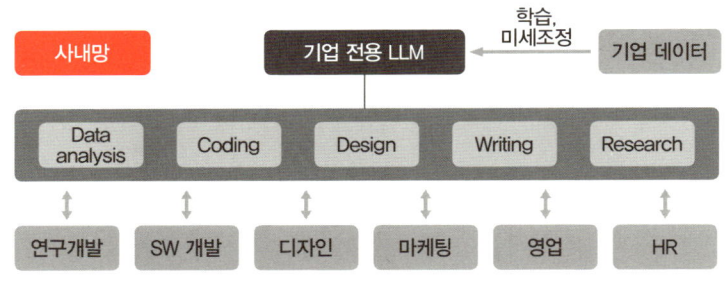

이렇게 프라이빗 LLM을 기업 내부에 구축해놓으면 연구개발, SW 개발, 디자인, HR 등 다양한 부서의 직원들이 프롬프트에 입력하는 데이터 내용에 대한 고민 없이 자유롭게 LLM 서비스를 이용할 수 있다. 기업 내부에서 자체 개발한 서비스이기 때문에, 마치 이메일 시스템에서 특정 키워드 등 보안에 위배되는 내용은 바깥으로 전송되지 못하게 차단해놓는 것처럼, LLM 서비스의 프롬프트 입력 단계에서 민감한 키워드는 별도 감지하여 보안 이슈를 사전 점검하는 것도 가능하다.

일례로 삼성전자는 내부에 AI 개발자 및 LLM 전문가 그룹을 자체적으로 보유하고 있다. 삼성전자의 AI 전문 개발 조직인 '삼성리서치'를 중심으로 자체 생성형 AI 모델 '가우스(Gauss)'를 개발하여 2023년 11월부터 내부 직원을 대상으로 서비스를 시작했다. 텍스트를 생성하는 언어모델, 코드를 생성하는 코드 모델, 이미지를 생성하는 이미지 모델 3가지를 만들어 현재 직원들은 챗GPT 대신 '가우스'를 업무에서 활용하고 있다. 가우스의 언어모델은 메일 작성, 문서 요약, 번역 등의 업무를 지원하는 것이고, 코드 모델은 사내 소프트웨어 코드를 대량으로 학습해 삼성전자 내부 소프트웨어 코딩 작업에 특화된 것이다. 대화형 인터페이스를 통해 코드 개발 시 코드에 대한 설명과 시뮬레이션을 제공하여 개발자들의 코드 생산성을 획기적으로 높이고 있다. 이미지 모델은 디자인과 마케팅 직무에서 활용도 높은 모델로 사진, 그림 등 창의적 이미지를 생성해주거나 저해상도 이미지를 고해상도 이미지로 전환하는 것도 가능하다.[23]

  삼성전자와 같이 자체적으로 기업 전용 LLM 서비스를 개발하는 방식이 아니더라도, 최근에는 온프레미스 프라이빗 LLM 모델을 구축해주는 LLM 서비스 공급자가 늘어나고 있다. 따라서 내부에 AI 개발 전문가가 없거나 자체 LLM 모델 개발이 어려운 기업들은 외부 서비스 사업자의 도움을 받는 것이 비용이나 시간 절약 측면에서 유리할 것이다.

  그러한 외부 서비스 사업자 가운데 대표적 사업자로 국내에서는 업스테이지*가 있다. 업스테이지는 2023년 경량 LLM '솔라(SOLAR: Specialized and Optimized Llm and Applications with Reliability)'를 개발하고, 이를 활용해 기업용 프라이빗 LLM 서비스를 제공하고 있다.

---

* 〈https://www.content.upstage.ai〉

솔라는 매개변수 107억 개(챗GPT는 1,750억 개)로 학습된 경량 모델로 기업의 핵심 데이터를 추가적으로 학습해 충분히 우수한 성능을 제공하고 있다. 2023년 8월에는 자연어 처리 모델을 개발하고 공유하는 플랫폼 허깅 페이스(Hugging Face)의 '오픈 LLM 리더보드'에서 1위를 차지하기도 했다. 온라인 쇼핑몰 다나와와 에누리를 보유하고 있는 커넥트웨이브는 업스테이지와 함께 개인화된 고객 쇼핑 경험을 지원하기 위한 프라이빗 LLM 서비스 '다나와GPT'를 개발하기도 했다. 다나와GPT는 다나와와 에누리의 14억 개 상품 및 고객 쇼핑 데이터를 학습했고, 그리하여 다나와와 에누리를 방문하는 고객은 다나와GPT를 통해 추상적 속성의 검색어를 입력하더라도 최적의 상품을 쉽게 추천받을 수 있다. 다나와GPT 서비스는 추가적으로 배송 조회, 문의사항, 반품 상담 자동화, 상품 홍보 문구(Copy) 개발을 자동화할 계획이다.[24]

'프라이빗 LLM'의 구축 ②: 전용 클라우드에 구축하기

온프레미스 프라이빗 LLM을 구축하는 두 번째 방법은 전용 프라이빗 클라우드를 활용하는 것으로, 사내망이 아닌 외부 클라우드 서비스에 LLM을 구축한다. 물리적으로 분리되어 독립적이면서도 보안은 강화되어 있는 클라우드에 기업 전용 LLM과 서비스를 구축하는 방식으로, 사내망에 구축하는 것과 마찬가지로 민감 데이터 유출 방지가 가능하다. 서비스 공급 시의 보안 및 안정성은 마이크로소프트, 아마존, 구글 클라우드 등 여타의 클라우드 서비스와 유사한 수준이다. 기업 전용 LLM을 클라우드에 설치한 다음 사내망에 연결된 내부 직원 및 고객은 그 클라우드에 접속해 서비스를 이용하게 되는데, 이때 사내망과 클라우드 사이의 데이터 전송은 암호화된 패킷으로 변환되어 전송되므로 안전하게 관리된다. 그리고 학습에 사용된 기업 내부 데이터와 사용자들의 질의에 포함된 모든 정보에 대해서는 해당 기업만이 접근 가능하다. 마이크

외부 클라우드에 구축하는 온프레미스 프라이빗 LLM

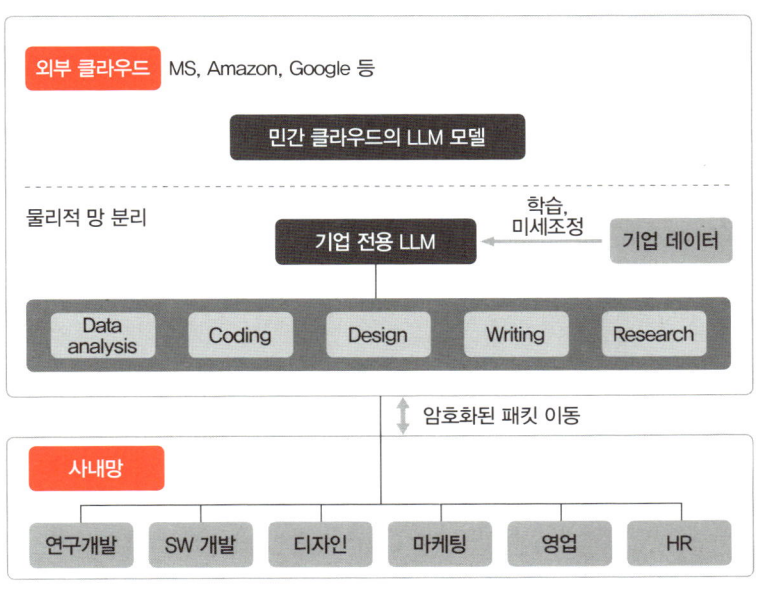

자료: 한국지능정보사회진흥원 (2023. 8. 11). "LLM(거대 언어모델) 활용 방식 및 주요 이슈 분석". 《IT & Future Strategy》 제5호를 바탕으로 재구성.

로소프트 클라우드(Azure OpenAI Studio), 구글 클라우드(Vertex AI Model Garden), 아마존 AWS(Amazon Bedrock) 등에서는 다양한 종류의 LLM을 기업고객이 선택하여 기업 자체 데이터를 학습시키며 맞춤화된 생성형 AI 서비스를 쉽게 개발할 수 있도록 그 방법과 서비스를 제공하고 있다.

외부 클라우드 서비스 이용의 장점은 컴퓨팅 성능 및 저장 용량 등을 유연하게 확장 가능하고 빠르게 도입할 수 있다는 것이다. 다만 사용량에 따라 서비스 과금이 발생하기 때문에 사용자 수가 많아질 경우에는 사내망에 직접 구축하는 방식과 클라우드에 설치하는 방식의 구축 비용, 운영 및 유지보수 비용 등을 비교해보고 판단할 필요가 있다.

'프라이빗 LLM'의 구축 ③: 엔터프라이즈 서비스 이용하기

프라이빗 LLM을 사내망 또는 클라우드에 설치하지 않고 조금 더 간편하면서도 안전하게 사용할 방법은 없을까? 게다가 직원 100~1,000명 규모의 기업이 LLM 서비스를 직접 구축하기에는 아무래도 비용 부담이 너무 크다. 그래서 최근에는 이러한 소규모 기업을 위한 서비스로 챗GPT 엔터프라이즈, 마이크로소프트 엔터프라이즈 AI, 구글 제미나이 엔터프라이즈, 클로드 팀(Claude Team) 등 기업용 버전이 출시되고 있다. 사용자 계정당 월 30~60달러 비용을 지불하고, 사용한 계정만큼 지불하는 구조이다. 기업 맞춤형

챗GPT 엔터프라이즈 AI 플랫폼

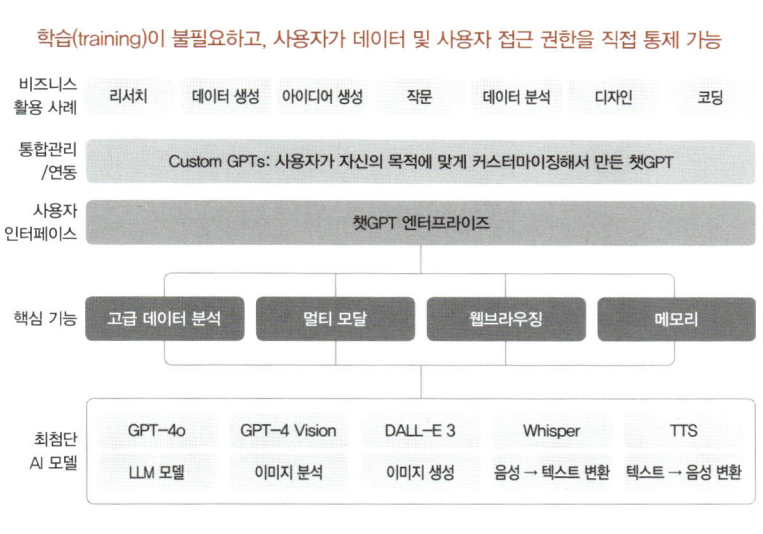

자료: ⟨https://openai.com/chatgpt/enterprise/⟩

UI를 제공하지는 않지만, 데이터 보안을 보장하고, 일반 사용자들이 쓰는 LLM 모델보다 높은 속도를 제공하며, 또 관리자 기능을 제공한다. 베인앤컴퍼니, PwC, 크래프톤 등 주요 기업이 챗GPT 엔터프라이즈 버전을 활용하고 있다.

위에 소개한 3가지 방법 가운데 어느 것을 선택할지는 해당 기업이 LLM 모델과 생성형 AI 서비스를 도입하는 목적, 활용 사례 파악 등 각자의 상황에 따라 달라질 것이다. 그러므로 해당 기업이 고객서비스 향상, 내부 프로세스 간소화, 업무생산성 향상 등 자사의 니즈를 우선 정리해볼 필요가 있다. 즉 생성형 AI를 활용해 고객경험 향상을 원할 경우 비즈니스 수익 창출이 명확하며 직원생산성 향상에 따른 비용 절감으로 이어질 수 있을지를 면밀히 파악해야 한다. 그저 다양한 서비스를 사용해보며 가능성을 탐색해보는 단계라면, 내부의 가용자원(GPU 등 컴퓨팅 리소스, AI 개발 및 유지보수 역량)과 예상 사용자 수, 이에 따른 예상 비용 등을 고려해 최종 선택을 하는 것이 바람직하다.

올바른 사용을 위한 명확한 가이드 수립이 필요하다

생성형 AI가 가져올 파괴적 혁신에 대한 기대만큼이나 부작용과 오남용의 우려도 작지 않다. 글로벌 컨설팅 기업 BCG는 생성형 AI의 기능과 한계를 명확히 이해하지 못하면 생성형 AI가 양날의 검이 될 수 있음을 지적한다.

BCG는 하버드대학, MIT 연구진과 함께 전 세계 BCG 컨설턴트 750명을 대상으로 GPT-4를 2가지 상이한 업무에 활용하는 실험을 진행했다.[25] 첫 번째 업무는 GPT-4를 활용해 신제품 기획 아이디어를 내는 것이고, 두 번째 업무는 과거의 성과 데이터와 임원 인터뷰를 바탕으로 회사의 문제를 찾아내는 비즈니스 문제해결 과제였다. 여기서 창의적 아이디어 산출은 정답이 없는 과제이지만, 비즈니스 문제해결은 정답이 있는 과제였다.

창의적 아이디어 산출 과제와 비즈니스 문제해결 과제 중 생성형 AI는 어느 쪽에 더 강할까?

성격이 전혀 다른 두 개의 과제에서 생성형 AI의 사용 결과는 극명한 차이를 보였다. 창의적 아이디어 산출 과제에서 GPT-4를 사용한 참가자들은 대조군(GPT-4 없이 작업을 완료) 대비 40% 이상 더 나은 성과를 보인 반면, 비즈니스 문제해결 과제에서는 GPT-4를 사용한 경우 대조군보다 오히려 23% 저조한 성적을 보였다. GPT-4를 활용해 비즈니스 문제해결 과제에서 오답을 제출한 참가자들은 GPT-4가 정답이라고 제시한 것의 근거가 매우 설득력이 있었다고 언급했다. 이는 LLM이 확실한 근거를 바탕으로 답을 제시하는 경우도 있지만 LLM 스스로 제공하려는 답에 맞추어 근거를 그럴싸하게 만들어내기도 한다는 것을 보여준다.

이처럼 생성형 AI는 창의적 산출물 작성에서는 탁월함을 보이지만, 정량과 비정량 데이터를 조합해 정확하고 마땅한 근거를 바탕으로 정답을 찾아내는 능력에서는 한계를 드러냈다. 이러한 비즈니스 문제해결상의 한계는 근로자의 기술 숙련도 또는 고성과·저성과에 관계없이 동일하게 나타났고, 저성과자에서는 좀 더 극명하게 나타났다.

실험은 이렇게 진행되었다. 우선, 실험 시작 전 기본 과제(창의적 산출물 작성, 비즈니스 문제해결 각각)를 부여해 GPT-4 없이 수행하도록 하고 각 과제의 점수를 매겨 저성과 그룹과 고성과 그룹으로 나누었다. 그리고 GPT-4를 활용해 창의적 산출물 작성과 비즈니스 문제해결 과제를 다시 수행하도록 했다. 그렇게 GPT-4를 사용하기 전과 후의 차이를 성과 그룹별로 비교해보았다.

문제 유형별 생성형 AI의 성능 비교

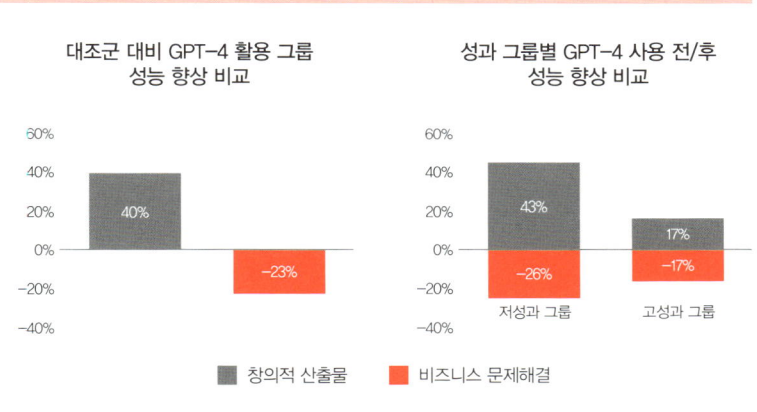

자료: Candelon, F. et al. (2023. 9. 21). "How People Can Create-and Destroy Value-with Generative AI". BCG.

실험 결과, 저성과 그룹은 창의적 산출물 작성에서는 GPT-4 사용 시 43% 성과가 향상된 반면, 비즈니스 문제해결 과제에서는 26%의 성과 하락을 보였다. 고성과 그룹은 창의적 산출물 작성 과제에서는 17% 성과 향상이, 비즈니스 문제해결 과제에서는 17%의 성과 하락이 나타났다. 기술 숙련도가 떨어질수록 생성형 AI의 도움으로 얻는 성능 향상 폭이 커졌으나 생성형 AI가 분명하게 한계를 드러내는 과제에서는 성능 하락이 더 크게 나타났다. 요컨대 생성형 AI는 저숙련자의 역량을 끌어올려 전체적 상향평준화를 가져올 수 있지만 생성형 AI의 한계를 이해하지 못하고 AI에 의존해 비판적 사고 없이 활용했을 때는 그 위험이 매우 치명적이라는 것이다.

창의적 과제 작업 시 드러난 생성형 AI의 2가지 위험성

생성형 AI가 창의적 과제를 달성하는 데 도움이 된다고 해서 신사업 아이디어 생성이나 디자인 초안 작성 등 창의적 산출물 생성 작업에 활용 시 아무런 위협도 없다는 의미는 아니다. BCG는 창의적 산출물 작성 과제에서도 생성형 AI의 2가지 위험성을 발견하였다.

첫 번째는 개인의 성과 향상과 집단의 창의성 손실 간의 상충 문제였다. 창의적 아이디어 산출 과제에서 GPT-4를 사용한 집단은 해당 기술을 활용하지 않은 대조집단 대비 40% 이상의 성능 향상이 있었지만, GPT-4를 사용한 집단의 아이디어의 다양성은 대조집단 대비 41%가 떨어졌다. 집단의 창의성이란 기본적으로 다양성에서 출발하는 것인데, GPT-4와 같은 생성형 AI는 동일한 과제 앞에 유사한 결과물을 반복해 만들어내고, 결국 비슷비슷한 아이디어와 성과물을 내고 있다는 의미이다.

두 번째로, GPT-4를 사용한 실험집단 직원들의 70%는 GPT-4를 창의적 업무에 활용하며 업무에 도움을 얻었지만 시간이 지남에 따라 자신의 창의성이 저하되지 않을까 하는 우려도 하고 있었다. 휴대폰에 전화번호를 저장해두기 시작하면서 사람들이 전화번호를 외우는 일이 줄고 전자계산기 사용이 늘면서 웬만한 사칙연산조차 손으로 풀기가 어려워지는 것처럼, 기계에 대한 의존도가 높아지면 기계가 대신해주는 업무에서 인간의 역량은 약화될 수밖에 없다. 그렇다고 해서 생성형 AI가 뛰어난 성능을 보이는 부분이 있는데도 그 도구를 사용하지 않는 게 바람직한 방향은 아닐 터이다.

다행히도 BCG는 긍정적 사실 또한 발견했다. GPT-4가 만들어낸 창의적 산출물과 GPT-4 없이 인간이 만들어낸 산출물 사이의 유사한 결과물은 10% 미만이었다. 즉, 생성형 AI의 결과물과 인간 고유의 창작 능력을 고루 활용해 전체적 다양성을 높인다면 궁극적으로는 조직의 창의성을 높일 수 있다는 것이다.

성별 편향 등 다양한 편견에서 자유로울 수 없는 생성형 AI

챗GPT와 같은 생성형 AI가 만들어내는 결과물의 '편향'은 또 다른 위험요소이다. 생성형 AI는 기존에 축적되어 있던 방대한 자료를 학습하기 때문에 자칫 그 자료에 포함된 인종이나 성별 등에 대한 편향, 즉 편견이나 잘못된 인식 또한 그대로 학습할 가능성이 있다.

이 문제와 관련하여, AI 기반 채용 솔루션 텍스티오(Textio)에서 챗GPT를 활용해 직원 성과 피드백을 작성할 때 성별 편향이 어떻게 나타나는지 다양한 실험을 진행했다.[26] 여기서 챗GPT는 특정 직업과 역할의 피드백을 작성하면서 직원의 성별을 가정했다. 예를 들어 유치원 교사와 간호사는 여성(She)을 가정하고, 기계공학자와 건설노동자는 남성(He)을 가정하여 피드백을 작성하였다. 그리고 프롬프트에 직원의 특성(분석적, 자신감 있는, 협력적인 등)을 넣고 그에 적합한 성과 피드백을 작성하라고 했을 때도 특정 성별을 가정하였다. 예컨대 분석적(Analytical), 강인한(Strong), 자신감 있는(Confident) 특성을 지닌 직원의 피드백을 작성할 때 70%는 특정 성별이 아닌 They라는 가정을 했지만 나머지 30%는 남성(He)을 가정하고 피드백을 작성하였다. 그리고 활기찬(Bubbly) 직원의 피드백 작성에서는 70%를 여성(She)으로 가정하였다.

프롬프트 자체에 직원의 성별을 직접 포함했을 때 챗GPT의 성별 편향은 더 강화되었다. 여성 직원 피드백이 남성 직원 대비 15% 더 길게 작성되었고, 비판적 피드백도 더 많이 포함되었다. 이런 결과는 여러 번 반복했을 때에도 일관되게 나타나는 것이 확인되었다. 이런 현상은, 앞서도 언급했듯 챗GPT가 기존의 성별 편향적 성과평가 관련 내용을 대량 학습했기 때문이다. 성과평가에서 성별 편견을 다룬 연구는 많다. 그런 연구에 따르면 남성이 여성보다 더 중요하고 눈에 띄는 업무에 할당되는 경우가 많았고, 동료평가에서 남성이 여성보다 평균 12% 더 높은 평가를 받았다. 그리고 여성이 남성만큼 사무실에 자주 출근하는 경우에도 평가자들은 여성의 성취도를 남성보다 3% 유의미하게 낮게 평가한다.[27] 이렇듯 성별 편향적인 대량의 연구 자료를 학습한 생성형 AI의 결과물은 당연히 성별 편향적일 수밖에 없으며, 따라서 이를 무비판적으로 활용해서는 안 될 것이다.

챗GPT가 성격 특성별로 갖는 성별 편향

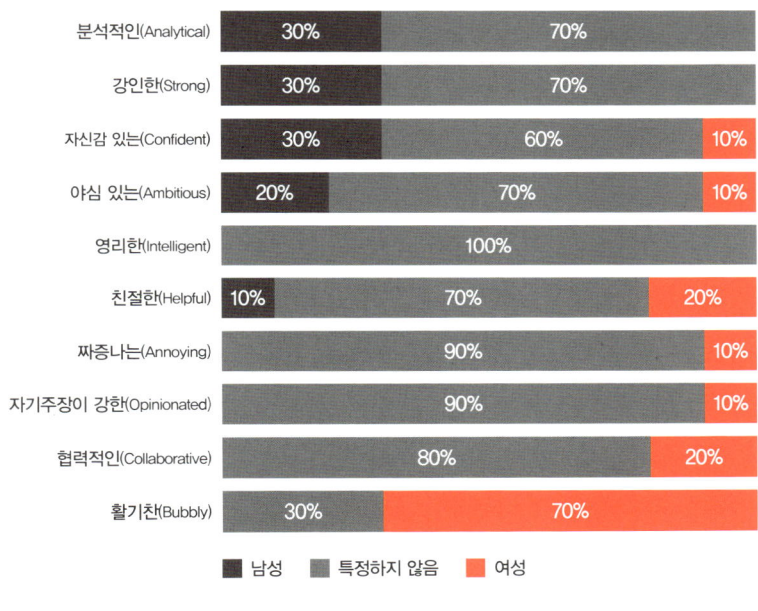

자료: 〈https://textio.com/blog/chatgpt-writes-performance-feedback〉

 따라서 범용 AI 솔루션을 활용하거나 기업 내부의 데이터를 학습해 생성형 AI를 구축할 때에도 학습 데이터에 편향이 생길 수 있다는 점을 미리 파악하여 세심한 주의를 기울여야 한다.

생성형 AI의 고질적 문제인 '할루시네이션', 어떻게 극복할까?

생성형 AI가 처음 공개되고 나서 전문성을 지닌 업무 분야에서도 널리 활용되면서 가장 많이 언급된 문제가 바로 앞서도 언급한 바 있는 '할루시네이션'이다. 사실이 아닌 정보를 매우 설득력 있게, 마치 사실인 것처럼 생성해내는 AI를 어떻게 믿을 수 있단 말인가? 이로 인해 일일이 검수하면서 이 기술을 사용해야 한다는 점에서 사용자들은 생성형 AI 기술 자체에 굉장한 회의감을 갖기도 한다.

다행스럽게도 할루시네이션을 개선하기 위한 노력이 그동안 꾸준히 이어져 최근 들어 개선된 응용 프로그램이 다수 출시되었다. 대표적으로 퍼플렉시티 AI(Perplexity AI)*가 있는데, 실시간 웹 검색 정보를 바탕으로 하는 검색 AI 서비스이다. 챗GPT나 제미나이 등과 달리 이 검색 AI 서비스는 최신의 데이터, 웹에서 실제로 검색 가능한 데이터를 기반으로 피드백을 주며, 응답 출처를 함께 제공한다.

기업 내부에서는 검색증강 생성(Retrieval-Augmented Generation: RAG) 기술을 활용함으로써 할루시네이션을 원천적으로 차단할 수 있다. 검색증강 생성 기술은 사용자가 질문을 던지면 강력한 검색 알고리즘을 활용해 내부 데이터베이스, 기술 자료, 신뢰할 만한 웹사이트, 연구 논문 등을 찾아본 뒤 사용자의 질의와 연관된 내용을 추출한다. 그렇게 검색된 유의미한 정보와 사용자 질의를 언어

---

* 〈https://www.perplexity.ai/〉

모델에 다시 입력하면, 언어모델은 검색 정확도를 향상시킬 수 있는 여러 기술을 활용해 정답을 생성한 다음 사용자에게 제공해준다. 이때 검색의 신뢰도를 높이기 위해 응용프로그램을 만들 때 정보의 출처는 사전에 검증된 출처로 제한한다. 예를 들어, 보험사에서 고객들의 보험약관 문의에 답변하는 챗봇을 개발할 때 검색증강 생성 기술 기반의 챗봇은 오직 보험약관 안의 내용만을 가지고 답변하도록 되어 있다. 물론 이 챗봇은 기존 챗봇과 다르게 약관에 담긴 다소 어려운 내용의 조항도 잘 이해할 것이며, 자연어 구사 능력이 뛰어나 고객과의 소통도 원활할 것이다.

검색증강 생성 기반의 서비스는 뉴스 보도, 과학 저술, 대고객 서비스와 같이 정확성이 매우 중요한 애플리케이션 개발에 유용하며, 실제로 매우 폭넓게 쓰이고 있다.

검색증강 생성 기술 작동 원리

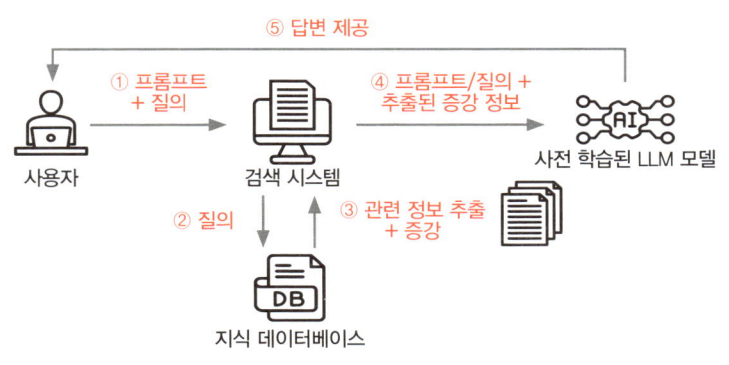

자료: 〈https://aws.amazon.com/ko/what-is/retrieval-augmented-generation/〉를 참고하여 재구성.

'개인정보 보호', 개발자도 사용자도 가장 주의해야 하는 중요한 사안

생성형 AI를 활용하거나 응용 애플리케이션을 개발할 때 가장 주의해야 할 점은 역시나 개인정보 보호 문제이다. 범용 생성형 AI 서비스를 활용할 때 민감 정보가 포함된 개인정보를 함께 입력해서는 안 되는 것이다. 서비스 개발을 위해 학습을 진행할 때도 특정 개인의 식별이 가능한 데이터를 활용해 학습할 경우 사용자의 질의 결과로 개인정보가 노출될 수 있으니 주의해야 한다.

    미국 인구조사국은 생성형 AI를 활용한 서비스 개발 과정에서 개인정보 보호를 위해 학습 데이터에 인위적으로 통계적 노이즈를 추가하여 학습하는 등 인구조사 데이터를 익명화하여 학습에 활용했다.[28] 의료 및 건강 시스템을 위한 소프트웨어를 개발하는 아테나헬스(Athenahealth) 사는 환자의 의료 문서에 레이블을 달고 요약해 의료진에게 제공하는 서비스를 오픈AI와 함께 개발했는데,[29] 이 과정에서 민간 의료 데이터를 학습해야 했고 어쩔 수 없이 민감 정보가 그 속에 포함될 소지가 컸다. 그래서 정보보안 부서, 법률 부서, 조달 부서가 오픈AI와 계약할 때 참여하여 데이터 보호와 활용 방법, 데이터의 외부 유출 방지를 보장하기 위한 절차 등을 함께 꼼꼼히 검토했다. 이처럼 개인정보 보호는 서비스 개발 단계와 활용 과정에서 언제나 철저히 이루어지고 있는지 주기적 검증이 필요한 사안이며, 명확한 보안 가이드라인 수립 또한 매우 중요하다.

생성형 AI 기술의 계속된 발전으로 앞서 언급되었던 여러 가지 위험과 한계를 극복하려는 노력은 지금도 진행 중이다. 그럼에도 불구하고 아직은 다양한 위험요소가 기술의 발전 속도만큼이나 빠르게 확산되고 있다.

세일즈포스가 2023년 전 세계 14개국 1만 4,000명 직장인을 대상으로 실시한 조사에 따르면, 응답자의 69%가 생성형 AI 관련 교육을 이수한 적이 없으며, 79%는 회사에 생성형 AI 활용 가이드라인 및 방침이 없다고 답했다. 그러면서 생성형 AI를 안전하고 윤리적으로 사용하는 방법으로, 생성형 AI 결과물의 사실 여부를 스스로 검증하기, 회사에서 승인된 프로그램만 사용하기, 기밀 데이터 사용 금지하기, 개인 식별이 가능한 개인정보 데이터 사용하지 않기 등이 필요하다고 언급했다.[30]

결국 생성형 AI 기술의 위험요소를 줄이며 올바르게 사용함으로써 그 잠재력을 최대한 발휘하려면 조직 차원의 명확한 가이드라인을 수립하는 일이 중요하다는 점을 다시 한번 강조할 수밖에 없으며 필요한 기본 교육과 주기적인 기술 업데이트 또한 병행되어야 할 것이다.

참고문헌

제1부. HR은 왜 생성형 AI에 주목해야 할까?

1. Kurzweil, R. (2005). *The Singularity Is Near*. Penguin Books.

2. 이현경 (2020. 9. 18). "미래학자 레이 커즈와일 '2030년 사람 뇌와 AI 잇는 인터페이스 나온다'". 동아사이언스.

3. Kissinger, H., Schmidt, E. & Huttenlocher, D. (2023. 2. 24). "ChatGPT Heralds an Intellectual Revolution". *The Wall Street Journal*.

4. Grant, N. & Mets, C. (2022. 12. 21). "A New Chat Bot Is a 'Code Red' for Google's Search Business". *The New York Times*.

5. Capoot, A. (2023. 2. 8). "Alphabet Shares Fall 7% Following Google's A.I. Event". CNBC.

6. David, E. (2023. 2. 8). "Microsoft's Bing Finally Has a Chance to Take a Bite Out of Google with ChatGPT. But It Has to Move Fast". *Business Insider*.

7. Martineau, K. (2023, 4, 20). "What Is Generative AI?". IBM Research. 〈https://research.ibm.com/blog/what-is-generative-AI〉

8. 동아일보 (2023. 5. 10). "美변호사 이어 日의사고시 합격한 챗GPT… '전문직들, 의자 빼?'". 〈https://www.donga.com/news/Inter/article/all/20230510/119221023/1〉

9. "ChatGPT 破壊と創造" (2023. 3. 20). 日経ビジネス.

10. 김지현·최재홍 (2023). 《챗GPT 빅 웨이브》. 크레타. 이 책의 내용을 참고하여 재구성.

11. 〈https://openai.com/security〉

12. Bushard, B. (2023. 2. 24). "Workers' ChatGPT Use Restricted at More Banks-Including Goldman, Citigroup". *Forbes*.

13. Tilley, A. & Kruppa, M. (2023. 5. 18). "Apple Restricts Employee Use of ChatGPT, Joining Other Companies Wary of Leaks". *The Wall Street Journal*.

14. Mckinsey & Company (2023. 8. 1). "The State of AI in 2023: Generative AI's Breakout Year".

15. Salesforce (2023. 11. 15). "More than Half of Generative AI Adopters Use Unapproved Tools at Work".

16. Christian, A. (2023. 10. 25). "The Employees Secretly Using AI at Work". BBC.

17. Hill, M. (2023. 10. 25). "Businesses Face 'Silent Infiltration' of Generative AI As Use Spirals Out of Control". CSO Online.

18. Son, H. (2023. 9. 18). "Morgan Stanley Kicks Off Generative AI Era on Wall Street with Assistant for Financial Advisors". CNBC.

19. Rai, S. (2023. 11. 9). "JPMorgan Is Discussing Its Generative AI Projects with Regulators". Bloomberg.

20. Azhar, S. & French, D. (2023. 11. 10). "Goldman Sachs Developing Dozen Generative AI Projects". Reuters.

21. Sowder, A. (2023. 9. 6). "Walmart Gives GenAI Power to All Store Associates". The Packer; Walmart (2024. 1. 9). "Walmart's Expanding One-of-a-Kind Associate GenAI Tool to 11 Countries in 2024". Walmart Corporate News.

22. Souza, K. (2023. 6. 13). "Walmart Expands Generative AI to Include a 'Playground' For Employees". Talk Business & Politics.

23. Perez, S. (2024. 1. 10). "Walmart Debuts Generative AI Search and AI Replenishment Features at CES". TechCrunch.

24. Wilkinson, L. (2023. 10. 18). "How P&G Rolled Out Its Internal Generative AI Model". CIO Dive.

25. Wilkinson, L. (2023. 9. 14). "EY Completes $1.4B AI Investment, Launches In-house Platform". CIO Dive.

26. Ford, B. (2023. 5. 1). "IBM to Pause Hiring for Jobs That AI Could Do". Bloomberg.

27. Constantz, J. (2024. 2. 9). "Over 4,000 Workers Have Lost Their Jobs to AI Since May, Outplacement Firm Estimates-and That's Certainly Undercounting". *Fortune*.

28. Cerullo, M. (2024. 1. 25). "Tech Companies Are Slashing Thousands of Jobs as They Pivot Toward AI". CBS news.

29. Napolitan, E. (2024. 1. 18). "Google CEO Warns of More Layoffs in 2024 amid Artificial Intelligence Push". CBS news.

30. Langley, H. (2024. 1. 16). "Google Is Laying Off Hundreds of Employees in Its Advertising-Sales Team". *Business Insider*.

31. Louise, N. (2024. 1. 30). "UPS to Lay Off 12,000 Employees as It Turns to AI for Efficiency". Tech Startups.

32. Goldman Sachs (2023. 3. 26). "The Potentially Large Effects of Artificial Intelligence on Economic Growth".

33. McKinsey & Company (2023. 6. 14). "The Economic Potential of Generative AI: The Next Productivity Frontier".

34. Tamami, S. (2024. 3. 29). "AI as CEO: U.S. Startup Reflects on Year with Cutting-edge 'Chatboss'". Nikkei Asia.

35. Saad, L. (2023. 9. 11). "More U.S. Workers Fear Technology Making Their Jobs Obsolete". Gallup.

36. Whiting, K. (2023. 12. 20). "Is AI Making You Suffer from FOBO? Here's What Can Help". World Economic Forum.

37. Gartner (2024. 2. 27). "Gartner Survey Finds 38% of HR Leaders Reported They Are Piloting, Planning Implementation, or Have Already Implemented Generative AI".

38. Bedard, J. et al. (2023. 8. 24). "How Generative AI Will Transform HR". BCG.

39. Gartner (2023). "Gartner Voice of the Candidate Survey (3Q)".

40. Ghai, N. (2024. 5. 26). "The Rise of AI in Recruitment Process: How Companies Are Using Artificial Intelligence for Hiring". *The Economic Times*.

41. Bedard, J. et al. (2023. 8. 24). "How Generative AI Will Transform HR". BCG.

42. Gouldsberry, M. (2023. 11. 28). "How Employees Are Using Generative AI One Year After ChatGPT". ⟨https://www.betterworks.com/⟩

43. ⟨https://joshbersin.com/Galileo/⟩

44. Bersin, J. (2024. 5. 20). "Galileo™ Goes Live, Expands Its Power with New Trusted Content". ⟨ https://joshbersin.com/2024/05/galileo-goes-live-expands-its-power-with-new-trusted-content/⟩

제2부. 생성형 AI는 HR을 어떻게 바꾸어놓을까?

1. Lunden, I. (2023. 3. 15). "LinkedIn Expands Its Generative AI Assistant to Recruitment Ads and Writing Profiles". TechCrunch.

2. Dellarocas, C. (2023. 12. 8). "How GenAI Could Accelerate Employee Learning and Development". *HBR*.

3. "2022 State of the Industry". ATD Research.

4. 민주홍 (2022). 《인적자본기업패널조사(2022)》. 한국직업능력연구원.

5. Tauber, T. et al. (2019). "How the Workforce Learns in 2019". Degreed and Harvard Business Publishing.

6. 2021 Deloitte Global Human Capital Trends Special Report.

7. Lavri, O. (2023. 6. 14). "Strategies for Implementing Hyper-personalization in HR". HRForcast. 〈https://hrforecast.com/the-power-of-hyper-personalization-revolutionizing-hr-practices-for-employee-engagement/〉

8. Dawson, P. & Blackburn, K. (2024. 6. 12). "Transforming HR Service Delivery: How Generative AI is Revolutionizing Employee Experience". 〈https://www.naspe.net/assets/2024/2024-Webinars/Transforming%20HR%20Service%20Delivery-%20How%20Generative%20AI%20is%20Revolutionizing%20Employee%20Experience.pdf〉

9. Bailey, S. (2023. 8. 29). "How AI Could Help Develop a New Generation of Diverse Leaders". World Economic Forum. 〈https://www.weforum.org/stories/2023/08/ai-workplace-leadership-development-diverse/〉

10. SHRM (2015. 8. 19). "Is the Annual Performance Review Dead?".

11. Gallup (2018. 7. 14). "Re-Engineering Performance Management".

12. 잡코리아 2023년 2월 직장인 610명 대상 설문조사.

13. Schrage, M., Kiron, D., Candelon, F., Khodabandeh, S. & Chu, M. (2023. 7. 11). "Improve Key Performance Indicators with AI". *MIT Sloan Management Review*.

14. 〈https://www.betterworks.com/〉

15. SHRM (2023. 8. 8). "How HR Is Using Generative AI in Performance Management".

16. Hancock, V., Schaninger, B. & Yee, L. (2023. 6. 5). "Generative AI and the Future of HR". McKinsey & Company. ⟨https://www.mckinsey.com/capabilities/people-and-organizational-performance/our-insights/generative-ai-and-the-future-of-hr⟩

17. Cowgill, B. et al. (2023). "How to Design an Internal Talent Market". *Harvard Business Review*, May-June.

18. Corrigan, J. (2022. 6. 30). "LinkedIn's first CHRO: 'Supply of qualified talent isn't going to increase'". *HRD*; "CEO가 챙겨야 할 2023 글로벌 리더십 트렌드" (2023. 1. 3). 《포춘코리아》.

19. "'25년차 베테랑 모십니다'…삼성전자, 내부 채용으로 인력 전환" (2023. 10. 16). 《매일경제》.

20. 김영애 (2023. 11. 20). "생성형 AI, HR 사용법". SERI CEO.

21. 전치홍 (2024. 4. 1). "AI, 인사팀 똘똘한 막내로 사용하려면?". SERI CEO.

22. 박민진·민보경·이민주 (2021). "미래세대의 행복과 영향 요인 연구: MZ 세대를 중심으로". 《도시행정학보》, 34(4).

23. 유재남·박상희 (2023). "베이비붐 세대 통합적 노후준비에 따른 삶의 만족도 변화 연구". 《한국케어매니지먼트 연구》, pp. 121~151.

24. SHRM (2022. 3. 14). "Burnout Is a Problem for HR Professionals".

25. ⟨https://character.ai/⟩

26. BBC News 코리아 (2024. 1. 9). "AI 챗봇에 정신건강 상담 받는 MZ세대". ⟨https://www.bbc.com/korean/articles/c4nylqd7p7wo⟩

27. RippleMatch (2022. 5. 12). "17 Companies That Prioritize the Mental Health of Their Employees". ⟨https://ripplematch.com/career-advice/

companies-that-prioritize-the-mental-health-of-their-employees-ebec5754/⟩

28. Mitchell, P. (2023. 4. 14). "15 Best AI Mental Health Chatbots". TechCult. ⟨https://techcult.com/best-ai-mental-health-chatbots/⟩

29. ⟨https://www.youper.ai/⟩

30. ⟨https://www.youper.ai/⟩

31. Eltahawy, L., Essig, T., Myszkowski, N. & Trub, L. (2024). "Can Robots Do Therapy?: Examining the Efficacy of a CBT Bot in Comparison with Other Behavioral Intervention Technologies in Alleviating Mental Health Symptoms". *Computers in Human Behavior: Artificial Humans*, 2(1), 100035.

32. Baldry, S. (2022. 5. 12). "Wysa Receives FDA Breakthrough Device Designation for AI-led Mental Health Conversational Agent". Businesswire.

33. Leo, A. J., Schuelke, M. J., Hunt, D. M., Miller, J. P., Areán, P. A. & Cheng, A. L. (2022). "Digital Mental Health Intervention Plus Usual Care Compared with Usual Care Only and Usual Care Plus In-person Psychological Counseling for Orthopedic Patients with Symptoms of Depression or Anxiety: Cohort Study". *JMIR Formative Research*, 6(5).

34. Mearian, L. (2023. 7. 12). "'3년째 사용 중' 최고인사책임자에게 듣는 AI로 '직원 경험(EX)' 자동화하는 법". ITworld.

제3부. 생성형 AI 시대, HR은 무엇을 준비해야 할까?

1. Deloitte (2024. 4). "Now Decides Next: Getting Real about Generative AI". ⟨https://www2.deloitte.com/content/dam/Deloitte/us/Documents/consulting/us-state-of-gen-ai-report-q2.pdf⟩

2. Hammond, J. "Generative AI Tools in Use: Employee Expectations" ⟨https://www.hyland.com/en/resources/articles/gen-ai-pulse-survey⟩

3. ⟨https://investors.udemy.com/news-releases/news-release-details/global-demand-surges-ai-leadership-and-it-certification-skillshttps://investors.udemy.com/news-releases/news-release-details/global-demand-surges-ai-leadership-and-it-certification-skills⟩

4. IKEA (2024. 4. 12). "IKEA Retail Unleashes AI Revolution: Empowering Thousands to Master the Future of Tech". ⟨https://www.ingka.com/newsroom/ikea-retail-unleashes-ai-revolution-empowering-thousands-to-master-the-future-of-tech/⟩

5. Kell, J. (2024. 4. 4). "Johnson & Johnson CIO Says Employee Upskilling Is Key to Transforming Health Care". *Fortune*.

6. Korolov, M. (2023. 12. 13). "Upskilling Ramps Up As Gen AI Forces Enterprises to Transform". CIO.

7. Korolov, M. (2023. 12. 13). "Upskilling Ramps Up As Gen AI Forces Enterprises to Transform". CIO.

8. Mearian, L. (2024. 3. 25). "Most in-demand Skills for 2024-Hint, GenAI Is at The Top". Computerworld.

9. Korolov, M. (2023. 12. 13). "Upskilling Ramps Up as Gen AI Forces Enterprises to Transform". CIO.

10. Deloitte AI Institute (2024. 1. 15). "New Deloitte Survey Finds Expectations for Gen AI Remain High, But Many Are Feeling Pressure to Quickly Realize Value While Managing Risks". ⟨https://www.deloitte.com/global/en/about/press-room/gen-ai-survey.html⟩

11. ⟨https://business.udemy.com/genai-skills-pack/?utm_source=organic-search&utm_medium=google⟩

12. "Amazon Aims to Provide Free AI Skills Training to 2 Million People

by 2025 with Its New 'AI Ready' Commitment" (2023. 11. 20). AboutAmazon.com. 〈https://www.aboutamazon.com/news/aws/aws-free-ai-skills-training-courses〉

13. Tamayo, J. et. al. (2023. 9~10). "Reskilling in the Age of AI". *HBR*.

14. Gouldsberry, M. (2023. 11. 28). "How Employees Are Using Generative AI One Year After ChatGPT". Betterworks. 〈https://www.betterworks.com/magazine/how-employees-use-generative-ai/〉

15. Gouldsberry, M. (2023. 11. 28). "How Employees Are Using Generative AI One Year After ChatGPT". Betterworks. 〈https://www.betterworks.com/magazine/how-employees-use-generative-ai/〉

16. "9 Free Skills Training Programs That Help Amazon Employees Land Higher-Paying Roles" (2024. 8. 16). AboutAmazon.com. 〈https://www.aboutamazon.com/news/workplace/our-upskilling-2025-programs〉

17. "9 Free Skills Training Programs That Help Amazon Employees Land Higher-Paying Roles" (2024. 8. 16). AboutAmazon.com. 〈https://www.aboutamazon.com/news/workplace/our-upskilling-2025-programs〉

18. INGKA (2023. 6. 29). "AI and Remote Selling Bring IKEA Design Expertise to the Many". 〈https://www.ingka.com/newsroom/ai-and-remote-selling-bring-ikea-design-expertise-to-the-many/〉.

19. Tamayo, J. et. al. (2023. 9~10). "Reskilling in the Age of AI". *HBR*.

20. MIT Center for Information Systems Research (2024. 4. 23). "Resolving Workforce Skills Gaps with AI-Powered Insights". 〈https://www.brianheger.com/resolving-workforce-skills-gaps-with-ai-powered-insights-mit-center-for-information-systems-research/〉

21. "How Mastercard Created Priceless Career Development Opportunities". gloat. 〈https://gloat.com/wp-content/uploads/Mastercard-case-study.pdf〉

22. Tamayo, J. et. al. (2023. 9~10). "Reskilling in the Age of AI". *HBR*.

23. Samsung Newsroom (2023. 11. 8). "삼성전자, '삼성 AI 포럼'서 자체 개발 생성형 AI '삼성 가우스' 공개". 〈https://news.samsung.com/kr/삼성전자-삼성-ai-포럼서-자체-개발-생성형-ai-삼성-가〉

24. 조은혜 (2023. 09. 11). "커넥트웨이브, 업스테이지와 프라이빗 LLM 구축". APN. 〈https://www.apparelnews.co.kr/news/news_view/?cat=CAT127&idx=207626〉

25. Candelon, F. et al. (2023. 9. 21). "How People Can Create-and Destroy-Value with Generative AI". BCG.

26. Snyder, K. (2023. 1. 25). "ChatGPT Writes Performance Feedback". Textio. 〈https://textio.com/blog/chatgpt-writes-performance-feedback〉

27. Cecchi-Dimeglio, P. (2023. 6. 26). "Watch Out for These 3 Gender Biases in Performance Reviews". *HBR*.

28. Fishman, T. et al. (2023. 11. 16). "Realizing the Potential of Generative AI in Human Services: Use Cases to Transform Program Delivery". Deloitte. 〈https://www2.deloitte.com/us/en/insights/industry/public-sector/automation-and-generative-ai-in-government/generative-ai-in-public-health.html〉

29. "'피할 수 없는 변화에서 길을 찾다': Q&A로 알아보는 생성형 AI 실전 도입 전략-DeepDive" (2024. 5. 10). 《ITWorld》.

30. CIO KR 편집부 (2023. 12. 20). "세일즈포스, '직장 내 생성형 AI 활용 전망과 위험' 보고서 발표". Cioikorea.com; Salesforce (2023. 6. 12). "61% of Workers Embrace Generative AI, But Lack Trusted Data and Security Skills". 〈https://www.salesforce.com/news/stories/generative-ai-ethics-survey/〉

집필진 소개

| 김영애 |

고객의 행동과 구매 패턴을 예측하듯, 조직 내 직원들의 조직 몰입, 성과 그리고 행복도까지 측정하고 그 원인 또한 파악할 수 있다고 믿는다. 마케팅에서 고객만족을 목표로 데이터를 분석하듯 직원들이 어떻게 하면 행복하게 일할 수 있을지 그 답을 찾기 위한 HR Analytics의 역할을 고민하고 있다.

한국과학기술원(KAIST)에서 경영공학 석사·박사 학위를 받고, 현재는 삼성글로벌리서치 인재경영연구실 리서치 펠로우(Research Fellow)로 재직하고 있다. 채용, 평가, 리더십, 조직문화 등 다양한 HR 데이터를 연계 분석하여 조직 몰입 및 성과 창출 방안에 관한 연구를 진행 중이다. 저서로는 《일, 시간, 성과: 일 잘하는 시간관리 습관》(2019, 공저), 《HR 테크 혁명》(2022, 공저) 이 있다.

| 전치홍 |

서울대학교에서 식품생명공학과 경영학을 전공하고 의약품 제조 및 품질 분야에서 첫 커리어를 시작했다. 현장의 문제를 깊이 이해하고, 이를 체계적으로 분석하여 개선 방안을 도출하는 업무를 좋아했다. 경력 전환을 결심하고 한국과학기술원(KAIST)에서 경영공학 석사 및 박사 학위를 취득했다. 그 과정에서 세아홀딩스, 마이다스인, SK네트웍스, SK텔레콤, SK수펙스추구협의회 등 다양한 조직과 협업하며 People Analyst로의 전문성을 넓히고 역량을 강화했다. 현재는 삼성글로벌리서치 인재경영연구실 리서치 펠로우로 재직 중이며, 다양한 인사 데이터 분석에서 얻은 인사이트를 바탕으로 HR 제도와 조직문화를 개선하거나 AI 기반 솔루션 개발을 통해 혁신적 업무 방식을 도입하는 연구를 진행하고 있다.

| 김광태 |

'일터에 선한 영향력을 미치는 HR 연구자가 되자'는 다짐을 마음에 품고, 사람과 조직을 깊이 이해하고 연결하는 일을 하고 있다. 일의 의미와 소명, 조용한 사직, 인공지능과 조직의 접점을 탐구하며, 기술 발전 속에서도 인간 중심의 조직을 설계하는 데 기여하고자 한다. 최근에는 People Analytics 역량을 바탕으로, 복잡한 데이터를 실행 가능한 통찰로 전환하고 실질적인 조직 변화를 이끄는 힘으로 만드는 데 주력하고 있다.

서강대학교 전자공학과를 졸업한 뒤, 중앙대학교 GHRD 대학원에서 석사학위를, 연세대학교에서 비몰입 현상과 소명을 주제로 산업 및 조직심리학 박사학위를 취득하였다. 현대자동차그룹 인사실을 거쳐, 현재는 삼성글로벌리서치 인재경영연구실 리서치 펠로우로 재직 중이다. 디지털 시대의 일 경험, 구성원의 몰입, 그리고 데이터 기반 인재 전략 설계 등을 주제로 연구를 이어가고 있으며, 《커런트 사이콜로지(Current Psychology)》, 《인사조직연구》, 《한국심리학회지: 산업 및 조직》, 《HRD연구》 등에 연구를 게재하고 있다.

| 김정순 |

새로운 트렌드와 생각을 배우며 구성원들이 창의성을 발휘하고 협력할 수 있는 활기찬 조직과 일터를 만드는 데 기여하고자 인사 커리어를 이어가고 있다. 인재를 소중히 여기는 기업 경영을 통해 사회의 성장과 사람들의 행복을 지원하고자 한다.

삼성의 크리에이티브 솔루션 회사이자 가장 창의적인 조직인 제일기획에서 10년여 간 인사 기획, 인력운영, 임원 인사 등 다양한 인사업무를 담당하였고, 현재는 삼성글로벌리서치 인재경영연구실 리서치 펠로우로 재직하고 있다. 미래 인재경영 환경을 예측하고 전략적으로 대응하기 위한 기업과 HR의 역할에 대해 연구 중이다. 고려대학교 경영학과를 졸업하고 성균관대학교(SKK GSB) MBA를 거쳐 건국대학교에서 인사조직 박사학위 취득을 위해 공부하고 있다.

| 진현 |

고려대학교 경영학과를 졸업하고 동 대학원에서 경영학 석사학위를 받았다. 연세대학교에서 "Merits of Failure Experiences"로 경영학 박사학위를 취득하였다. 현재 삼성글로벌리서치 인재경영연구실 리서치 펠로우로 재직 중이다. 주요 관심 영역은 조직문화, 실패, 다양성 관리, 임직원 보이스, HR Digital Transformation 연구 등이다. 주요 논문 및 저서로 "More than Money: The Importance of Social Exchanges for Temporary Low-Skilled Migrant Workers' Workplace Satisfaction"(International Migration, 2019), 《실리콘밸리 사람들은 어떻게 일할까》(2015, 공저), 《일, 시간, 성과》(2020, 공저), 《동기: 현상과 이해》(2021, 공저), 《HR 테크 혁명》(2022, 공저) 등이 있다.

감수

| 배노조 |

IMF 외환위기를 최전선에서 겪었던 짧은 증권 브로커 생활을 제외하면 삼성에서 줄곧 인사 커리어로 성장했다. 인재제일(人材第一) 철학이 삼성 성공의 핵심 요인이었다는 믿음과 함께 삼성글로벌리서치에서 15년간 인사제도 기획을 담당하는 수석 연구원으로 일했고, 현재는 인재경영연구실장을 맡고 있다. 와세다대학교에서 경영학 석사학위를, 성균관대학교에서 인사조직 박사학위를 받았다. 기술 진보와 인구구조 변화 등 미래 인사환경을 예측하고 선제적으로 준비하기 위해 연구원들과 고민을 함께하고 있다.